Die Einordnung wirtschaftlicher Leistungserschwerungen in das Leistungsstörungsrecht nach der Schuldrechtsreform

Europäische Hochschulschriften
Publications Universitaires Européennes
European University Studies

Reihe II
Rechtswissenschaft

Série II Series II
Droit
Law

Bd./Vol. 4177

PETER LANG
Frankfurt am Main · Berlin · Bern · Bruxelles · New York · Oxford · Wien

Andreas Helm

Die Einordnung wirtschaftlicher Leistungserschwerungen in das Leistungsstörungsrecht nach der Schuldrechtsreform

Zugleich ein Beitrag zur Bestimmung der tatbestandlichen Voraussetzungen des § 275 Abs. 2 BGB sowie zur Klärung des Verhältnisses von § 275 Abs. 2 BGB zu § 275 Abs. 1 BGB und zur Störung der Geschäftsgrundlage i.S.v. § 313 BGB

PETER LANG
Europäischer Verlag der Wissenschaften

Bibliografische Information Der Deutschen Bibliothek
Die Deutsche Bibliothek verzeichnet diese Publikation in der Deutschen Nationalbibliografie; detaillierte bibliografische Daten sind im Internet über <http://dnb.ddb.de> abrufbar.

Zugl.: München, Univ., Diss., 2004

D 19
ISSN 0531-7312
ISBN 3-631-53266-0

www.peterlang.de

VORWORT

Zu den Grundproblemen des allgemeinen Schuldrechts gehören die Problematik des Begriffs der Unmöglichkeit sowie die Abgrenzung zwischen *faktischer* und bloßer *wirtschaftlicher* Unmöglichkeit bzw. *Leistungserschwerung*, die herkömmlicherweise unter den Tatbestand des Wegfalls der Geschäftsgrundlage subsumiert wurde. Durch die Neufassung von § 275 BGB und die gesetzliche Verankerung des Wegfalls der Geschäftsgrundlage in § 313 BGB im Zuge der Schuldrechtsmodernisierung 2002 hat diese Problematik erheblich an Bedeutung gewonnen. Diesem neu entstandenen Klärungsbedarf versucht die Arbeit gerecht zu werden, indem sie vor dem Hintergrund der Grundsätze vertraglicher Risikoverteilung einen umfassenden Überblick über die tatbestandlichen Voraussetzungen der §§ 275 Abs. 1, Abs. 2 sowie § 313 BGB gibt.

Die Arbeit wurde als Inauguraldissertation an der Ludwig-Maximilians-Universität München im November 2003 vorgelegt. Mein besonderer Dank gilt dabei vor allem Herrn Prof. Dr. Dr. h.c. mult. Claus-Wilhelm Canaris, der als Doktorvater das Thema ermöglichte und betreute und mich dabei bestärkte, die Arbeit parallel zu meiner praktischen Tätigkeit als Rechtsanwalt voranzutreiben. Danken möchte ich vor allem auch Herrn Prof. Dr. Stefan Lorenz für die zügige Anfertigung des Zweitgutachtens und Herrn Prof. Dr. Ulrich Sieber, durch dessen freundliche Unterstützung während meiner Assistentenzeit am Institut für die gesamten Strafrechtswissenschaften die zivilistisch ausgerichtete Arbeit verwirklicht werden konnte. Danken möchte ich aber auch meinem Kollegen Herrn Rechtsanwalt Christian Demleitner und Herrn Notarassessor Thomas Kristic, die mir bei den Überlegungen zur Arbeit nicht nur geduldige, sondern auch kritische Diskussionspartner waren.

Inhaltsverzeichnis

Einleitung

I. Einführung in die Problematik

Über die Einordnung wirtschaftlicher Leistungserschwerungen in das allgemeine Leistungsstörungsrecht herrschte schon vor dem Inkrafttreten des Schuldrechtsmodernisierungsgesetzes Uneinigkeit. Unter wirtschaftlichen Leistungserschwerungen sind all jene Fälle zu verstehen, in denen dem Schuldner die Leistungserbringung aus einem bestimmten Grund erschwert wird und er daher nur mit einem erhöhten wirtschaftlichen Aufwand im Stande ist, die Leistung zu erbringen. Solche Fallgestaltungen waren bereits Gegenstand zahlreicher Entscheidungen des Reichsgerichts, in denen es z.B. um die Frage ging, unter welchen Voraussetzungen der Verkäufer kriegsbedingte Lieferschwierigkeiten[1] überwinden müsse. Dies lag nicht zuletzt daran, dass das Gesetz zur Lösung der Probleme keine *ausdrückliche* Regelung vorsah. Die in Rechtsprechung und Literatur vorgeschlagenen Lösungsansätze gingen dahin, die Fallgruppen der *„faktischen"* und *„wirtschaftlichen"* Unmöglichkeit zu bilden. Diese wurden entweder über die Unmöglichkeit der Leistung gem. § 275 I a.F. oder die Lehre vom Wegfall der Geschäftsgrundlage gelöst. Die „wirtschaftliche" Unmöglichkeit wurde zunächst einem erweiterten Unmöglichkeitsbegriff zugeordnet, indem die Unmöglichkeit über ihre Wortlautgrenze hinaus auf Fälle der wirtschaftlichen Leistungserschwerung erweitert wurde, wenn die Erschwerung ein Ausmaß erreichte, welches die Leistung des Schuldners als „außergewöhnlich schwierig" oder „überobligatorisch" erscheinen ließ. Später wurden diese Fälle auch über das Institut des Wegfalls der Geschäftsgrundlage gelöst. Die Frage nach der Zuordnung war nicht nur rein akademischer Natur, da die „echte"[2] Unmöglichkeit gemäß § 275 I a.F.[3] zu einer *rechtsvernichtenden Einwendung* des Schuldners führte und der Gläubiger über § 280 I a.F. und § 325 I a.F. Schadensersatz verlangen konnte, während der Wegfall der Geschäftsgrundlage zur Vertragsanpassung oder zum Rücktritt vom Vertrag führte.

Nach dem geltenden Recht erfährt die Problematik neue Aktualität, da dem Rechtsanwender für die Lösung der Fälle der wirtschaftlichen Leistungserschwerung die Vorschriften der § 275 I und II sowie die in § 313 gesetzlich geregelte *Störung der Geschäftsgrundlage* und die im Kauf- und Werkvertragsrecht für das Nacherfüllungsstadium geltenden §§ 439 III und 635 III zur Verfügung stehen. Das Grundproblem ist jedoch das Gleiche geblieben, da sich nach wie vor die Frage stellt, wie das Spannungsverhältnis zwischen der aus dem Grundsatz *pacta*

---

[1] Vgl. RGZ 95, 40.

[2] Bei der „echten" Unmöglichkeit handelt es sich nicht um eine eigenständige Rechtsfigur. Der Begriff dient nur der terminologischen Abgrenzung der Fälle der naturgesetzlichen oder tatsächlichen Unmöglichkeit von den Fällen, die durch eine Erweiterung des tatsächlichen Unmöglichkeitsbegriffs unter § 275 I a.F. gefasst wurden, wie z.B. die juristische Unmöglichkeit. Echte Unmöglichkeit betrifft somit den vom historischen Gesetzgeber bedachten Fall der naturgesetzlichen bzw. tatsächlichen Unmöglichkeit. Er erfasst die Fälle, in denen die Leistung überhaupt nicht erbracht werden kann. In diesem Sinne wird der Begriff auch bei *Emmerich*, Münch.-Komm., § 275 Rdnr. 33, sowie nach dem neuen Recht bei *Dauner-Lieb/Heidel/Lepa/Ring*, Anwaltkommentar Schuldrecht, § 275 Rdnr. 10 verstanden.

[3] §§ ohne Gesetzesangabe sind solche des BGB in der seit dem 1. Januar 2002 geltenden Fassung. Vorschriften, der bis zum 31. Dezember geltenden Fassung des BGB werden mit „a.F." kenntlich gemacht.

sunt servanda[4] folgenden Vertragsbindung der Parteien einerseits und dem Interesse einer der Parteien, sich vom Vertrag lösen oder den Vertrag anpassen zu können andererseits, interessengerecht aufzulösen ist.

Vor dem Hintergrund dieses Grundproblems verwundert es nicht, dass Streit darüber herrscht, ob wirtschaftliche Leistungserschwerungen der Vorschrift des § 275 I, II, der Störung der Geschäftsgrundlage gem. § 313 oder gar beiden Rechtsinstituten zugeordnet werden können. Die Lösung des Problems wird dadurch erschwert, dass zum gegebenen Zeitpunkt noch keine hinreichende Sicherheit bei der Auslegung der Tatbestandsmerkmale des § 275 II herrscht und unklar ist, wie die Vorschriften der § 275 II und § 313 voneinander abzugrenzen sind, was aber nicht zuletzt daran liegt, dass die Störung der Geschäftsgrundlage nicht mehr mit dem Hinweis auf die fehlende gesetzliche Regelung zu geregelten Rechtsinstituten in einem Subsidiaritätsverhältnis, sondern nunmehr grundsätzlich in einem Konkurrenzverhältnis zu § 275 steht[5].

Die Einordnung der wirtschaftlichen Leistungserschwerungen wird dadurch erschwert, dass die Sachverhalte, die bisher der „wirtschaftlichen“ Unmöglichkeit und der „faktischen“[6] Unmöglichkeit zugeordnet wurden, nur schwer voneinander unterschieden werden können. Einigkeit herrscht nach dem geltenden Recht nur insoweit, als § 275 II die Fälle erfassen soll, in denen die Feststellung der Unverhältnismäßigkeit oder Unzumutbarkeit der Leistungserschwerung aus einem Vergleich des Schuldneraufwands mit dem Gläubigerinteresse an der Leistung folgt[7]. Diese Fälle sollen weiterhin als „faktische Unmöglichkeit“ bezeichnet werden[8]. Die bisher der „wirtschaftlichen Unmöglichkeit“ zugeordneten Sachverhalte sollen dagegen vom Tatbestand des § 275 II ausgeschlossen und nach den Regeln der Störung der Geschäftsgrundlage nach § 313 gelöst werden. Dabei bleibt aber letztlich offen, nach welchen Kriterien die zu Grunde liegenden Sachverhalte den unterschiedlichen Rechtsnormen zuzuordnen sind, was besonders deutlich wird, wenn der Aufwand des Schuldners sowohl im Verhältnis zu seinem *Äquivalenzinteresse*, d.h. in Bezug auf die Gegenleistung, als auch im Verhältnis zu den *Gläubigerinteressen* ein unzumutbares Ausmaß erreicht. Bei ein und demselben Sachverhalt können daher beide Bezugspunkte zum tragen kommen, so dass die vorder-

---

[4] Der Lehre von der „wirtschaftlichen Unmöglichkeit“ wird teilweise unter der Geltung des neuen Rechts eine Aufweichung des Grundsatzes *pacta sunt servanda* vorgeworfen; vgl. *Canaris* ZRP 2001, 330.

[5] § 313 wird teilweise im Sinne der bisherigen Auslegung als Norm zur „Billigkeitskorrektur in Ausnahmesituationen“ verstanden, welche daher *eo ipso* grundsätzlich subsidiär sei; vgl. *Lorenz/Riehm*, Lehrbuch zum neuen Schuldrecht Rdnr. 406. Der Gesetzeswortlaut gibt allerdings nichts für ein eindeutiges Subsidiaritätsverhältnis her.

[6] Der paradigmatische Fall des Rings am Meeresboden wurde bisher als typischer Fall der sog. faktischen Unmöglichkeit angesehen. Die faktische Unmöglichkeit soll, soweit sie nach der früheren Rechtslage § 275 a.F. zugeordnet war, nunmehr der „praktischen“ Unmöglichkeit des § 275 II unterfallen, wobei sich die Fälle der faktischen und praktischen Unmöglichkeit nicht unterscheiden sollen, da es nur um eine unterschiedliche Terminologie geht. In diesem Sinn wird der Begriff beispielsweise gebraucht bei *Lorenz/Riehm*, Lehrbuch zum neuen Schuldrecht Rdnr. 304; zu diesem Verständnis des Begriffs der faktischen Unmöglichkeit auch ausdrücklich BT-Drucks. 14/6040, S.129 f.;

[7] Dies folgt bereits aus dem eindeutigen Gesetzeswortlaut des § 275 II.

[8] Vgl. *Canaris* ZRP 2001, 330; BT-Drucks. 14/6040, S.129 f.

gründig eindeutige Einordnung versagt, da es nicht um zwei unterschiedliche Lebenssachverhalte, sondern häufig um eine unterschiedliche Betrachtungsweise ein und desselben Sachverhalts geht.

Ferner ist § 275 II von der subjektiven Unmöglichkeit abzugrenzen, was z.B. relevant wird, wenn ein Verkäufer vor Übereignung der Kaufsache diese an einen Dritten übereignet und nach dem Aufwand gefragt wird, den der Verkäufer zur Wiedererlangung der Kaufsache auf sich nehmen muss. Gewährt man in diesem Fall dem Verkäufer die Einwendung des § 275 I, so würde für eine Anwendbarkeit des § 275 II nichts übrig bleiben, da § 275 II die Möglichkeit der Leistung sachlogisch voraussetzt. Für den Verkäufer wäre die Regelung der rechtsvernichtenden Einwendung nach § 275 I insofern günstiger, als er im Prozess nur sein Unvermögen – und nicht auch wie nach dem alten Recht das fehlende Vertretenmüssen – zur Leistung darlegen müsste, während er für die Einrede des § 275 II an der Leistungspflicht festgehalten werden würde, wenn ihm der Einwand des unzumutbaren Aufwands nicht gelingt.

Bei wirtschaftlichen Leistungserschwerungen im Nacherfüllungsstadium des Kauf- oder Werkvertragsrechts, stellt sich zudem die Frage nach der Abgrenzung von § 275 I und II zu den Vorschriften der §§ 439 III und § 635 III.

II. Ziel und Gang der Untersuchung

Karl Larenz hat in seinem Lehrbuch des Schuldrechts zur Einordnung der Problematik in das *Unmöglichkeitsrecht* Stellung genommen und damit den Kern dessen treffend dargestellt, worum es im eigentlichen Sinne geht: „*Sie* [Anmerkung des Verf.: die wirtschaftliche Unmöglichkeit] *nimmt dem Tatbestand der Unmöglichkeit* [...] *jede einigermaßen sichere Begrenzung. Ausdrücke wie „außergewöhnliche" oder „überobligatorische" Schwierigkeit sind zu unbestimmt, um auch nur eine brauchbare Richtlinie für die Entscheidung der zahlreichen Fälle dienen zu können, in denen das Geschäft dem Schuldner im Ergebnis einen erheblichen Nachteil bringt.*“[9] Diese Aussage gibt zugleich Problem und Ziel der Auseinandersetzung mit wirtschaftlichen Leistungserschwerungen wieder: Problem insofern, als es darum geht, die vielfältigen Fallgestaltungen wirtschaftlicher Leistungserschwerungen zu systematisieren und letztlich Ziel im Hinblick darauf, diese Ordnung durch trennscharfe Kriterien in das Leistungsstörungsrecht einzubinden, die eine jeweils interessengerechte Lösung ermöglichen.

Diesem Postulat folgend, soll die vorliegende Arbeit einen Beitrag leisten, wirtschaftliche Leistungserschwerungen interessengerecht in die Systematik des geltenden Rechts einzuordnen. Demgemäß wird im ersten Teil der Arbeit zunächst der bisherige Streitstand in Rechtsprechung und Literatur zur Einordnung wirtschaftlicher Leistungserschwerungen nach der bis zum 31.12.2001 geltenden Rechtslage dargestellt (1. Teil, 1. Kapitel).

---

[9] Vgl. *Larenz*, Lehrbuch des Schuldrechts, § 21 I 1. e.

Sodann erfolgt eine empirische Analyse und Systematisierung der Sachverhalte wirtschaftlicher Leistungserschwerungen. Dabei orientiert sich die Darstellung vorwiegend an Sachverhalten, die dem Reichsgericht, dem Bundesgerichtshof und den Instanzgerichten zur Entscheidung vorlagen. Die so gefundenen Sachverhalte werden nach Gemeinsamkeiten und Unterschieden geordnet (1. Teil, 2. Kapitel) und sollen zum einen darüber Klarheit verschaffen, bei welchen Sachverhalten sich Probleme bei deren Einordnung in das Leistungsstörungsrecht ergeben und zum anderen als Grundlage für die nachfolgende Untersuchung dienen, inwieweit bei der Beurteilung von Leistungserschwerungen die in den einzelnen Vertragsarten geltende gesetzliche Risikoverteilung Berücksichtigung finden muss.

Im 2. Teil der Arbeit werden die Vorschriften der § 275 I, II und § 313 in die Systematik des geltenden allgemeinen Leistungsstörungsrechts eingeordnet. Dabei wird zunächst untersucht, welche grundsätzliche Bedeutung den Gesetzesmaterialien bei der Auslegung von geänderten oder neu eingefügten Vorschriften im Wege des Schuldrechtsmodernisierungsgesetzes zukommt (2. Teil, 1. Kapitel). Eingehend besprochen wird sodann die Neuregelung des § 275 I und deren Abgrenzung zu § 275 II. Dabei werden zum einen die einzelnen Tatbestandsmerkmale des § 275 II bestimmt, insbesondere wird der Frage nachgegangen, inwieweit *immaterielle* Interessen im Rahmen von § 275 II Schutz genießen. Daneben werden die zivilprozessualen und zwangsvollstreckungsrechtlichen Probleme bei der Anwendung der Vorschrift aufgezeigt und Lösungsmöglichkeiten für eine interessengerechte Anwendung der Vorschriften vorgeschlagen. Ein Schwerpunkt der Darstellung liegt darin, aufzuzeigen, dass die Einordnung wirtschaftlicher Leistungserschwerungen unter § 275 II am Maßstab der zugrunde liegenden vertraglichen und gesetzlichen Risikoverteilung (im Kauf-, Werk-, Dienst- und Mietrecht) auszurichten ist. Schließlich wird auf der Grundlage der gefundenen Ergebnisse Kritik an den bisherigen Begrifflichkeiten der „wirtschaftlichen“ und „faktischen“ Unmöglichkeit geübt und ein Vorschlag für eine neue Terminologie unterbreitet.

Sodann werden die Vorschriften der §§ 439 III und § 635 III in das Leistungsstörungsrecht eingeordnet, deren Unterschiede herausgearbeitet und deren Verhältnis zu § 275 I und II untersucht (2. Teil, 4. und 5. Kapitel).

Im 6. Kapitel wird der Frage nachgegangen, welche Rechtsfolgen sich aus § 275 I und II ergeben. Ein Schwerpunkt der Darstellung liegt hier in der Erörterung der Probleme, die sich bei der ziviprozessualen und zwangsvollstreckungsrechtlichen Durchsetzung des Anspruchs ergeben.

Schließlich erfolgt im 7. Kapitel eine Einordnung der wirtschaftlichen Leistungserschwerung unter die Störung der Geschäftsgrundlage gem. § 313. Dabei liegt der Schwerpunkt weniger in einer historischen Exegese der Grundlagen der Geschäftsgrundlagenlehre, als darin, die strukturellen Unterschiede zwischen § 275 II und § 313 herauszuarbeiten und auf dieser Grundlage das Verhältnis von § 275 II und § 313 zu bestimmen (8. Kapitel).

Erster Teil: Die bisherige Einordnung wirtschaftlicher Leistungserschwerungen

Erstes Kapitel: Der Streitstand

I. Die Rechtsprechung des Reichsgerichts

In den vom Reichsgericht entschiedenen Fällen ging es vornehmlich um die Frage, wie die unterschiedlichen Fallkonstellationen der Leistungserschwerung *auf Seiten des Schuldners* zu lösen sind. Dabei hatten sich in der Rechtsprechung des Reichsgerichts zwei Lösungswege herausgebildet. Einmal wurden die Fälle der „echten" Unmöglichkeit[10] nach § 275 I a.F. um die Fallgruppe der „wirtschaftlichen Unmöglichkeit" ergänzt, indem die Unerschwinglichkeit der Leistung der „echten" Unmöglichkeit des § 275 I a.F. gleichgestellt wurde. Ein anderer Lösungsweg bestand darin, diese Fälle dem Wegfall der Geschäftsgrundlage gem. § 242 zu unterstellen.

Die der Rechtsprechung des Reichsgerichts zugrunde liegenden Fallgestaltungen hatten, insbesondere in den Kriegs- und Nachkriegsjahren des 1. Weltkrieges, die rechtliche Beurteilung der Auswirkungen der Geldentwertung und der kriegsbedingten Leistungserschwerungen auf das Schicksal der Leistungspflicht des Schuldners zum Gegenstand. Teilweise lagen dem Reichsgericht aber auch Fälle zur Entscheidung vor, die keine kriegsbedingten Leistungserschwerungen zum Gegenstand hatten, sondern Sachverhalte, die in beispielhafter Weise die möglichen Erschwerungen auf Seiten des Schuldners aufzeigten[11].

Das Reichsgericht plädierte seit RGZ 57, 116 für eine Gleichstellung der Leistungserschwerung mit der Unmöglichkeit der Leistung nach § 275 I a.F.[12] In dieser Entscheidung ging es um die Frage, ob der Schuldner, der sich im Rahmen eines Gattungskaufs verpflichtete, Mehl aus einer ganz bestimmten Mühle zu liefern, von der Leistung trotz § 279 a.F. frei werde, wenn die Mühle abgebrannt sei, oder anders gesagt, ob vom Schuldner verlangt werden könne, die Mühle wieder aufzubauen, um das Mehl liefern zu können. Das Reichsgericht stellte als Maßstab für die Befreiung des Schuldners darauf ab, dass die Beschaffung des Leistungsgegenstandes nicht etwa nur mehr Schwierigkeiten bieten dürfe, sondern mit so außergewöhnlichen Schwierigkeiten verbunden sein müsse, dass diese Schwierigkeiten nach der Auffassung des Verkehrs der Unmöglichkeit gleich geachtet würden. Danach sei die Möglichkeit der Leistung (.aus der Gattung..) mit Rücksicht auf § 242 nur dann anzunehmen, wenn die Leistung durch Mittel ermöglicht werden kann, mit deren Anwendung nach Treu und Glauben mit Rücksicht auf die Verkehrssitte gerechnet werden darf. Im Ergebnis stellte das Reichsgericht somit den zu entscheidenden Fall der Unmöglichkeit der Leistung gleich und löste ihn über eine Anwendung des Grundsatzes von Treu und Glauben nach § 242.

Auch in weiteren Entscheidungen hat das Reichsgericht in engen Grenzen Ausnahmen von der Verpflichtung zur Leistung unter dem Gesichtspunkt der „wirtschaftlichen Unmöglich-

---

[10] Zu diesem Begriff vgl. Fn.1.

[11] Vgl. nur *RGZ* 57, 116; 99; 1;101, 74;

[12] *RGZ* 57, 116; 88, 172; 92, 322; 95, 41; 99, 258.

keit" zugelassen[13], um bei nach Vertragsschluss eintretenden Leistungserschwerungen, welche die zumutbare wirtschaftliche Opfergrenze überstiegen, eine Lösung von den Vertragspflichten gem. § 275 a.F. zu ermöglichen.

Seit RGZ 103, 328 folgte das Gericht in den Fällen der Leistungserschwerung dagegen überwiegend der Lehre vom „Fortfall" der Geschäftsgrundlage. In der zugrunde liegende Entscheidung stellte das Reichsgericht darauf ab, ob die Grundlage des Geschäfts im Sinne einer bei Geschäftsabschluss zu Tage getretenen Vorstellung der Beteiligten über den Bestand gewisser maßgebender Verhältnisse hinfällig geworden sei[14]. Damit schloss die Rechtsprechung des Reichsgerichts zur „wirtschaftlichen Unmöglichkeit" mit der Anwendung des sich damals in der Entwicklung befindlichen Rechtsinstituts des Wegfalls (oder Fortfalls) der Geschäftsgrundlage.

II. Die Rechtsprechung des Bundesgerichtshofs

Der Bundesgerichtshof knüpfte an die Rechtsprechung des Reichsgerichts an und führte diese bis heute fort. In seiner maßgeblichen Entscheidung im Jahre 1953 griff der Bundesgerichtshof die Gedanken der Rechtsprechung des Reichsgerichts auf und wies darauf hin, dass das Reichsgericht den Begriff der wirtschaftlichen Unmöglichkeit zu einer Zeit prägte, als die Lehre von der Geschäftsgrundlage noch unentwickelt war. Die Fälle der Leistungserschwerung seien nicht nach dem „starren" Unmöglichkeitsbegriff, sondern über die Lehre der Geschäftsgrundlage in dem flexibleren Rahmen des § 242 zu behandeln, der eine Vertragsauflösung vorsah und mehr und mehr auch Vertragsanpassung ermöglichte[15]. Bei den Fragen, die der Begriff der wirtschaftlichen Unmöglichkeit aufwirft, handle es sich in Wahrheit stets um das Problem der Unzumutbarkeit der Vertragserfüllung, ein Problem, das mit Rücksicht auf die zumeist widerstreitenden Interessen der Vertragsparteien vom Standpunkt ausgleichender Gerechtigkeit nur aus § 242 gelöst werden könne, der eine Anpassung des Vertragsinhalts an die Umstände unter Abwägung der einander gegenüberstehenden Parteiinteressen unter dem Gesichtspunkt der Zumutbarkeit ermögliche[16]. Der Bundesgerichtshof wies das Problem der wirtschaftlichen Unmöglichkeit somit der Lehre von der Geschäftsgrundlage zu.

In seinem Urteil vom 1. Dezember 1993 entschied der Bundesgerichtshof[17] – unter Bezugnahme auf die seit dem Urteil vom 12. Juni 1972[18] geltende herrschende Meinung in Rechtsprechung und Literatur – dass auch bei Gattungsschulden die in § 279 a.F. ausgesprochene Verpflichtung des Schuldners, für nachträgliches Unvermögen ohne Rücksicht auf ein Vertretenmüssen einzustehen, unter dem Vorbehalt von Treu und Glauben stehe. Unter dem Gesichtspunkt der wirtschaftlichen Unmöglichkeit oder demjenigen des Wegfalls der Geschäftsgrundlage könne die Leistungspflicht des Schuldners aber allenfalls dann hinfällig werden,

---

[13] *RGZ* 100, 129; 100, 134; 101, 74; 101, 79; 102, 98; RG JW 1924, 1713.
[14] *RGZ* 103, 3; 103, 328; 106, 7.
[15] Eingehend hierzu *Larenz*, Lehrbuch des Schuldrechts § 21 II.
[16] *BGH* MDR 1953, 282.
[17] *BGH* NJW 1994, 515.
[18] *BGH* NJW 1972, S.1251.

wenn die Beschaffung der Gattungssache so schwierig geworden sei, dass sie ihm nicht mehr zugemutet werden könne. Weiterhin könne es als gesichert und praktisch handhabbar gelten, dass nach den Regeln, wie sie für den Wegfall der Geschäftsgrundlage entwickelt worden sind, die Haftung des Verkäufers aus § 279 a.F. dann entfällt, wenn infolge nicht vorhersehbarer Umstände so erhebliche Leistungshindernisse eingetreten sind, dass dem Schuldner die Beschaffung nicht mehr zugemutet werden kann.

III. Die Literaturansichten

Die Entwicklung der Literaturansichten ging in weiten Teilen in inhaltlicher und auch zeitlicher Hinsicht einen ähnlichen Weg, wie die Rechtsprechung des Reichsgerichts und des Bundesgerichtshofs. Die ursprünglich herrschende Meinung trat - zu einer Zeit, als die Lehre von der Geschäftsgrundlage noch nicht hinreichend ausgeformt war - dafür ein, die Fälle der wirtschaftlichen Leistungserschwerung der Unmöglichkeit nach § 275 I a.F. zuzuordnen[19]. Sie verstand darunter eine „überobligationsmäßige Schwierigkeit", d.h. eine so große Schwierigkeit der Leistungsbewirkung, dass diese dem Schuldner nur unter Opfern oder Aufwendungen möglich sei, die auf sich zu nehmen er nach Treu und Glauben nicht mehr verpflichtet sei. Gemeint waren hiermit vor allem unvorhergesehene Preissteigerungen sehr großen Ausmaßes, die zur Folge hatten, dass die zur Beschaffung der geschuldeten Ware aufzuwendenden Beträge oder Herstellungskosten bei einem Werk- oder Werklieferungsvertrag eine solche Höhe erreichten, dass dadurch die Leistung für den Schuldner wirtschaftlich nicht mehr tragbar erschienen[20].

Namentlich *Krückmann* wollte in diesen Fällen dem Schuldner eine Einrede aus entgegenstehendem, überwiegendem Interesse geben, weil nur so erreicht werden könne, dass die Parteien auch auf die Durchführung des Vertrags bestehen können, wenn ihnen dies vorteilhafter erscheint[21].

Nach *Enneccerus/Lehmann* sollte eine außergewöhnliche Schwierigkeit der Leistung, die so groß ist, dass ihre Überwindung dem Schuldner nicht mehr zuzumuten ist, gemäß dem Grundsatz des § 242 der befreienden Unmöglichkeit – auch im Sinne des § 279 a.F. – gleich erachtet werden, jedoch mit der Maßgabe, dass der Schuldner dadurch nicht ohne weiteres von einer Leistungspflicht befreit werde, sondern es ihm überlassen bleibe, entweder freiwillig zu erfüllen und dann die Gegenleistung zu verlangen, oder „sich durch Berufung auf die übermäßige Schwierigkeit dem Leistungszwang zu entziehen und unter gewissen Voraussetzungen vom Vertrag zurückzutreten[22].

---

[19] Vgl. *Fischer*, Unmöglichkeit als Nichtigkeitsgrund bei Urteilen und Rechtsgeschäften S. 17; *Kisch*, Die Wirkungen der nachträglich eingetretenen Unmöglichkeit der Erfüllung bei gegenseitigen Verträgen S. 12 ff; *Kleinedamm*, Unmöglichkeit und Unvermögen nach dem BGB; *Heinrich Stoll*, Die Lehre von den Leistungsstörungen S. 8ff.; *Titze*, Die Unmöglichkeit der Leistung nach deutschem bürgerlichen Recht S. 2 ff..

[20] Vgl. *Larenz*, a.a.O, § 21 I c).

[21] Vgl. *Krückmann*, AcP 101, 1 ff., 56 ff., 63 ff.; zustimmend z.B. *Lemppenau*, Gattungsschuld und Beschaffungspflicht, S. 67 ff.

[22] Vgl. *Enneccerus/Lehmann, § 46 I 2.*

Karl Larenz[23] sah die Lehre von einer der faktischen gleich zu setzenden „wirtschaftlichen Unmöglichkeit" als nicht haltbar an, da sie dem Tatbestand der Unmöglichkeit jede sichere Begrenzung nehme. Weiter hielt er die Ausdrücke wie „außergewöhnliche" oder „überobligationsmäßige"[24] Schwierigkeiten für zu unbestimmt, um als eine brauchbare Richtlinie für die Entscheidung der zahlreichen Fälle dienen zu können, in denen das Geschäft dem Schuldner im Ergebnis einen erheblichen Nachteil bringt.

Fikentscher[25] sieht das Verhältnis von Unmöglichkeit und Wegfall der Geschäftsgrundlage hinsichtlich der Fälle der „wirtschaftlichen Unmöglichkeit" als ein Stufenverhältnis an: Bleibt trotz der wirtschaftlichen Schwierigkeiten, in denen sich der Schuldner von Anfang an befand oder in die er nach Eingehung der Verbindlichkeit gerät, die Leistung noch in einem weit zu spannendem Rahmen des verkehrsmäßig noch üblichen, so liege allenfalls eine allgemeine Unzumutbarkeit im Sinne von § 242 und kein Fall der Unmöglichkeit vor. Bedeutet aber die „wirtschaftliche Unmöglichkeit" zugleich, dass das Leistungshindernis außerhalb alles Verkehrsüblichen liege[26], so sei von Unmöglichkeit im Sinne einer Leistungsstörung zu sprechen. Die Lehre von der Unmöglichkeit zeige damit nur einen Ausschnitt aus der allgemeinen Frage, wann vom Grundsatz der Bindung eines Vertragsversprechens wegen Unzumutbarkeit eine Ausnahme zu machen sei. Das Unmöglichkeitsrecht sei nach *Fikentscher* ein spezieller Anwendungsfall der „Bindungskorrekturen" nach Treu und Glauben.

Medicus[27] teilt die Problematik in zwei Untergruppen ein, in die wirtschaftlich sinnlose Leistungserschwerung einerseits und in die weniger starke Leistungserschwerung andererseits[28]. Erster Fall soll im Sinne der Lehre von der „wirtschaftlichen Unmöglichkeit" dem Unmöglichkeitsrecht unterfallen, während der zweite Fall dem Wegfall der Geschäftsgrundlage zugeordnet werden soll. Gleichzeitig weist *Medicus* darauf hin, dass der Unterfall der Unerschwinglichkeit im Bereich des Wegfalls der Geschäftsgrundlage zuzuordnen sei, da es keinen Grund gebe, dem Schuldner die Möglichkeit der überobligationsmäßigen Leistung zu versperren.

Emmerich[29] wendet sich gegen eine pauschale Einordnung der Fälle der „wirtschaftlichen Unmöglichkeit" in den Bereich des Wegfalls der Geschäftsgrundlage. Nach *Emmerich* sei

---

[23] Vgl. *Larenz*, a.a.O., § 21 I c).
[24] Dabei bleibt *Larenz* eine Antwort auf die Frage schuldig, wie das Merkmal „überobligationsmäßig" auszulegen und zu bestimmen ist.
[25] Vgl. *Fikentscher*, Schuldrecht § 42 IV 1.
[26] Diese von *Fikentscher* vorgeschlagene Abstufung erlaubt zwar eine Kategorisierung von eindeutigen Fällen, versagt aber aufgrund ihrer Unbestimmtheit in den Grenzbereichen. Nicht klar wird, ab wann die Schwelle zur „verkehrsunüblichen" Anstrengung überschritten ist.
[27] Vgl. *Medicus*, Bürgerliches Recht Rdnr. 158.; ebenso *Esser-Eike* Schmidt § 10 III 2f.
[28] Gemeint ist hiermit eine Unterscheidung danach, ab wann die Leistungserschwerung die Schwelle zur wirtschaftlichen Sinnlosigkeit überschreitet. Dabei wird nicht klar, welcher Bezugspunkt für die Beurteilung der Sinnlosigkeit herangezogen wird.
[29] *Emmerich*, Das Recht der Leistungsstörungen, S.65; ebenso z.B. *BGH* LM, 325 BGB Nr. 8.; Münch.-Komm./*Emmerich* vor § 275 Rdnr. 26.

allein entscheidend, dass das Gesetz an keiner Stelle eine Entscheidung gegen die Berücksichtigung der übermäßigen Leistungserschwerung zugunsten des Schuldners treffe. Aus §§ 280, 285 und 325 a.F. folge, dass der Schuldner bei allen von ihm nicht zu vertretenden Leistungshindernissen endgültig oder vorübergehend frei werde, mag es sich dabei um Unmöglichkeit oder etwas anderes handeln. Insoweit sei entscheidend, welches Risiko der Schuldner mit dem betreffenden Vertrag übernommen hat, d.h. was der Schuldner im konkreten Fall zu vertreten hat[30].

IV. Zusammenfassung des ersten Kapitels

Die Einordnung der wirtschaftlichen Unmöglichkeit hat in Rechtsprechung und Literatur inhaltlich eine ähnliche Entwicklung genommen. Während man zunächst überwiegend von einer Zuordnung zum Unmöglichkeitsrecht nach § 275 I a.F. ausging, zu einer Zeit, in der Rechtsprechung und Literatur mit der Ausformung der Lehre vom Wegfall der Geschäftsgrundlage beschäftigt waren, ging man später mit Ausnahme weniger Stimmen in der Literatur dazu über, die Fälle der „wirtschaftlichen Unmöglichkeit" der Lehre vom Wegfall der Geschäftsgrundlage zuzuordnen. Ab wann bei wirtschaftlichen Leistungserschwerungen die Schwelle der Unzumutbarkeit der Leistungserbringung erreicht ist, wurde weder durch die Rechtsprechung, noch durch Literatur mit trennscharfen und subsumtionsfähigen Merkmalen definiert.

Zweites Kapitel: Die empirische Analyse und rechtliche Systematisierung der Sachverhalte der wirtschaftlichen Leistungserschwerungen

I. Vorgehensweise

Im Folgenden wird der Frage nachgegangen, welche Fallkonstellationen im Kauf-, Werk-, Miet- und Dienstvertragsrecht zur Problematik wirtschaftlicher Leistungserschwerungen führen können. Die Darstellung orientiert sich an den Sachverhalten, die den maßgeblichen Entscheidungen des Reichsgerichts und des Bundesgerichtshofs zugrunde lagen. Dabei wird auch kurz auf die Besonderheiten der zugrunde liegenden Begründung der Entscheidungen eingegangen. Diese werden nach den jeweiligen Vertragsarten geordnet dargestellt, um einen systematischen Überblick über die vorhandenen Fallgestaltungen zu verschaffen. Innerhalb der einzelnen Vertragsarten erfolgt eine Unterteilung nach den jeweils geschuldeten Hauptleistungspflichten[31]. Die Ordnung nach den jeweiligen Vertragsarten wird deshalb vorgenommen,

---

[30] Diesen wichtigen Ansatzpunkt, der im weiteren Sinn die vertragliche und/oder gesetzliche *Risikoverteilung* im jeweiligen Schuldverhältnis betrifft, hat der Gesetzgeber in § 275 II S.2 übernommen, in dem er die Höhe der dem Schuldner zuzumutenden Anstrengungen u.a. („auch") danach beurteilt, ob der Schuldner das Leistungshindernis zu vertreten hat.

[31] Dieser Vorgehensweise liegt die Überlegung zugrunde, dass es bei der nachfolgenden Einordnung der Sachverhalte in das Leistungsstörungsrecht um die Frage nach der Befreiung von der Leistungspflicht gehen wird. Die Zuordnung zu einer konkreten Leistungspflicht ist daher – soweit möglich – notwendig, da die Behandlung der Störung der unterschiedlichen Leistungspflichten auch unterschiedlichen Vorraussetzungen und Rechtsfolgen unterliegen. So ergeben sich die Rechte im Kaufrecht bei Nichterfüllung der Eigentums- und Besitzverschaffungspflicht beispielsweise aus §§ 320, 280 ff., während bei Mangelhaftigkeit der Kaufsache die §§ 434 ff. zusätzlich zu beachten sind.

da – wie noch zu zeigen sein wird – die Lösung der Fälle der wirtschaftlichen Leistungserschwerung vornehmlich nach der vertraglichen Risikoverteilung zu bestimmen ist.

II. Die Leistungserschwerung im Kaufrecht

Ausgehend von den vertraglichen Hauptleistungspflichten des Verkäufers gem. § 433 I können sich Erschwerungen der Leistung auf die Pflicht zur Eigentums- und Besitzverschaffung beziehen sowie auf die Pflicht zur Verschaffung einer *mangelfreien* Kaufsache. Weiter kann zwischen dem Sachkauf und dem Rechtskauf differenziert werden; für letzteren ordnet nunmehr § 453 I die Anwendung der Vorschriften über den Kauf von Sachen an. Im Rahmen des Rechtskaufs kann sich ebenfalls das Problem ergeben, dass der Verkäufer dem Käufer das Recht nicht oder nicht rechtsmängelfrei verschaffen kann, wenn es z.B. mit einem Drittrecht belastet ist[32].

Ferner ist zwischen Stück- und Gattungskauf zu unterscheiden. Zwar ist die nach dem alten Recht in § 480 I a.F. und § 459 I a.F. vorgesehene Differenzierung zwischen Stück- und Gattungskauf nach dem Schuldrechtsmodernisierungsgesetz weggefallen. Ob ein Gattungskauf vorliegt, wird nach dem neuen Recht im Rahmen des Vertretenmüssens gem. § 276 I S.1 BGB relevant. Hat der Schuldner ein „Beschaffungsrisiko" übernommen, gilt als Rechtsfolge im Wesentlichen das, was bereits nach § 279 a.F. galt, mit der Einschränkung, dass der Schuldner nur noch im Rahmen des übernommenen Beschaffungsrisikos haftet und nicht für sonstige Störungen[33]. Schließlich verbleiben noch diejenigen Fälle, in denen die Kaufsache für den Käufer nutzlos geworden ist, was zur Frage führt, wie das *Verwendungszweckrisiko* zwischen den Parteien aufgeteilt wird.

1. Eigentums- und Besitzverschaffung

Zahlreiche Entscheidungen des Reichsgerichts und des Bundesgerichtshofs haben Erschwerungen bei der Erfüllung der Pflicht zur Eigentums- und Besitzverschaffung an der verkauften Sache zum Gegenstand. Die Fälle lassen sich in solche einteilen, denen ein Stückkauf und andere, denen ein Gattungskauf zugrunde lag. Des Weiteren kann nach *Leistungserschwerungen aufgrund von kriegs- oder inflationsbedingten Preissteigerungen, kriegsbedingten Lieferschwierigkeiten* sowie *sonstigen Schwierigkeiten* zur Beschaffung des Leistungsgegenstandes unterschieden werden.

Die Pflicht des Verkäufers zur Eigentums- und Besitzverschaffung kann - vornehmlich beim Stückkauf - dadurch erschwert sein, dass er das Eigentum und/oder den Besitz an der Kaufsa-

---

[32] Beispielsweise werden in Architektenverträgen regelmäßig die Nutzungsrechte am Urhebberecht des Architekten auf den Auftraggeber übertragen, sofern das Architektenwerk eine Gestaltungstiefe erreicht, die den urheberrechtlichen Schutz nach § 2 UrhG genießt. Dabei spiel es eine erhebliche Rolle, ob das Urheberrecht des Architekten nicht schon mit einem Nutzungsrecht (am Urheberrecht) eines früheren Auftraggebers belastet ist.

[33] Vgl. hierzu *Lorenz/Riehm*, a.a.O., Rdnr. 176.

che verloren oder niemals gehabt hat, weil er die Kaufsache z.B. verloren hat[34] oder ihm die Kaufsache gestohlen worden ist[35]. Die Frage ist dabei, welche Kosten für erforderliche Suchmaßnahmen dem Verkäufer zuzumuten sind, damit dieser die Verfügungsgewalt über den Kaufgegenstand erlangt, um seine Pflichten aus § 433 I erfüllen zu können. In diesen Fällen ist neben der Besitzverschaffungspflicht auch die Eigentumsverschaffungspflicht betroffen. Denn zur Übereignung ist gem. § 929 S.1 die Übergabe der Kaufsache notwendig. Sofern die Übergabe durch ein Surrogat nach §§ 930 oder 931 ersetzt werden kann, bedarf es wenigstens der Kenntnis der Identität des derzeitigen Besitzers. Nur so kann ein Besitzkonstitut gem. §§ 930, 868 vereinbart, oder ein Herausgabeanspruch nach § 931 abgetreten werden.

Es treten weiterhin Fälle auf, in denen der Verkäufer das Eigentum an der Kaufsache bereits vor Abschluss des Kaufvertrages verloren oder zu diesem Zeitpunkt nicht inne gehabt hat[36]. Häufig treten dann beim eigenen Erwerb des Leistungsgegenstands durch den Verkäufer Probleme auf, da der gegenwärtige Eigentümer die Kaufsache wider Erwarten auf den Verkäufer nicht übertragen möchte. Bei dem populären Fall des Verlustes des Eigentums durch Übereignung der Kaufsache an einen Dritten nach Abschluss des Kaufvertrags, stellt sich die Frage, bis zu welchem Kaufpreis der Verkäufer versuchen muss, selbst die Kaufsache zurück zu erwerben[37]. Hier besteht in den meisten Fällen für den Schuldner jedenfalls theoretisch die Möglichkeit, seine eigene Leistungsfähigkeit herbeizuführen. Die zentrale Frage ist dabei, welche Anstrengungen vom Schuldner verlangt werden können, sein Leistungshindernis zu überwinden[38].

Auch bei einem Gattungskauf können Lieferschwierigkeiten auftreten. Das Reichsgericht hatte diesbezüglich mehrfach über kriegs- oder inflationsbedingte Lieferschwierigkeiten zu entscheiden. Daneben können Lieferschwierigkeiten, insbesondere bei einer beschränkten Gattungsschuld – oder Vorratsschuld – auch auf anderen Gründen beruhen, wie der „Eichenlaub-Saatmehl-Fall“[39] des RG zeigt:

---

[34] Hat der Verkäufer nur den Besitz an der Sache verloren, so bleibt weiterhin die Eigentumsverschaffung denkbar, wenn man bei besitzlosen Sachen die Einigung genügen lässt; vgl. bejahend *Erman/Michalski* § 931 Rdnr.2; *Avenarius* JZ 1994, S. 511.

[35] In diesem Fall wird der Verkäufer wegen § 935 in der Regel noch Eigentümer der Sache sein.

[36] Diese Fallgestaltung findet sich häufig bei Grundstückskaufverträgen. Das Risiko des Verkäufers wird dabei regelmäßig durch ein Rücktrittsrecht des Verkäufers oder eine aufschiebende Bedingung gem. § 158 I minimiert.

[37] In Betracht kam nach der alten Rechtslage zunächst eine Befreiung von der Leistungspflicht gem. §§ 275 I, II BGB a.F. Die Rechtsprechung ging jedoch davon aus, dass kein Unvermögen vorliege, wenn der Rückerwerb möglich oder der Dritte zur Zustimmung bereit sei; vgl. BGH NJW 1984, S. 2031; NJW 1997, S. 938.

[38] Hier wurde der Verkäufer nach der alten Rechtslage von der Leistungspflicht nach § 275 I, II BGB a.F. befreit und hatte gem. §§ 440, 325 I BGB analog a.F. Schadensersatz nach den Grundsätzen einer eingeschränkten Garantiehaftung zu leisten. Klagt der Käufer dennoch auf Erfüllung des wirksamen Kaufvertrags, konnte der Verkäufer entgegenhalten, dass er zu einer unmöglichen Leistung auch nicht verpflichtet sein kann (*impossibilim nulla est obligatio*).

[39] RGZ 57, 116.

Sachverhalt[40]: Der Kläger schloss mit der Beklagten einen Kaufvertrag über die Lieferung von Baumwollsaatmehl der Marke „Eichenlaub“ ab. Diese besondere Warensorte konnte nur mit speziell konstruierten Maschinen und Gerätschaften in der Mühle der Beklagten hergestellt werden. Nach Abschluss des Kaufvertrages, aber vor Herstellung und Lieferung, brannte die Mühle mit allen Vorräten an bereits hergestellter Ware ab. Der Beklagte wendet ein, dass ein Wiederaufbau der Mühle, um den Pflichten aus dem Vertrag nachzukommen, unzumutbar sei.

Hier konnte das verkaufte Saatmehl nur bei einem sehr kostenträchtigen Wiederaufbau der Mühle hergestellt und verkauft werden. Daher lag auch hier eine Leistungserschwerung auf Seiten des Verkäufers dahingehend vor, die Verfügungsgewalt über den Leistungsgegenstand zu erlangen. Kein Zweifel bestand daran, dass die Möglichkeit des Wiederaufbaus mit anschließender Herstellung des versprochenen Leistungsgegenstandes theoretisch bestand[41]. Daher war zentrale Frage, inwieweit an der Vorschrift des § 279 a.F. festzuhalten sei, wonach der Schuldner, solange die Leistung aus der Gattung möglich ist, sein Unvermögen zur Leistung auch dann zu vertreten hat, wenn ihm ein Verschulden nicht zu Last fällt. Das Reichsgericht äußerte sich zur Anwendung der Vorschrift wie folgt: „Vielmehr ist im Sinne des § 279 die Leistung aus der Gattung nicht bloß dann unmöglich, wenn die ganze Gattung untergegangen, sondern auch dann, wenn die Beschaffung von Gegenständen der fraglichen Gattung eine so schwierige geworden ist, dass sie billigerweise niemandem zugemutet werden kann. Die letztbezeichnete Einschränkung steht zwar nicht in § 279, ergibt sich aber wenigstens für einen Gattungskauf der spezialisierten Art[42], wie er hier vorliegt, aus § 242. Allerdings darf dieser Einschränkung nicht eine Anwendung oder vielleicht richtiger eine Ausdehnung gegeben werden, die entgegen der Absicht des § 279 und dessen Wortlaute im Ergebnisse darauf hinausläuft, dass der Gläubiger die Gefahr solcher zufälligen Ereignisse auch beim Gattungskauf in der Regel zu tragen hätte. Die Beschaffung des Leistungsgegenstandes darf infolge eines zufälligen Ereignisses nicht bloß etwa mehr Schwierigkeiten bieten, - diese mögen in der Notwendigkeit umfassender Nachfrage, oder erheblich höherer Anschaffungskosten bestehen, - sondern muss mit *so außergewöhnlichen verbunden sein, dass diese Schwierigkeiten nach der Auffassung des Verkehrs der Unmöglichkeit gleich geachtet werden.*“ Das Reichsgericht wies damit die hier vorliegende Leistungserschwerung dem Bereich der *Unmöglichkeit* zu[43]. Voraussetzung für eine Befreiung des Schuldners sei somit zum einen *fehlendes Vertretenmüssen* und *außergewöhnliche Schwierigkeiten* der Leistungserbringung. Rechtstechnisch

---

[40] Sämtliche in der Arbeit eigens angeführten Sachverhalte aus Gerichtsentscheidungen finden sich gesondert, nach zeitlicher Reihenfolge geordnet im Anhang („Entscheidungsanhang“) der Arbeit.

[41] Das Problem in diesen Fällen liegt gerade darin, dass eine Anwendung des § 275 I a.F. wegen der theoretischen Möglichkeit der Leistungserbringung zunächst ausscheidet.

[42] Gemeint ist damit eine eingeschränkte Gattungsschuld und nicht etwa eine Vorratsschuld, da auf letztere § 279 a.F. nicht anwendbar ist; vgl. RGZ 108, 420.

[43] Interessant ist dabei, dass das RG den Begriff der „wirtschaftlichen Unmöglichkeit“ mit keinem Wort erwähnt, sondern quasi selbstverständlich den bisher gebrauchten Unmöglichkeitsbegriff auf den Fall der übermäßigen Leistungserschwerung erweitert. Es wird somit keine eigenständige Kategorie der Unmöglichkeit gebildet.

korrigierte das RG § 279 a.F.[44] mit Hilfe von § 242 a.F[45]. Bedeutsam an dieser Entscheidung ist, dass sie einerseits die Grundlage zahlreicher Folgeentscheidungen des RG war, jedoch im Gegensatz zu diesen keine kriegsbedingten Leistungshindernisse in Form von Preisteuerungen oder Lieferschwierigkeiten zum Gegenstand hatte[46].

Ein weiterer, von kriegsbedingten Leistungserschwerungen unabhängiger Sachverhalt lag dem „Milchlieferungs-Fall"[47] des *RG* zugrunde:

> **Sachverhalt**: Der Beklagte verpflichtete sich, am 29. April 1914 dem Kläger bis zum 30. September 1915 täglich mindestens 800 bis höchstens 1000 l Milch zu liefern. Der Milchertrag des Gutes des Beklagten verminderte sich daraufhin in der fraglichen Zeit infolge Erkrankungen des Viehbestandes an der Maul- und Klauenseuche erheblich. Hinzu kam, dass im Frühjahr 1915 die Futtermittel zu Ende gingen und im Juni 1915 als widriger Umstand die Dürre hinzukam. Der Beklagte wendet dieses Leistungshindernis gegen seine Lieferpflicht ein.

Auch in dieser Entscheidung ging es um Erschwerungen bei der Erlangung des Leistungsgegenstandes. Ebenso handelte es sich um einen Gattungskauf und um eine *nach Vertragsabschluß* eintretende Leistungserschwerung auf Seiten des Schuldners: „Der Beklagte hat nicht überhaupt gewisse Milchmengen verkauft, sondern seine Verpflichtung war beschränkt auf den Ertrag seines Gutes und damit nach der Verkehrssitte auf denjenigen Teil des Erzeugnisses, der bei Einhaltung der Regeln einer ordnungsgemäßen Wirtschaft Gegenstand der Veräußerung ist. Dazu gehört aber bei einem landwirtschaftlichen Betriebe regelmäßig nicht das zur geordneten Fortführung des Betriebes Erforderliche. Die Auffassung des Berufungsgerichts steht deshalb im Einklange mit den Vorschriften sowohl des § 157 als auch des § 242 und verstößt nicht gegen § 275. [...] Als Ertrag konnte aber nach der maßgebenden Anschauung des Verkehrs nur gelten, was bei verständiger Würdigung des Wirtschaft zu erzielen war."[48] Hier gelangte das RG auch über die Unmöglichkeit nach § 275 a.F. zu einer Befreiung des Schuldners, allerdings wurde dabei der Umfang der Beschaffungsschuld gem. § 157 einschränkend ausgelegt. § 279 a.F. war im Fall unanwendbar, da es sich um eine Vorratsschuld handelte.

---

[44] § 279 a.F. schränkt insoweit § 275 II a.F. ein. § 279 a.F. setzt einen Fall des nachträglichen Unvermögens voraus. Bei nachträglicher objektiver Unmöglichkeit ergibt sich die Rechtsfolge schon aus § 275 I a.F.

[45] Dies stellt indes nicht den einzig gangbaren Weg dar. Ebenso wäre eine ergänzende Auslegung über die Reichweite der Vereinbarung einer Beschaffungspflicht nach § 157 oder eine teleologische Reduktion des § 279 denkbar gewesen; vgl. Palandt/*Heinrichs* § 279 Rdnr. 8.

[46] Das RG dehnt die Unmöglichkeit begriffsjuristisch auf die Fälle der wirtschaftlichen Unmöglichkeit aus, um § 279 a.F. zu überwinden. Mit dem Brand der Mühle haben sich, die die Leistung ermöglichenden Verhaltenspflichten, grundlegend geändert. Mit anderen Worten ist die vom Schuldner geforderte Leistung nunmehr eine andere, als zum Zeitpunkt des Vertragsschlusses.

[47] RGZ 91, 312.

[48] Ebenso hat das RG in RGZ 94, 68 auf den Gesichtspunkt der Vertragsauslegung nach § 157 BGB abgestellt.

Allgemeine Hindernisse zur Erlangung der Verfügungsgewalt über die bereits existierende Kaufsache können auch bei einer *beschränkten Gattungsschuld* vorliegen, wie der „Porsche 959- Fall" des BGH[49] zeigt:

> **Sachverhalt**: Die Beklagte verpflichtete sich gegenüber der Klägerin zur Lieferung von zwei Porsche 959 zu einem Preis von je 430.000 DM. Die Beklagte war Porsche Direkthändlerin. Nach Abschluss des Kaufvertrages entschied die Porsche AG den Verkauf dieses Modells nicht über das Händlernetz, sondern unter eigener Auswahl der Interessenten direkt ab Werk durchzuführen, so wie es dann auch geschah. Die Beklagte hält die Kaufverträge für unwirksam, der Kläger nimmt die Beklagte auf Zahlung von Schadensersatz in Höhe von 710.000 DM entgangenen Gewinn in Anspruch.

An der entscheidenden Stelle des Urteils führt der BGH wie folgt aus: „Der erkennende Senat hat sich im Urteil vom 12. Juli 1972 der allgemeinen Meinung in Rechtsprechung und Schrifttum angeschlossen, auch bei Gattungsschulden stehe die in § 279 a.F. ausgesprochene Verpflichtung des Schuldners, für nachträgliches Unvermögen ohne Rücksicht auf ein Vertretenmüssen einzustehen, unter dem Vorbehalt des Grundsatzes von Treu und Glauben. Unter dem Gesichtspunkt der wirtschaftlichen Unmöglichkeit oder demjenigen des Wegfalls der Geschäftsgrundlage könne die Leistungspflicht des Schuldners aber allenfalls dann hinfällig werden, wenn die Beschaffung der Gattungssache so schwierig geworden sei, dass sie ihm nicht mehr zugemutet werden könne. Der Gesichtspunkt der wirtschaftlichen Unmöglichkeit hat inzwischen an Bedeutung eingebüßt. Anknüpfend an das hier zitierte Senatsurteil und drei grundlegende Entscheidungen [...] kann als gesichert und praktisch handhabbar gelten, dass nach den Regeln, wie sie für den Wegfall der Geschäftsgrundlage entwickelt worden sind, die Haftung des Verkäufers aus § 279 a.F. dann entfällt, wenn infolge nicht vorhersehbarer Umstände so erhebliche Leistungshindernisse eingetreten sind, dass dem Schuldner die Beschaffung nicht mehr zugemutet werden kann." Auch in dieser Entscheidung korrigierte der BGH die Rechtsfolge des § 279 a.F. über § 242, jedoch vor dem Hintergrund der zu diesem Zeitpunkt schon weit ausgebildeten Lehre vom Wegfall der Geschäftsgrundlage. Allerdings haben sich weder der Anknüpfungspunkt – Einschränkung des § 279 a.F. durch § 242, noch der Maßstab – Unzumutbarkeit der Leistungserbringung – im Vergleich zur Rechtsprechung des Reichsgerichts geändert.

Eine interessante Variante hierzu – weniger im Hinblick auf den Sachverhalt, als auf die Begründung - zeigt die Entscheidung des „Lammzinn – Falls" des RG[50]. Der Entscheidung lag folgender Sachverhalt zugrunde:

> **Sachverhalt**: Der Kläger schloss mit der Beklagten einen Kaufvertrag über insgesamt 500 kg Lammzinn von zwei bestimmten englischen Marken. Die Ware sollte in 5 Raten geliefert werden, zu Preisen von 301 – 309 M für 100 kg. Die Beklagte verweigerte die Liefe-

---

[49] NJW 1994, S. 515.
[50] RGZ 88, 172.

rung der drei letzten Raten, weil die Preise kriegsbedingt wegen Aufhörens der Zufuhr über Holland bis gegen 650 M für 100 kg gestiegen waren und die Lieferung deswegen unerschwinglich war.

Hier griff das RG die in RGZ 57, 116 dargelegten Grundsätze auf, stellte bei der Rechtsfolge der hier *kriegsbedingten* Unerschwinglichkeit auf § 242 ab. Das Bemerkenswerte an dieser Entscheidung ist jedoch, dass nach dem RG die Anwendung dieser Grundsätze auf Vertragsverhältnisse im *Großhandel* ausgeschlossen wird: „Diese Ansicht ist aber, jedenfalls in der Anwendung auf den Großhandel zu verwerfen. Die Befreiung [...] würde auch in aufgeregten Zeiten die Erhaltung eines geordneten Wirtschaftslebens unmöglich machen." Allerdings bleibt das RG dabei einer dogmatischen Begründung der dargestellten Ansicht schuldig[51]. Ebenso entschied das RG im ähnlich gelagerten „Bankazinn-Fall"[52], in dem es ebenso um kriegsbedingte Preisteuerungen im Großhandelsverkehr ging: „Wenn in letzterer Entscheidung [gemeint ist damit RGZ 88, 172] dabei als Grund die Erwägung hervorgehoben wurde, dass der Verkäufer mit diesen Preisschwankungen ebenso rechnet wie der Käufer und danach seine Preise kalkuliert, also bei der Berechnung des Preises die Risikoprämie als preisbestimmenden Faktor einsetzt, so kann dem auch nicht entgegengehalten werden, dass eine solche Berücksichtigung nur für solche Preisschwankungen stattfinde, die durch die üblichen Vorgänge auf dem Warenmarkt, durch die dem Betrieb eigentümlichen Gefahren hervorgerufen würden, nicht aber durch den Krieg, der unvermutet und von außen als ein betriebsfremdes Ereignis eingreife." Im Ergebnis hielt das Reichsgericht den Schuldner an seiner Leistungspflicht fest. Offenbar sah es in der *Zahlung der Risikoprämie* eine Abgeltung der mit dem Geschäft verbundenen Risiken, so dass eine hiervon abweichende Lösung über den Wegfall der Geschäftsgrundlage nach § 242 bzw. über die ergänzende Vertragsauslegung, verschlossen blieb.

Auch der „Galizische Eierfall" des RG[53] hatte einen Sachverhalt zum Gegenstand, in dem es um die Erlangung des Kaufgegenstandes ging, der kriegsbedingte Lieferschwierigkeiten entgegenstanden:

> **Sachverhalt**: Mitte Oktober 1914 vereinbarten die Parteien in Berlin, dass der Beklagte dem Kläger in der Zeit vom 4. bis 12. Oktober 115 Kisten Kalkeier franko Berlin für 5,20 M per Schock liefern sollte. Als der Beklagte am 4 November 1914 von Berlin abgereist war und am 5. November in seiner Heimat Bochnia in Galizien eintraf, war wegen drohenden Einfalls der Russen der Zivilfrachtverkehr schon gänzlich eingestellt gewesen. Der Beklagte beruft sich darauf, dass die Lieferung wegen der Kriegsunruhen nicht möglich gewesen sei. Am 8. November habe er mit seiner Familie nach Krakau fliehen müssen.

---

[51] Zu diesem Ergebnis gelangt man über eine ergänzende Auslegung des Vertrages im Hinblick auf die Reichweite der Übernahme des Beschaffungsrisikos durch den Verkäufer.
[52] RGZ 95, 40.
[53] RGZ 99, 1.

Wiederum stand die Frage nach der Anwendung der § 279 a.F. inmitten. Das RG äußerte sich unter Anführung von § 242 wie folgt: „Wenn § 279 bestimmt, dass bei Gattungsschulden der Schuldner, solange die Leistung aus der Gattung möglich ist, sein Unvermögen zur Leistung auch dann zu vertreten habe, wenn ihm ein Verschulden nicht zur Last fällt, so schließt er die Berücksichtigung des unvorhergesehenen Ereignisses höherer Gewalt aber ähnlicher Umstände nicht aus, welche nach dem Grundsatz des § 242 das Verlangen der Leistung als unbillig und ungerechtfertigt erscheinen lassen. Dies kann insbesondere bei dem Gattungsverkäufer dann zutreffen, wenn er bei normalem Verlauf durchaus erfüllungsbereit und erfüllungsfähig gewesen wäre und nur durch einen unerwarteten Zufall an der beabsichtigten Erfüllung persönlich gehindert wird." In diesem Fall waren die Umstände der Erlangung des *bereits existierenden Leistungsgegenstandes* so widrig, dass die Leistung nicht erbracht werden konnte. Das Reichsgericht ging auch ausdrücklich auf den Umstand ein, dass das Leistungshindernis *zufällig* entstand, d.h. weder vom Verkäufer, noch vom Käufer zu vertreten war.

Auch im „Kupferdraht-Fall"[54] ging es um Lieferschwierigkeiten aufgrund der kriegsbedingten Beschlagnahme der Kupferbestände:

> **Sachverhalt**: Die Klägerin verpflichtete sich im Februar 1914 gegenüber der Beklagten, auf Abruf 10.000 kg Kupferdraht zu liefern. Als der Krieg ausbrach, hatte die Klägerin nur einen kleinen Teil der Menge geliefert. Im September wurden die gesamten Kupferbestände, vorhandene und später hinzukommende beschlagnahmt. In der Folgezeit verweigerte die Klägerin die Lieferung von Kupfer mit Rücksicht auf die weitere Entwicklung des Krieges und die dadurch hervorgerufenen Verhältnisse. Sie beantragt festzustellen, dass sie zur Lieferung des Restes nicht verpflichtet sei.

In dieser Entscheidung bezieht das RG die Frage der Unmöglichkeit wieder deutlicher in seine Erwägungen ein, indem es ausführt: „Das Reichsgericht hat wiederholt, insbesondere in den Entscheidungen des I. und II. Zivilsenats ausgesprochen, dass die durch den Krieg notwendig gewordene zeitliche Verschiebung der Leistung als mit der Unmöglichkeit gleich zu achtender Umstand die dauernde Befreiung des Schuldners von der Leistungspflicht bewirkt, wenn die Leistung durch die Verschiebung derart verändert wird, dass sie nicht mehr als bei die beim Vertragsschluss erwartete und gewollte Leistung zu erachten sein würde." Auf den Gesichtspunkt der Unmöglichkeit stellte das RG auch im „Holzschrauben-Fall"[55] zunächst ab, indem es ausführt: „Diese Unmöglichkeit ist grundsätzlich in wirtschaftlichem Sinn zu denken; Unmöglichkeit wird schon dann angenommen, wenn die Möglichkeit der Abwicklung des Kaufgeschäfts erst in einem Zeitpunkt eintreten kann, wo wirtschaftlich für beide Teile die ursprünglichen Vertragspflichten, wenn sie dann noch erfüllt werden müssten, in wesentlicher Weise verändert sein würden. Auch im Sinne des § 279 a.F. kommt es grundsätzlich darauf an, ob die Ware durch Mittel beschafft werden kann, mit deren Anwendung nach Treu und Glauben zu rechnen ist."[...] „Unter dem maßgebenden Gesichtspunkt des § 242 hatte das

---

[54] RGZ 94, 44.
[55] RGZ 107, 156.

Berufungsgericht aufgrund der gegebenen Sachlage die Interessenabwägung vorzunehmen, wie sie in der Rechtsprechung des Reichsgerichts schon wiederholt gekennzeichnet ist." Das RG billigte im Ergebnis dem Kläger eine an die veränderten Umstände angepasste Gegenleistung zu, die er nach dem alle Umstände des Einzelfall billig zu berücksichtigenden Ermessen verlangen und im Fall der Versagung seine Leistung verweigern kann. Im Gegensatz zu den vorangegangenen Entscheidungen stellt das Gericht somit auf das Bestehen eines Leistungsverweigerungsrechts ab[56].

Auch beim *Stückkauf* können (kriegsbedingte) Preisteuerungen zu Leistungserschwerungen führen, wie der „Vigognespinnerei-Fall"[57] zeigt:

> **Sachverhalt**: Der Beklagte und der Kaufmann B. waren Inhaber einer OHG, die eine Vigognespinnerei in Ruppertsgrün betrieb. Nachdem der Beklagte die Gesellschaft zum Mai 1919 gekündigt hatte, trat er mit dem Kläger, der den Erwerb des Unternehmens beabsichtigte, in Verbindung, um seine Geldeinlage zu retten. Am 21. Mai 1919 wurde zwischen den Parteien ein notarieller Vertrag geschlossen, in dem der Beklagte sich u.a. dazu verpflichtete das Grundstück, Gebäude mit allen Bestandteilen und Zubehör im Falle des eigenen Erwerbs zu dem Preis zu überlassen, zu dem er es erworben hat, sofern der Preis 600.000 M nicht übersteigt. Als Kaufpreis wurde u.a. vereinbart, dass ein Drittel in 5 % - tiger Kriegsanleihe zum Kurse von 98 % bezahlt werden sollte. In der Folgezeit fiel der Kurs der Kriegsanleihe auf 76 %, so dass der Beklagte die Erfüllung des Vertrages verweigerte.

In dieser Entscheidung stellte das RG ausdrücklich auf die Grundsätze über den Fortfall der Geschäftsgrundlage ab, indem es formulierte: „Allgemein kommt es, um mit den Worten *Oertmanns* (Geschäftsgrundlage) zu reden, immer darauf an, ob die Grundlage des Geschäfts im Sinne einer beim Vertragsschluss zutage getretenen Vorstellung der Beteiligten über den Bestand gewisser maßgeblicher Verhältnisse hinfällig geworden ist. Das ist an sich auch als Folge einer bloßen Valutaverschiebung möglich, wenn die Fortdauer der Äquivalenz von Leistung und Gegenleistung bei Vertragsschluss vorausgesetzt wurde." Im wenige Zeit später folgenden „Grundstückskauf-Fall"[58] wird letztlich die Anwendung der Grundsätze über den Fortfall der Geschäftsgrundlage verfestigt.

2. Mangelfreiheit

Die Erfüllung der Primärpflicht des Verkäufers zur Verschaffung einer sach- und rechtsmängelfreien Kaufsache gem. § 433 I S. 1, S. 2 BGB kann dadurch erschwert werden, dass der Sache ein Sachmangel oder Rechtsmangel anhaftet, den der Verkäufer nur unter hohem Auf-

---

[56] Nicht klar ist dabei woraus ein solches Leistungsverweigerungsrecht folgen soll. Das Unmöglichkeitsrecht sah einen Einredetatbestand nicht vor. Einzig in Betracht kommt daher § 242 BGB. Über die genaue Herleitung schweigt sich das RG aber aus.

[57] RGZ 103, 329.

[58] RGZ 106, 6.

wand beseitigen kann. Solche Probleme können auch im Hinblick auf den Nacherfüllungsanspruch gem. § 439 I auftreten.

Dass der Verkäufer die Lieferung einer Sache versprochen hat, deren vereinbarte Qualität er zu leisten nicht imstande ist, kann zum einen darauf beruhen, dass es den Kaufgegenstand in der vereinbarten Qualität gar nicht gibt[59], oder es für den Verkäufer mit den ihm zur Verfügung stehenden (z.B. finanziellen) Mitteln nur erschwert möglich ist, einen so beschaffenen Kaufgegenstand zu liefern.

Letztlich kann sich bei der Belastung der Kaufsache mit einem Rechtsmangel die Frage stellen, in welcher Höhe Aufwendungen für den Verkäufer zumutbar sind, eine beispielsweise dingliche Belastung des Grundstücks mit dem Recht eines Dritten zum Erlöschen zu bringen. In diesem Zusammenhang ist der vom BGH entschiedene Fall[60] zu nennen, in welchem der Beklagte an einem Grundstück, dessen Übereignung er dem Kläger aus einem Treuhandvertrag schuldete, vertragswidrig eine Vormerkung zugunsten eines Dritten bestellt, zu deren Löschung dieser nur gegen eine Ablöse in Höhe des Dreißigfachen des Grundstückswertes bereit war. Hier hat der BGH die Klage unter Berufung auf den aus §§ 251 II, 633 II S.3 a.F., 651c II S.2 folgenden allgemeinen Rechtsgedanken zurückgewiesen[61].

3. Das Verwendungszweckrisiko des Käufers

In der Entscheidung des BGH „Berliner-Blockade“[62] ging es um den Eintritt einer Leistungserschwerung auf Seiten des *Käufers*:

> **Sachverhalt**: Die Beklagte, eine Firma in Westberlin, bestellte bei der Klägerin am 31.5.1948 600 Bohrhämmer. Die Beklagte gab in dem Bestellschreiben an: „Lieferung schnellstens“, Versandvorschrift: „wird von uns durch Fernlastzug abgeholt“. Die Hämmer waren, wie die Klägerin wusste, von der Verwaltung für Außenhandel der Ostzone bei der Beklagten für den Bergbau der Ostzone bestimmt. Das Bestellschreiben traf erst am 18.4.1948 bei der Klägerin ein. In der Zeit zwischen Abfassung des Bestellschreibens durch die Beklagte und seinem Eingang bei der Klägerin war die sog. Berliner Blockade in Kraft getreten, die vom 24.6.1948 bis zum 22.5.1949 andauerte. Die bestellten Bohrhämmer stellten einen Typ dar, der für die fortgeschrittene Bergbautechnik in der Westzone nicht mehr modern genug war.

In dieser Entscheidung wandte sich auch der BGH ausdrücklich gegen eine Lösung der Fälle der „wirtschaftlichen Unmöglichkeit“ über das Unmöglichkeitsrecht und sah das Problem der wirtschaftlichen Unmöglichkeit als eines der „Vertragserfüllung“ an. Der BGH führte hierzu aus: „Es kann daher dahingestellt bleiben, ob insoweit eine wirtschaftliche Unmöglichkeit im Sinne der früheren Rechtsprechung des RG vorliegt. [...] Das RG hat zu einer Zeit, in der die

---

[59] Jedenfalls in diesem Fall liegt anfängliche objektive Unmöglichkeit mit der Rechtsfolge des § 311a I, II vor.
[60] BGH NJW 1988, S. 699, 700.
[61] BGH a.a.O.
[62] BGH MDR 1953, S. 282.

Lehre von der Geschäftsgrundlage noch unentwickelt war, den Begriff der wirtschaftlichen Unmöglichkeit geprägt und sie der eigentlichen Unmöglichkeit i.S. von §§ 275 ff, 323 ff. a.F. gleichgesetzt, um bei nach Vertragsschluss auftretenden Leistungserschwerungen, die die zumutbare wirtschaftliche Opfergrenze übersteigen, eine Lösung von den Vertragspflichten zu ermöglichen. [...] Auch bei dem Problem der wirtschaftlichen Unmöglichkeit handelt es sich in Wahrheit stets um das Problem der Vertragserfüllung, ein Problem, das mit Rücksicht auf die sich zumeist widerstreitenden Interessen der Vertragsparteien vom Standpunkt ausgleichender Gerechtigkeit nur aus § 242 gelöst werden kann, der eine Anpassung des Vertragsinhalts an die gegenwärtigen Umstände unter Abwägung einander gegenüberstehender Parteiinteressen unter dem Gesichtspunkt der Zumutbarkeit ermöglicht."

Damit hat der BGH der Zuordnung der wirtschaftlichen Unmöglichkeit, zum Unmöglichkeitsrecht ausdrücklich die Absage erteilt, mit Hinweis auf die starren Rechtsfolgen des Unmöglichkeitsrechts, denen die Möglichkeit der Vertragsanpassung nach dem Wegfall der Geschäftsgrundlage vorzuziehen sei. Bemerkenswert ist an dieser Entscheidung weiterhin, wie weit der BGH die Lösung des Käufers vom Vertrag ermöglicht, obwohl das Verwendungszweckrisiko nach allgemeinen Risikoverteilungsgesichtspunkten ihm zuzuordnen ist. Anders entschied der BGH in seinem Urteil vom 1.6.1979[63]: Hier ging es um das Risiko künftiger Bebaubarkeit bei einem Kauf von Bauerwartungsland. Hier versagte der BGH dem Käufer den Rückgriff auf den Wegfall der Geschäftsgrundlage, mit dem Argument, dass nach der vertraglichen Interessenbewertung beim Kaufvertrag in der Regel der Käufer das Risiko trägt, ob er den – sachmangelfrei – gelieferten Kaufgegenstand wie beabsichtigt verwenden kann. Das Gericht führte hierzu aus: „[..]für eine Berücksichtigung der Geschäftsgrundlage ist bei einem solchen *risikobehafteten Geschäft* in der Regel kein Raum.[..]"

III. Die Leistungserschwerung im Werkvertragsrecht

Im Werkvertragsrecht besteht die Leistungspflicht des Unternehmers gem. §§ 631 I, 633 in der Herstellung des versprochenen, sach- und rechtsmängelfreien Werkes. Bei Vorliegen eines Sachmangels trifft den Unternehmer die Pflicht zur Nacherfüllung gem. § 635 I, die auf Mangelbeseitigung oder Neuherstellung des Werkes gerichtet ist. Im Folgenden wird danach unterschieden, ob die Leistungserschwerung die Herstellungspflicht als solche betrifft, oder die Pflicht zur *sach- und rechtsmangelfreien* Herstellung.

1. Herstellung des Werkes

Die Herstellung des Werkes kann z.B. dadurch erschwert werden, dass sich der Unternehmer nur mit höherem, als geplanten Einsatz die Materialien verschaffen kann, die zur Herstellung des Werkes notwendig sind. Das notwendige Gerät kann zudem zerstört, gestohlen oder außer Betrieb sein, so dass zu fragen ist, inwieweit der Unternehmer gehalten ist, Ersatzgerät zu beschaffen. Ähnliche Probleme ergeben sich im Fall des Bauunternehmers, der die Errichtung eines Bauwerks zu einem Festpreis verspricht und sich während der Bauausführung heraus-

---

[63] BGH NJW 1979, S. 1818.

stellt, dass der Baugrund eine besonders aufwendige Fundamentierung erfordert. Die Kosten für den Unternehmer steigen dadurch so stark, dass der vereinbarte Preis unzureichend wird[64]. Auch politische Unruhen können der Herstellung des versprochenen Werkes entgegenstehen, wie das Urteil des BGH vom 11. März 1982[65] zeigt:

> **Sachverhalt**: Die Klägerin verpflichtete sich gegenüber der Beklagten, für den Schlachthof Mahabad (Iran) eine Tierkörperverwertungsanlage zu liefern und zu montieren. Die Lieferung wurde im Jahr 1977 ausgeführt. Wegen der seit 1978 im Iran herrschenden Unruhen unterblieb die Montage. Die Klägerin macht weiter die Vergütung für die Montage geltend.

Eine Pflicht zur Herstellung des restlichen Werkes wird vom BGH gem. § 275 I a.F. verneint, da die vorübergehende Verhinderung der Klägerin hier der dauernden Unmöglichkeit gleichzustellen sei. Einen Anspruch auf Zahlung des restlichen Preises für Materiallieferungen ergebe sich aber aus einer entsprechenden Anwendung des § 645 I S.1.

Geht das Werk vor Abnahme durch den Besteller unter und beruht der Untergang weder auf dem vom Besteller gelieferten Stoff und befand sich der Besteller auch nicht im Annahmeverzug, so trägt der Unternehmer gem. §§ 631, 644 I die Gefahr, das Werk auf seine Kosten noch einmal neu herstellen zu müssen. Bei der Frage, unter welchen Voraussetzungen er von dieser Pflicht ausnahmsweise befreit werden kann, ist maßgeblich, dass der Unternehmer mit Abschluss des Werkvertrages das Herstellungsrisiko übernimmt, d.h. dasjenige Risiko, dass es ihm gelingen wird, das Werk zu den vereinbarten Konditionen herzustellen. Dies gilt unabhängig von dem hierzu erforderlichen Aufwand[66]. Daher ist der Unternehmer bei Untergang des Werkes vor Abnahme gehalten, das Werk noch einmal neu zu errichten, sofern die Leistungsgefahr nicht gem. § 644 I auf den Besteller übergegangen ist.

2. Mangelfreiheit

Auch die sach- und rechtsmängelfreie Herstellung des Werkes kann dem Unternehmer erheblichen Aufwand abverlangen. Besonders bei Bauverträgen kommt es häufig vor, dass ein Unternehmer eine bestimmte Qualität des herzustellenden Werkes verspricht, dann aber aufgrund der besonderen Umstände oder aufgrund der Eigenheiten des Werkstoffes zur sachmängelfreien Herstellung nicht in der Lage ist[67].

---

[64] Vgl. *Medicus*, Bürgerliches Recht, Rdnr. 158.
[65] BGHZ 83, 197.
[66] BGH NJW-RR 2002, S. 661.
[67] Dies führte allerdings auch nach der alten Rechtslage nicht etwa zur Nichtigkeit des Vertrages nach § 306 BGB a.F., wonach ein auf eine objektiv unmögliche Leistung gerichteter Vertrag nichtig ist. Denn diese Vorschrift ist nach Ansicht des BGH im Rahmen von Bauverträgen nur eingeschränkt anwendbar. Dies gilt auch, wenn sich nachträglich herausstellt, dass die Bauleistung mit den vertraglich vereinbarten Eigenschaften technisch nicht realisiert werden kann. § 306 BGB a.F. darf somit nicht dazu führen, die Vertragspartner von der Bindung an die vertragliche Vereinbarung freizustellen, sofern die den vertraglichen Vereinbarungen zugrundeliegenden Erwartungen sich als nicht realisierbar herausstellen. Zu diesem Ergebnis kommt auch der BGH (BGHZ 54, 236) für den Fall, in dem es technisch nicht möglich ist, dem Vertragsgegenstand die vertraglich

Hat der Unternehmer das Werk bereits hergestellt und zeigt sich danach ein Mangel, so ist der Unternehmer gem. § 635 I gehalten, den Mangel zu beseitigen oder ein neues Werk herzustellen. Vielfach erweist sich die Mangelbeseitigung als besonders schwierig. Weicht ein verbauter Parkettboden von der vom Besteller gewählten Qualität ab, so liegt ein Mangel vor, mit der Konsequenz, dass der Unternehmer den Mangel beseitigen müsste. In einem solchen Fall läuft die Nacherfüllung auf eine Neuherstellung hinaus. Ein solcher Sachverhalt lag dem BGH im Urteil vom 21.08.1997 [68] zugrunde:

> **Sachverhalt:** Die Klägerin hat gegen den Beklagten für die Verlegung eines Fertigparkettbodens eine Werklohnforderung von DM 11.744,28 geltend gemacht. Der Beklagte hat die Abnahme bestritten und sich auf ein Zurückbehaltungsrecht wegen Mängeln berufen und hat eine Neuverlegung verlangt. Grund der Auseinandersetzung war die Geringfügigkeit der Mängel, die in Überständen von bis zu 0,5 mm und minimalen Aufwölbungen lag.

Hier entschied der BGH, dass zwar eine vollständige Beseitigung des Mangels nur durch eine Neuverlegung möglich sei, eine Neuverlegung des Parkettbodens hier jedoch nicht in Betracht komme, da sie einen ***unverhältnismäßigen Aufwand*** erfordere. Von einem unverhältnismäßigen Aufwand könne gesprochen werden, wenn die Mängelbeseitigungskosten zu dem durch die Mängelbeseitigung erzielbaren ***Erfolg*** in keinem vertretbaren Verhältnis stehen. Nicht entscheidend sei der absolute Betrag der Mängelbeseitigungskosten[69]. Dies gelte auch für das Verhältnis zum vertraglich vereinbarten Werklohn. So kann Unverhältnismäßigkeit auch bei geringfügigen Schönheitsfehlern, die nur das ästhetische Empfinden und nicht die „Wertschätzung" eines Hauses berühren, vorliegen[70].

In einem anderen Fall hielt der 7. Senat des BGH den Werkunternehmer an der Pflicht zur Nachbesserung fest[71]. Der Entscheidung lag folgender Sachverhalt zugrunde:

> **Sachverhalt**: Die Parteien haben einen Generalunternehmervertrag über einen Hotelausbau zu einer Vergütung von DM 2 Mio. pauschal abgeschlossen. Der von der Klägerin eingebaute Aufzug wies nur die Hälfte der vereinbarten Tragfähigkeit aus und war auch wesentlich kleiner als geschuldet. Der Beklagte verlangte insoweit nur noch, dass dieser Aufzug unter Erhöhung der vom Berufungsgericht allein zugesprochenen Minderung durch Anhebung der Tragfähigkeit und Anpassung an die Verhältnisse des Aufzugschachtes nachgebessert werden sollte. Das OLG hielt die Nachbesserung für unverhältnismäßig

---

vereinbarte Eigenschaft zu verleihen (BGH BauR 1989, S. 219). Entsprechendes gilt auch beim VOB-Bauvertrag (vgl. *Nicklisch-Weick* VOB Teil B § 6 Rdnr. 11). Daraus folgt, dass die Vereinbarung technisch nicht realisierbarer Ausführungsansprüche zumindest rechtswirksam ist. Diese Rechtslage ergibt sich nach dem neuen Recht *de lege lata* aus § 311 a I BGB.

[68] BGH NJW-RR 1997, S. 1450

[69] BGH NJW 1995, S. 1836; BauR 1995, S. 540; BGHZ 59, 365 = NJW 1973, S. 138; OLG München, BauR 1985, s. 453; OLG Hamm, BauR 1980, S. 462.

[70] BGH, BauR 1986, S. 93; OLG Hamm, BauR 1980, S. 462; OLG Düsseldorf, NJW-RR 1994, 342; BauR 1993, S. 733; BauR 1991, S. 749.

[71] BGH NJW 1996, S. 3269.

und sprach lediglich eine Minderung von DM 80.000,00 zu. Mit der Revision begehrt der Beklagte Nachbesserung in dem von dem Berufungsgericht als modifizierte Nachrüstung bezeichneten Umfang, zuzüglich einer Minderung von insgesamt DM 100.000,00.

In dieser Entscheidung hat der BGH eine Pflicht des Werkunternehmers zur Nachbesserung wie folgt begründet: „Die danach anzustellenden Abwägungen haben nichts mit dem Preis-/Leistungsverhältnis des Vertrags zu tun. Ohne Bedeutung ist auch das Verhältnis von Nachbesserungsaufwand und den zugehörigen Vertragspreisen, ebenso wenig allein das Verhältnis von Nachbesserungsaufwand und der dadurch zu erreichenden Wertsteigerung[72]. Dem Besteller kann der Anspruch auf ordnungsgemäße Erfüllung des Vertrags in aller Regel nicht mit dem Argument abgeschnitten werden, diese sei zu teuer oder unwirtschaftlich. Vielmehr ist der Einwand der Unverhältnismäßigkeit nur dann gerechtfertigt, wenn das Bestehen auf ordnungsgemäßer Vertragserfüllung sich mit Rücksicht auf das objektive Interesse an ordnungsgemäßer Erfüllung im Verhältnis zu dem dafür erforderlichen Aufwand unter Abwägung aller Umstände als Verstoß gegen Treu und Glauben darstellt[73]. Bei der danach gebotenen Abwägung ist unter anderem auch zu berücksichtigen, ob und in welchem Ausmaß der Unternehmer den Mangel verschuldet hat. Diese Auslegung ergibt sich aus der vertraglichen Risikoverteilung. Der Unternehmer trägt grundsätzlich das Erfüllungsrisiko für die versprochene Leistung, und zwar ohne Rücksicht auf den dafür erforderlichen Aufwand. Er kann dagegen nicht einwenden, dieser sei höher, oder auch unverhältnismäßig höher, als der vereinbarte Preis. Vielmehr ist er grundsätzlich bis an die Grenzen des Wegfalls der Geschäftsgrundlage zu jedem erforderlichen Aufwand verpflichtet."

Die Grundlegung für die oben genannten Entscheidungen wird aus dem Urteil des 7. Senats des BGH vom 26.10.1972 gefolgert. In dieser Entscheidung hatte der BGH über folgenden Sachverhalt zu befinden:

> **Sachverhalt:** Der Beklagte errichtete für den Wohnhausneubau des Klägers den Dachstuhl. Infolge von Maßfehlern gerieten die Firsthöhe 40 cm, der Kniestock 30 cm und der Fenstersturz 35 cm zu tief. Diese Maßfehler wurden erst festgestellt, als das Haus fertig war und der Beklagte seinen Werklohn erhalten hatte. Er versetzte den Balken über dem Dachfenster, so dass der Fenstersturz nur noch 10 cm unter Plan blieb, lehnte aber weitere Nachbesserungen wegen zu hohen Arbeits- und Kostenaufwands ab. Der Kläger forderte Schadensersatz und machte zunächst Wertminderung geltend. Während des Rechtsstreits hat er den Dachstuhl im Wesentlichen dem Plan entsprechend umgebaut und die damit verbundenen Kosten eingeklagt. Das Berufungsgericht hat ihm nur den zunächst geltend gemachten Minderwert zugesprochen.

In dieser Entscheidung war zentrale Frage, ob dem Schadensersatz wegen Nichterfüllung nach § 635 a. F. die entsprechende Anwendung des § 251 II entgegengehalten werden könne. Der BGH lehnte zunächst eine unmittelbare Anwendung dieser Vorschrift mit der Begrün-

---

[72] BGH NJW 1995, S. 1836.
[73] BGHZ 59, 365 = BGH NJW 1995, S. 1836.

dung ab, dass § 635 BGB in aller Regel keinen Naturalersatz zum Inhalt habe. Allerdings könne § 251 II im Anschluss an die Rechtsprechung des Reichsgerichts[74] hier entsprechend angewandt werden. Zur Frage der Unverhältnismäßigkeit der Aufwendungen führt der BGH wie folgt aus: „Die Frage, was unter unverhältnismäßigen Aufwendungen im Sinne des § 251 II zu verstehen ist [...] braucht hier nur für den Bereich des § 635 entschieden zu werden. Dafür gilt folgendes: Unverhältnismäßig sind die Aufwendungen für die Beseitigung eines Werkmangels dann, wenn der damit in Richtung auf die Beseitigung des Mangels erzielte Erfolg oder Teilerfolg bei Abwägung aller Umstände des Einzelfalls in keinem vernünftigen Verhältnis zur Höhe des dafür gemachten Geldaufwands steht. In einem solchen Fall würde es Treu und Glauben (§ 242) widersprechen, wenn der Besteller diese Aufwendungen dem Unternehmer anlasten könnte. Das wäre für den Unternehmer nicht zumutbar. § 251 II erweist sich damit als eine besondere gesetzliche Ausprägung des allgemeinen Grundsatzes von Treu und Glauben [...]. Eine entsprechende Anwendung des § 251 II ist ausnahmsweise heranzuziehen, nämlich dann, wenn es für den Unternehmer unzumutbar wäre, die vom Besteller in nicht sinnvoller Weise gemachten Aufwendungen tragen zu müssen. Im Grundsatz und in der Regel muss es dagegen bei den Folgen des § 635 verbleiben, so dass der Besteller vom Unternehmer im Wege des Schadensersatzes auch die Erstattung der Aufwendungen fordern kann, die erforderlich waren, um das Werk mangelfrei zu machen." Weiterhin führt der BGH zum Verschulden des Werkunternehmers aus: „Dieses grobe Verschulden des Beklagten oder seiner Leute fällt bei der Abwägung nach § 251 II *erheblich* zu seinen Lasten ins Gewicht."

IV. Die Leistungserschwerung im Dienstvertragsrecht

Durch den Dienstvertrag wird gem. § 611 derjenige, welcher Dienste zusagt, zur Leistung der versprochenen Dienste verpflichtet. Diese Pflicht ist gem. § 613 im Zweifel höchstpersönlicher Natur. Für Arbeitsverträge gelten hinsichtlich der Rechtsfolgen von Leistungserschwerungen auf Seiten des Arbeitnehmers weitgehend die Besonderheiten der jeweiligen arbeitsrechtlichen Spezialgesetze[75]. Diese Fälle werden von der folgenden Untersuchung ausgenommen.

1. Gründe, die in der Person des Schuldners liegen

Die Leistungserschwerung des Dienstverpflichteten kann sich aus persönlichen Gründen ergeben. Diese Gründe können in den Eigenschaften der Person des Verpflichteten selbst liegen. Der Pianist kann eine Sehnenscheidenentzündung erlitten haben oder der Opernsänger einen schweren Keuchhusten haben. Auch kann es sein, dass der Dienstverpflichtete nicht die Fertigkeiten hat, welche zur Erledigung des Dienstes erforderlich sind. Verpflichtet sich ein Allgemeinarzt zu einer Augenoperation, so würde sich die Frage stellen, ob er an seiner Leistungspflicht in dem Sinne festgehalten werden kann, dass er nach Abschluss des Vertrages eine Zusatzausbildung ablegen muss, die ihm entsprechende Fertigkeiten verschafft. Auch die

---

[74] RGZ 71, 212.

[75] Wie z.B. das Entgeltfortzahlungsgesetz, das Mutterschutzgesetz u.s.w.

Einziehung zum Kriegsdienst kann ein Leistungshindernis auf Seiten des Schuldners darstellen, wie folgender Sachverhalt zeigt:

> **Sachverhalt:** Der Kläger übernahm durch Vertrag vom 01.01.1914 die Stellung eines Kassenarztes bei der Beklagten auf die Zeit bis Ende Dezember 1919, ist jedoch als solcher nicht tätig geworden, da die Beklagte ihm bald nachher kündigte und seine Dienste ablehnte. In einem Vorprozess ist die Beklagte rechtskräftig zur Leistung von Schadensersatz wegen Nichterfüllung des Vertrages in der Zeit vom 01.01.1914 bis zum 01.07.1916 verurteilt worden. Im gegenwärtigen Rechtsstand fordert der Kläger u.a. Entschädigung auf die Zeit vom 01.08.1916 bis zum Tage des Ablaufs des Vertrags. Die Beklagte wendet ein, dass der Kläger vom bezeichneten Tage an bis zum 01.12.1918 infolge der Einziehung zum Heere an der Ausübung der Praxis behindert gewesen sei.

In dieser Entscheidung ging das Reichsgericht vom Vorliegen der leistungsbefreienden Unmöglichkeit gem. §§ 323, 275 BGB a. F. aus: „Eine solche Verhinderung an der Vertragserfüllung muss jedoch einer dauernden gleichgeachtet und die durch sie bedingte teilweise Unmöglichkeit der Vertragsleistung einer über die ganze noch verbliebene Vertragszeit sich erstreckenden in ihren Rechtsfolgen gleichgestellt werden, wenn die Erreichung des Vertrags zwecks durch sie in Frage gestellt wird und deshalb dem Vertragsgegner die Fortsetzung des Vertrags nicht angesonnen werden kann."

2. Gründe, die außerhalb der Person des Schuldners liegen

Ähnlich wie im Werkvertragesrecht kann sich eine Erschwerung aus wirtschaftlichen Gründen ergeben, wenn z.B., das Inventar oder die Gerätschaften untergehen, die zur Erbringung der Dienste notwendig sind. Auch hier kann sich die Frage stellen, inwieweit es dem Dienstverpflichteten zumutbar ist, seine Leistungspflicht wiederherzustellen, indem er sich z.B. die erforderlichen Gerätschaften kauft oder mietet, mit denen er die Dienste ausführen kann.

Außerhalb der Person des Verpflichteten können auch nicht-wirtschaftliche Umstände eintreten, welche die Leistung des Dienstverpflichteten erschweren, wie etwa im paradigmatischen Fall der Sängerin, die das von ihr zu bestreitende Konzert, um der Pflege des kranken Kindes Willen absagt.

V. Die Leistungserschwerung im Mietvertragsrecht

Nach dem Mietvertrag ist der Vermieter gem. § 535 verpflichtet, dem Mieter den Gebrauch der Mietsache während der Mietzeit zu gewähren. Der Vermieter hat weiterhin die Mietsache in einem zum vertragsgemäßen Gebrauch geeigneten Zustand zu überlassen und sie gem. § 535 I S.2 während der Mietzeit in diesem Zustand zu erhalten[76]. Die Pflicht zur Gebrauchsüberlassung kann aufgrund des Untergangs oder der Verschlechterung der Mietsache erschwert sein. Ferner können auch allgemeine Preissteigerungen das Äquivalenzverhältnis von

[76] Diese Pflicht wird jedoch regelmäßig sowohl in Wohnraummietverhältnissen, als auch in gewerblichen Mietverhältnissen als sog. Schönheitsreparaturen durch eine entsprechende vertragliche Vereinbarung weitgehend auf den Mieter übertragen.

Leistung und Gegenleistung zerstören, so dass für den Vermieter eine Leistungserschwerung vorliegt.

1. Der Untergang der Mietsache

Geht die Mietsache nach Abschluss des Mietvertrages unter, so stellt sich die Frage, inwieweit der Vermieter verpflichtet ist, zur Erfüllung des Mietvertrages die Mietsache wiederherzustellen. Ein solcher Sachverhalt lag der Entscheidung des OLG Karlsruhe vom 30.12.1994[77] zugrunde:

> **Sachverhalt**: Der Kläger hatte mit Mietvertrag vom 17.2.1987 das dem Beklagten gehörende, im Jahre 1787 errichtete Anwesen zum 1.4.1987 bis mindestens 31.12.1997 angemietet. Am 4.4.1992 brannte das Gebäude teilweise aus- bzw. ab. Es stellt sich sodann die Frage, ob der Beklagte infolge des Brandes von seinen vertraglichen Pflichten frei geworden oder zur Wiederherstellung zumindest des Erdgeschosses verpflichtet ist. Der Kläger verlangte zunächst Fortsetzung des Mietverhältnisses. Im Laufe des Rechtsstreits hat der Beklagte das Gebäude, soweit es nicht abgebrannt ist, abgerissen und ein vollständig neues Gebäude errichtet.

In diesem Fall kommt das Gericht zu einer Befreiung des Schuldners gem. § 275 I a.F.: „Ist somit von einer teilweisen Zerstörung des Mietobjekts auszugehen, so entspricht es der Rechtsprechung des BGH, dass die Verpflichtung des Vermieters zur Wiederherstellung der Mietsache dort endet, wo der dazu erforderliche Aufwand die Opfergrenze übersteigt. Es liegt dann ein Fall der Unmöglichkeit vor, der den Vermieter gem. § 275 I a.F. von seiner Überlassungspflicht frei werden lässt, sofern er die zur Unmöglichkeit führenden Umstände nicht zu vertreten hat. Wann die Unzumutbarkeit überschritten wird, muss von Fall zu Fall unter Berücksichtigung der beiderseitigen Parteiinteressen wertend ermittelt werden; es darf jedenfalls kein krasses Missverhältnis entstehen zwischen dem Reparaturaufwand und dem Nutzen der Reparatur für den Mieter sowie dem Wert des Mietobjekts und den aus ihm zu ziehenden Einnahmen. Die Opfergrenze ist jedenfalls überschritten, wenn die Reparaturkosten den Zeitwert des Mietobjekts *erheblich übersteigen*; auf jeden Fall entfällt die Wiederherstellungspflicht, wenn die teilweise Zerstörung wirtschaftlich einer vollständigen Zerstörung gleichkommt."

2. Die Verschlechterung der Mietsache

Die Verschlechterung der Mietsache wirft die Frage auf, welcher Aufwand dem Vermieter abverlangt werden kann, um die Mietsache in den vertragsgemäßen Zustand zu versetzen oder zu erhalten. Im Urteil vom 26.9.1990 („Muldenkipperfall")[78] lag dem BGH folgender Sachverhalt zur Entscheidung vor:

> **Sachverhalt**: Die Klägerin vermietete der Beklagten zwei gebrauchte Muldenkipper. Einer der Muldenkipper erlitt im August 1986 einen Bruch der Vorderachse und war seitdem

---

[77] NJW-RR 1995, S. 849.

[78] BGH NJW-RR 1991, S. 204.

> nicht mehr einsatzfähig. Laut Kostenanschlag belief sich der Reparaturaufwand auf DM 147.000. Die Reparatur wurde daher von der Beklagten nicht in Auftrag gegeben. Der Mietzins für die beiden LKW betrug DM 10.830 monatlich.

Auch hier entschied der BGH, dass die Parteien gem. §§ 275, 323 a.F. von ihren vertraglichen Pflichten frei werden, indem er wie folgt ausführte: „Es entspricht der ständigen Rechtsprechung des Senats, dass die Verpflichtung des Vermieters zur Wiederherstellung der Mietsache dort endet, wo der dazu erforderliche Aufwand die „Opfergrenze" überschreitet. Dann liegt nämlich ein Fall der Unmöglichkeit vor, der den Vermieter gem. § 275 I a.F. von seiner Pflicht frei werden lässt, sofern er – wie im vorliegenden Fall – die Unmöglichkeit der Leistung nicht zu vertreten hat[79]."

Eine weitere interessante Konstellation lag dem „Tanzwirtschaftsfall" des RG[80] zugrunde:

> **Sachverhalt**: Der Kläger pachtete von der Beklagten durch Vertrag vom 15.01.1914 auf die Zeit vom 01.02.1914 bis zum 30.09.1919 die Räume des Grundstücks Altona Neue Burg 41-43, in denen bis dahin die Tanzwirtschaft „Palais de danse" betrieben wurde nebst dem Wirtschaftsinventar „zum Betrieb eines Ballhauses". Am 22.11.1914 wurde die Veranstaltung öffentlicher Tänze in Altona infolge des Krieges untersagt. Der Kläger begehrt die Feststellung, dass er für die Dauer des Verbots von der Verpflichtung zur Zahlung von Pachtzins für die Wirtschaftsräume befreit sei. Daneben beantragt er die Verurteilung der Beklagten zur Rückgewähr seit dem 22.12.1914 bezahlten Pachtzinses in Höhe von DM 2.250,00.

Hier beruhte die Leistungserschwerung auf rechtlichen Verhältnissen, die vom Vermieter nicht zu vertreten waren. Das Reichsgericht befreit den Mieter gem. § 275 I a.F. alte Fassung von seiner Pflicht zur Zahlung des Pachtzinses: „Indessen kann auch ein zeitweiliges Erfüllungshindernis einem dauernden gleich zu achten und die dadurch bedingte teilweise Unmöglichkeit als eine gänzliche zu behandeln sein. Auf dem Gebiet des Mietvertrages hat der erkennende Senat bereits ausgesprochen, dass das Abbrennen eines vermieteten Gebäudes trotz dessen Wiederherstellung während der Vertragszeit eine völlige Leistungsunmöglichkeit auf Seiten des Vermieters nach sich zieht, wenn dem Mieter nicht zuzumuten ist, dass er seinen, in dem zerstörten Gebäude ausgeübten Gewerbebetrieb, zeitweilig einstellt oder in ihm angebotene Ersatzräume verlegt. [...] Denn ist die durch das Verbot bedingte zeitweise Unmöglichkeit als eine völlige zu behandeln, so steht sie einem unheilbaren Mangel gleich, und ein solcher kann einen Erfüllungsanspruch und wenn er, wie hier, nachträglich und ohne Schuld des Vermieters eingetreten ist, auch einen Schadensersatzanspruch des Mieters nicht auslösen. Dass die §§ 536, 538 das Fortbestehen des Schuldverhältnisse voraussetzen, schließt deshalb die Anwendung der §§ 323, 275 trotz der vertragsaufhebenden Wirkung der Unmöglichkeit nicht aus."

---

[79] So auch RGZ 89, 203.

[80] RGZ 89, 206

3. Umstände, die nicht auf dem Zustand der Mietsache beruhen

Auch außerhalb der Pflicht zur Gebrauchsüberlassung liegende Umstände können zu einer wirtschaftlichen Leistungserschwerung führen. So sind auch im Mietrecht aufgrund der häufig langen Vertragslaufzeiten Preissteigerungen denkbar, welche die Leistungserbringung des Vermieters erheblich erschweren. Im „Dampfkraft-Fall“[81] vom RG kam es zu einer außerordentlichen Steigerung der Preise für Elektrizität und Dampfkraft:

> **Sachverhalt**: Der Kläger hat den Beklagten Räume seines Fabrikwesens nebst Betriebskraft und Beleuchtung vermietet. Der Kläger kündigte ohne Einhaltung einer Frist die Mietverträge mit der Begründung, dass es ihm bei der außerordentlichen Steigerung der Preise für die Beschaffung von Elektrizität und Dampfkraft nicht zugemutet werden könne, die Mietverhältnisse fortzusetzen.

In dieser Entscheidung stellte das Reichsgericht klar, dass die sog. *clausula rebus sic stantibus*[82] als allgemeiner Grundsatz in das BGB *nicht* aufgenommen und auch von der Rechtsprechung des Reichsgerichts nicht anerkannt worden sei. Ausnahmsweise dürfe sich eine Partei vom Vertrag lossagen, wenn mit einer außergewöhnlichen Steigerung der Preise eine außerordentliche Einwirkung auf die Verhältnisse des betreffenden Vertragsteils verbunden ist, so dass die wirtschaftliche Veränderung für den betroffenen Vertragsteil geradezu „ruinös“ zu werden droht.

VI. Zusammenfassung des zweiten Kapitels

1. Zusammenfassung der empirischen Aspekte

- Es gibt in allen besprochenen Vertragsarten Fallkonstellationen, in denen die Leistung zwar theoretisch erbracht werden kann, die Leistungserbringung aber einen erheblichen Aufwand beim Schuldner erfordert.

- Differenziert werden kann im Kauf- Miet- und Werkvertragsrecht danach, ob der Leistungsgegenstand überhaupt nicht, oder nur nicht mit den vertragsgemäßen Spezifikationen erbracht werden kann.

- Im Rahmen des Kaufrechts ging es häufig (im Rahmen eines Gattungskaufs) um inflations- oder kriegsbedingte Leistungserschwerungen.

---

[81] RGZ 99, 258; 100, 129.

[82] Die Lehre von der Geschäftsgrundlage geht bis ins frühe gemeine Recht zurück, wo erstmals die Lehre von der *clausula rebus sic stantibus* zu allgemeiner Anerkennung gelangt war, wonach der bestimmte, nachträgliche und von den Parteien nicht vorausgesehene Veränderungen der für den Vertragsschluss maßgeblichen Umstände eine Auflösung des Vertrags, namentlich Rücktritt der benachteiligten Partei, rechtfertigen sollten. Die großen Kodifikationen der Aufklärungszeit hatten diese Lehre z.T. übernommen, wobei vor allem die eingehende Regelung im ALR Beachtung verdient. Nur die wichtigste dieser Kodifikationen, der französische code civil, hatte auf eine Regelung des ganzen Fragenkreises verzichtet und so den Grundsatz der Vertragstreue deutlich in den Vordergrund gerückt.

- Bei den Fallkonstellationen, denen ein Werkvertrag zugrunde lag, ging es vornehmlich um zwei Fragen: Zum einen um die Folgen des Untergangs des Werkes vor Abnahme und zum anderen um die Reichweite der Mängelbeseitigungspflicht nach Abnahme.

- Im Dienstvertragsrecht lassen sich die Fälle danach unterscheiden, ob die Leistungserschwerung des Dienstverpflichteten darauf beruhte, ob die Gründe in oder außerhalb der Person des Schuldners lagen.

- Im Mietvertragsrecht ging es vornehmlich um Fälle, in denen die Mietsache nach Gebrauchsüberlassung verschlechtert wurde oder untergegangen war. Daneben besteht auch im Mietvertrag die Möglichkeit, dass sich Preissteigerungen ergeben, die das Festhalten einer Partei am Vertrag unzumutbar machen.

2. Zusammenfassung der rechtlichen Aspekte

Nach der zitierten Rechtsprechung zeigt sich, dass zwischen den unterschiedlichen Vertragsarten zu differenzieren ist:

- Im Kaufrecht ging es vorwiegend um die Frage der Einordnung von wirtschaftlichen Leistungserschwerungen im Rahmen eines Gattungskaufs. Zu entscheiden war zum einen die Frage, wie weit das vertraglich übernommene *Beschaffungsrisiko* des Verkäufers geht. Die strenge Vorschrift des § 279 a.F. wurde entweder im Wege der ergänzenden Vertragsauslegung, nach § 242 über den Wegfall der Geschäftsgrundlage oder über die (wirtschaftliche) Unmöglichkeit nach § 275 a.F. korrigiert. Auch das Problem des Verwendungszweckrisikos des Käufers wurde in den Kontext der wirtschaftlichen Unmöglichkeit eingeordnet und dort nach den Grundsätzen der Geschäftsgrundlage gelöst. Schließlich führte die Übernahme einer vertraglichen Risikoprämie dazu, dass der Schuldner die hiermit abgegoltenen Risiken tragen musste. Eine Rolle spielt es im Rahmen der Abwägung der widerstreitenden Interessen auch, ob der Schuldner das Leistungshindernis zu vertreten hat oder nicht.

- Im Werkvertragsrecht kam es weniger auf die Unterscheidung von Unmöglichkeit und Wegfall der Geschäftsgrundlage an. Vielmehr war die Frage nach der Reichweite der vom Unternehmer übernommenen Herstellungspflicht entscheidend, insbesondere die Verhältnismäßigkeit im Rahmen Mangelbeseitigung nach § 633 II a.F. Dabei ist zu berücksichtigen, dass der Werkunternehmer das Erfüllungsrisiko trägt. Für die Grenze seiner Leistungspflicht kam es daher maßgeblich auf den mit der Mängelbeseitigung erzielbaren Erfolg beim Besteller an. Zudem war bei der Abwägung zu berücksichtigen, ob der Unternehmer das Leistungshindernis zu vertreten hatte.

- Im Mietvertragsrecht ging es zum einen um die Frage, wie weit der Vermieter bei Zerstörung oder Beschädigung der Mietsache während der Vertragslaufzeit verpflichtet ist, diese wiederherzustellen, namentlich ab wann in einem solchen Fall von Unmöglichkeit nach § 275 a.F. auszugehen ist, weil die „Opfergrenze" des Vermieters überschritten ist. Auch stellte sich die Frage, ob bei erheblichen Preissteigerungen der

Vermieter berechtigt ist, im Wege des Wegfalls der Geschäftsgrundlage nach § 242 Anpassung oder Auflösung des Vertrages zu erlangen.

Zweiter Teil: Die Einordnung wirtschaftlicher Leistungserschwerungen in das Leistungsstörungsrecht nach der Schuldrechtsreform

Erstes Kapitel: Die Bedeutung der Gesetzesmaterialien bei der Auslegung der Vorschriften des neuen Schuldrechts

Bei der Auseinandersetzung mit dem neuen Schuldrecht gibt die Gesetzesbegründung Aufschluss über die Hintergründe und die Anwendung der neu eingefügten oder geänderten Vorschriften und erweist sich damit für den Rechtsanwender – neben der hierzu erschienenen Literatur – als eine dankbare Erkenntnisquelle. Welchen Platz die Gesetzesbegründung daneben bei der *historischen* Auslegung der Vorschriften einnimmt, wird im Folgenden untersucht.

Schon vor dem Inkrafttreten des Schuldrechtsmodernisierungsgesetzes wurde an der Maßgeblichkeit des *historisch-psychologischen Willens des Gesetzgebers* im Rahmen der historischen Auslegung Kritik geübt. Nach Ansicht einiger Autoren soll diese Frage durch die Schuldrechtsmodernisierung neue Aktualität erfahren haben[83]. Teilweise wird sogar mit Hinweis auf die Verbrauchsgüterkaufrichtlinie - als eine der europäischen Grundlagen der Schuldrechtsreform - für ein geändertes Methodenverständnis plädiert[84].

Im Folgenden wird auf diese Problematik eingegangen; sie kann und soll in dieser Untersuchung nur in der Tiefe besprochen werden, wie es für die nachfolgende historische Auslegung der Vorschriften der § 275 und § 313 notwendig ist.

I. Die subjektive Theorie

Die subjektive Theorie oder *Willenstheorie* hält die Erforschung des historisch-psychologischen Willens des Gesetzgebers für das Ziel der Auslegung[85]. Unbestreitbar richtig ist an dieser subjektiven Theorie, dass das Rechtsgesetz, anders als das Naturgesetz, von Menschen für Menschen geschaffen, Ausdruck eines auf die Schaffung einer nach Möglichkeit gerechten und den Bedürfnissen der Gesellschaft entsprechenden Ordnung gerichteten Willens des Gesetzgebers ist[86]. Hinter jedem Gesetz steht eine bestimmte Regelungsabsicht, die es aufzudecken gilt und die bei der Auslegung des Gesetzes berücksichtigt werden muss[87].

II. Die objektive Theorie

Dagegen sieht die *objektive* Theorie die Erschließung des dem Gesetz selbst innewohnenden Sinnes, als das Ziel der Auslegung an. Erforscht werden soll danach der Sinn, den die Auslegenden in den vom Gesetzgeber festgelegten Worten unter Berücksichtigung des Rechtssys-

---

[83] Vgl. *Ehmann/Sutschet*, Modernisiertes Schuldrecht, S. 8 ff.

[84] Vgl. *Schulze*, Grundfragen zum Umgang mit modernisiertem Schuldrecht – Wandel oder Umbruch im Methodenverständnis?, Jahrbuch Junger Zivilrechtswissenschaftler, Das neue Schuldrecht, 2001, 167 ff.

[85] Vgl. *Larenz/Canaris*, Methodenlehre der Rechtswissenschaft, S. 137.

[86] Vgl. *Larenz/Canaris*, a.a.O., S. 137.

[87] Nach *Nipperdey* kommt es auf den Sinn an, den der Gesetzgeber mit seinen Worten verband, vorausgesetzt, dass er in den Worten einen (wenngleich unvollkommenen) Ausdruck gefunden hat; vgl. *Enneccerus/Nipperdey*, Allgemeiner Teil, Bd. 1, § 54 II.

tems und der ganzen gegenwärtigen Verhältnisse finden, auch wenn erkennbar ist, dass der Wille des Gesetzgebers ein anderer war. Die Vertreter der objektiven Theorie gehen davon aus, dass ein Wille des Gesetzgebers im modernen Staat nicht mehr feststellbar sei, da der psychologische Wille lediglich für ein konkretes Individuum oder für ein einheitlich ausgerichtetes Kollektiv, nicht aber für die Gesetzgebungsmaschine eines pluralistischen Staates erforscht werden könne.

In einem ähnlichen Sinne äußerte sich das Reichsgericht[88]: „Übrigens würden auch die Motive [...] nicht von maßgeblicher Bedeutung für die Auslegung des Gesetzes sein, da sie als eine von den gesetzgebenden Faktoren herrührende Privatarbeit weder die Bestimmung noch die Macht haben, das Gesetz zu deklarieren."

Im Ergebnis kommt der Gesetzesbegründung – und so ist auch das RG zu verstehen - eine teils objektive, teils subjektive Bedeutung zu: Ziel der Gesetzesauslegung kann danach letztlich nur die Ermittlung des heute rechtlich maßgeblichen, also eines normativen Sinns im Sinne der objektiven Theorie sein. Dieser als maßgeblich zu erachtende normative Sinn ist aber unter Berücksichtigung der Regelungsabsichten und der konkreten Normvorstellungen des historischen Gesetzgebers festzustellen[89].

III. Änderungen im Methodenverständnis bei der Auslegung von Vorschriften nach dem Schuldrechtsmodernisierungsgesetz

Im Anschluss an die objektive Theorie wird im Hinblick auf die Auslegung der durch das Schuldrechtsmodernisierungsgesetz neu eingefügten und geänderten Vorschriften teilweise darauf hingewiesen, dass diesen eine – im Vergleich zu den Motiven des BGB – *dürftige* Begründung[90] zugrunde liege, was es um so mehr rechtfertige, sich von einer subjektiven Auslegung zu distanzieren.

Nach *Schulze* zwängen das *defizitäre Recht* sowie die zahlreichen *strukturellen* Änderungen auch zu einer Änderung des Methodenverständnisses[91]. Die zahlreichen gesetzgeberischen Versäumnisse und die vermehrte Verwendung von Normen die zum einen narrativen Charakter[92], zum anderen als Blankettnormen einen praktisch nicht subsumierbaren Interpretationsspielraum zum Inhalt haben, führten dazu, dass an die Stelle eines exegetischen Gesetzesverständnisses ein reines Argumentationsschema trete und dass dadurch der Auslegungskanon erschüttert sei.

Dem Einwand, die Gesetzesbegründung dürfe aufgrund ihrer Schwächen bei der Auslegung der Gesetze nur eingeschränkt herangezogen werden, kann nur teilweise gefolgt werden.

---

[88] RGZ 51, 272.
[89] Vgl. *Larenz/Canaris*, a.a.O., S. 137.
[90] Vgl. *Ehmann/Sutschet*, Modernisiertes Schuldrecht, S. 10.
[91] Vgl. *Schulze*, a.a.O.
[92] Darunter sind Normen zu verstehen, die lediglich den Stand der Rechtsprechung darstellen. Gemeint ist hiermit wohl § 313, wobei sich die in das Gesetz aufgenommene Definition nicht vollständig mit der der Rechtsprechung deckt.

Richtig ist zwar, dass die Gesetzesbegründung, im Hinblick auf die in dieser Darlegung zu diskutierende Abgrenzungsfrage zwischen § 275 II und 313, teilweise Unklarheiten aufweist: Der Begründung zu § 275 II ist zu entnehmen, dass Fälle der Unerschwinglichkeit, der wirtschaftlichen oder sittlichen Unmöglichkeit § 313 unterfielen[93]. Einige Absätze weiter heißt es dagegen, dass es bei § 275 II 2 RegE „in bewusster Abgrenzung zu [...] § 313 RegE gerade auch“ um das Schuldnerinteresse gehe. Ob Fälle wirtschaftlicher Leistungserschwerungen – die in evidenter Weise das Schuldnerinteresse berühren – unter § 313 zu fassen sind, wird somit in beiden Sätzen unterschiedlich beurteilt[94].

Nach der Rechtsprechung des BGH[95] sollen unzutreffende Wertungen in den Gesetzesmaterialien von vornherein ungeeignet sein, eindeutige Auslegungsergebnisse in Frage zu stellen[96]. Nach Maßgabe dieser objektivierten Betrachtung der Gesetzesauslegung, werden im Rahmen der vorliegenden Untersuchung die Aussagen der Gesetzesbegründung berücksichtigt. Soweit die Gesetzesmaterialien keine in sich stimmigen Aussagen treffen, erfolgt die Gesetzesauslegung im Sinne der *objektiven Theorie vorwiegend* anhand des normativen Inhalts des Gesetzes. Allerdings werden dabei die Aussagen der Gesetzesbegründung als sog. *Normvorstellungen* des Gesetzgebers behandelt, die eine Hilfe für die Auslegung des Norminhalts bieten, jedoch für den Ausleger nicht verbindlich sind[97].

Was die in dieser Untersuchung verwendete Methodik der Gesetzesauslegung angeht, wird nicht dem Postulat einiger Autoren gefolgt, dass sich durch die Änderungen durch das Schuldrechtsmodernisierungsgesetz die Methode der Gesetzesauslegung geändert habe[98]. Zwar mag es sein, dass die genetischen Grundlagen einiger Rechtbegriffe (wie z.B. dem der „Pflichtverletzung“) nicht aus einer überlieferten Rechtstradition herrühren, sondern aus dem Gemeinschaftsrecht[99]. Allerdings ändert dies nichts daran, dass diese Vorschriften – im Rahmen der Wortlautauslegung sowie der systematischen und teleologischen Interpretation – anhand der innerstaatlich überlieferten Prinzipen und Verständnisse auszulegen sind. Auch neu eingefügte Vorschriften müssen in das bestehende System eingefügt und somit in Wechselwirkung mit diesem ausgelegt und angewandt werden, gerade weil deren Akzeptanz und Richtigkeit daran gemessen wird, ob sie mit den vorhandenen Rechtstraditionen zu vereinbaren sind. Bei Rechtsnormen, die ihre Grundlage etwa im europäischen Sekundärrecht haben, ist noch der Aspekt der europarechtskonformen Auslegung – hier im Bereich der Verbrauchgüterkaufrichtlinie – vor allem der *richtlinienkoformen Auslegung* zu berücksichtigen. Diese

---

[93] BT-Drucks. 14/6040, S. 130.
[94] Vgl. *Zimmer*, NJW 2002, 1; *Wilhelm*, JZ 2001, 861 [867]; *Fischer*, DB 2001, 1923 [1924].
[95] BGHZ 139, 36 [42].
[96] Ob dieses Postulat im vorliegenden Fall tatsächlich zutrifft, wird noch im einzelnen erörtert.
[97] Vgl. *Larenz/Canaris*, a.a.O., S. 165.
[98] Vgl. *Schulze* a.a.O.
[99] Allerdings zeigt sich auch bei dem Begriff der Pflichtverletzung, dass dieser dem innerstaatlichen Recht nicht völlig fremd war, betrachtet man die weit ausdifferenzierte Lehre zur positiven Forderungsverletzung und zur *culpa in contrahendo*, in welchen die Pflichtverletzung das wesentliche Tatbestandsmerkmale darstellte.

hat im Zweifel Vorrang[100]. Soweit daher bei der Auslegung der Vorschriften von den Vorgaben der EG-Richtlinien abgewichen werden sollte, ist diese Auslegungsfrage im Rahmen eines Rechtstreits gem. Art. 234 EG dem EuGH vorzulegen.

Im Übrigen ist weder im Hinblick auf die systematische, noch auf die teleologische Auslegung, eine Änderung im Methodenverständnis – jedenfalls bei den sich in dieser Untersuchung stellenden Rechtsfragen notwendig. Ergänzend zur teleologischen Interpretation wird in der vorliegenden Untersuchung auch der von *Eidenmüller*[101] geprägte und ausgeformte Aspekt der *Effizienz* Berücksichtigung finden. Gerade bei der Frage nach der Einordnung und der Bestimmung der Grenzen der wirtschaftlichen Leistungserschwerung spielt der Gesichtspunkt der Effizienz eine bedeutsame Rolle. Bei der Frage nach der Unzumutbarkeit der Überwindung der Leistungserschwerung durch den Schuldner muss u.a. danach gefragt werden, ob diese zu einem volkswirtschaftlich unökonomischen Aufwand führen würde, d.h. zu einem solchen, der dem Schuldner einen höheren Aufwand abverlangt, als diesem ein äquivalenter Gewinn oder Erfolg auf Seiten des Gläubigers gegenübersteht.

IV. Zusammenfassung des ersten Kapitels

Die Gesetzesmaterialien werden in der vorliegenden Untersuchung berücksichtigt, soweit sie nicht in sich widersprüchliche Vorgaben zum Inhalt haben. Dabei wird jedoch dem durch die Wortlautauslegung sowie durch systematische und teleologische Interpretation gefundenen Verständnis im Sinne der objektiven Theorie Vorrang eingeräumt.

Im Rahmen der historischen Auslegung soll die Gesetzesbegründung lediglich als eine die Auslegung unterstützende Normvorstellung dienen. Soweit bei der Auslegung Berührungspunkte mit den Vorgaben der zugrunde liegenden EG-Richtlinien bestehen, haben diese Vorrang. Die Effizienz der jeweils gewählten Rechtsfolgen soll im Rahmen der teleologischen Interpretation berücksichtigt werden.

Zweites Kapitel: Die Einordnung wirtschaftlicher Leistungserschwerungen unter § 275 I

Im Folgenden werden die im zweiten Kapitel des ersten Teils dargestellten Sachverhalte der Leistungserschwerungen in das allgemeine Leistungsstörungsrecht eingeordnet. Die Darstellung beginnt mit der Einordnung unter die Unmöglichkeit der Leistung gem. § 275 I.

I. Die Unmöglichkeit der Leistung

Die Bestimmung des Begriffs und der Reichweite der Unmöglichkeit der Leistung erfordert zunächst eine Auseinandersetzung mit dem *Leistungsbegriff*. Da sich die Unmöglichkeit immer auf die Leistung bezieht, können Begriff und Reichweite der Unmöglichkeit nur bestimmt werden, wenn feststeht, was unter der Leistung in § 275 I zu verstehen ist[102].

---

[100] Vgl. EuGH NJW 1994, S. 921; 1997, S. 3365; BGH NJW 1993, S. 1594; BAG NJW 1993, S. 1154.

[101] Vgl. *Eidenmüller*, Effizienz als Rechtsprinzip, Tübingen 1995.

[102] Vgl. *Emmerich*, Das Recht der Leistungsstörungen, § 3 III., 1., a); vgl. *Scherner* JZ 1971.

1. Der Leistungsbegriff

Der Begriff der Leistung wird im BGB in zahlreichen Vorschriften genannt, jedoch nirgends definiert. Teils wird die Leistung als Leistungshandlung, teils als Leistungserfolg verstanden. Während in § 433 ein Leistungserfolg dahingehend geschuldet ist, den mangelfreien Kaufgegenstand zu übergeben und zu übereignen, wird nach § 242 ein Leistungsverhalten geschuldet, das Treu und Glauben entspricht. Schließlich wird die Leistung in § 812 als bewusste, zweckgerichtete Mehrung fremden Vermögens ausgelegt[103]. Ob der Schuldner eine Leistungshandlung oder einen Leistungserfolg schuldet, ergibt sich aus dem Normzusammenhang und dem jeweiligen Normzweck. Beide Aspekte sind durch Auslegung der Norm zu ermitteln[104].

a. Der weite Leistungsbegriff

Nach den Vorstellungen der Verfasser des BGB entsprach die Leistung dem gesamten, dem jeweiligen Schuldverhältnis entsprechenden Verhalten des Schuldners, d.h. dem sog. *Obligationenprogramm*[105]. Die Leistung wurde danach nicht nur durch ihren Gegenstand, sondern außerdem durch alle sonstigen Modalitäten, wie Raum, Zeit und Qualität individualisiert. Unter die Modalität der Leistung fiel auch die vertragsgemäße Erfüllung. Für die Reichweite der Unmöglichkeit hatte dies zur Folge, dass bei einer durch alle ihre Modalitäten individualisierten Leistung, Teilunmöglichkeit schon dann angenommen wurde, wenn die Leistung in nur einer dieser Modalitäten hinter dem Geschuldeten zurückblieb und sich dies nicht oder nicht mehr beheben ließ[106]. Der weite Leistungsbegriff beruhte auf der Absicht der Verfasser des BGB, alle Arten der Leistungsstörungen auf Seiten des Schuldners durch Schuldnerverzug und die vom Schuldner zu vertretende Unmöglichkeit sowie die besonderen Gewährleistungsbestimmungen im Recht der vertraglichen Schuldverhältnisse zu regeln[107].

b. Der enge Leistungsbegriff

Dieser weite Leistungsbegriff vermochte sich in den ersten Jahrzehnten unter der Geltung des BGB nicht durchzusetzen. Herrschend wurde die Auffassung, dass dem BGB ein enger, gegenständlicher Leistungsbegriff zugrunde liege[108]. *Kramer* sprach im Anschluss an *Wieacker* von der „Ambivalenz des Leistungsbegriffs“[109]. Das Schuldverhältnis des Bürgerlichen Rechts

---

[103] BGHZ 40, 272; 58, 184; NJW 1999, 1393; *Esser/Weyers*, SchR II, § 48 II; *Staudinger/Lorenz* Rdnr. 4 ff.; a.A. Münch.-Komm./*Lieb*, § 812 Rdnr. 23; *Canaris*, FS Larenz S. 799.

[104] BGHZ 12, 310.

[105] So ausdrücklich Motive D. II, S. 49, 56.

[106] Vgl. *Emmerich*, Das Recht der Leistungsstörungen, § III.1, a); ausdrücklich die Motive Band II, S. 49, 56; *Enneccerus*-Lehmann § 47 III. schreibt beispielsweise: „Teilweise unmöglich ist die Leistung auch dann, wenn sie zwar an sich noch möglich ist, aber nur in verschlechterter Qualität.“

[107] Vgl. Motive D. II, S.49, 56; demgemäß erachteten die Verfasser des BGB auch die ausdrückliche gesonderte Regelung der Schlechtleistung und der Nebenpflichtverletzung als entbehrlich, da auch diese Fälle durch die Teilunmöglichkeit gelöst werden konnten.

[108] Vgl. *Stoll*, AcP 136, 273 ff; Dementsprechend wurde Unmöglichkeit nur noch angenommen, wenn der (gegenständlich verstandene) Leistungserfolg weder vom Schuldner noch von irgendeinem sonstigen Dritten herbeigeführt werden konnte. Diese Verengung des Begriffs der Unmöglichkeit war die wesentliche Ursache dafür gewesen, dass der Eindruck entstand, das Gesetz sei lückenhaft, weil es keine Regelung für die praktisch so bedeutenden Fälle der Schlechterfüllung enthalte; vgl. auch *Emmerich*, aaO.

[109] Vgl. Münch.-Komm/*Kramer* § 241 Rdnr.7.

zeige zwei Grundaspekte, die in seinem inneren System nicht gegeneinander ausgeglichen sind. Es lasse sich begreifen sowohl als Ordnung von Verhaltenspflichten des Schuldners wie auch als hinführend zum Leistungserfolg, d.h. zur Verwirklichung des Gläubigerinteresses an der Leistung. Jener Aspekt siehe es also als ein sich Verhaltensollen, dieser als Interessenverwirklichung. Jener sei beherrscht durch die Vorstellung einer persönlichen Rechtspflicht, dieser durch die Vorstellung eines Bekommens des Gläubigers – oder der Verunmöglichung dieses Bekommensollens durch Leistungshindernisse[110]. Diese von *Wieacker* eingehend untersuchte, aber auch in der Rechtsprechung erkannte Ambivalenz spiegelte sich in dem durch § 241 a. F. nicht näher aufgeklärten Leistungsbegriff des BGB wieder, dessen Sprachgebrauch vor allem in § 362 auf den Leistungserfolg abstellte, in anderen Bestimmungen wie z.B. § 242 auf das Leistungsverhalten des Schuldners und der in § 812 Abs. 1 endlich eine zweckgerichtete Ausprägung erfuhr. Keine Probleme bereitete diese Doppeldeutigkeit, wenn Leistungshandlung und Leistungserfolg zusammenfielen[111]. In allen anderen Fällen, insbesondere bei erfolgsbezogenen Schuldverhältnissen, stellte sich aber die Frage, ob schon von einer Leistung auszugehen sei, wenn sich der Schuldner seiner Vertragspflicht gemäß verhalten hatte, oder erst dann, wenn durch dieses Verhalten der dem Inhalt der Schuld entsprechende *Erfolg* eingetreten und das Gläubigerinteresse verwirklicht worden war. *Wieacker* gelangte zu dem Ergebnis, dass der Begriff der Leistung streng erfolgsbezogen sei, und daher Leistung die Herbeiführung des Leistungserfolges, d.h. die Verwirklichung des Gläubigerinteresses durch die Leistungshandlung bedeute[112]. Dies galt auch für die Unmöglichkeitslehre[113]. Leistungshandlung und Leistungserfolg ließen sich auch hier nicht trennen, sondern waren miteinander insoweit verbunden, als der Schuldner gerade durch die Leistungshandlung den Leistungserfolg herbeiführt. Für die Feststellung der Unmöglichkeit genügte es dabei, dass der Leistungserfolg vom Schuldner durch seine Leistungshandlung nicht oder nicht mehr herbeigeführt werden konnte. Mit diesem Moment erlosch das Forderungsrecht des Gläubigers auf Vornahme dieser Leistungshandlung und damit auch die Leistungspflicht des Gläubigers, da es keinen Sinn macht, den Schuldner an seiner Pflicht zur Leistungshandlung festzuhalten, wenn der dadurch avisierte Leistungserfolg nicht herbeigeführt werden kann[114].

---

[110] Vgl. *Wieacker*, Festschrift Nipperdey, Band 1, 1965, S. 783.

[111] Ein solcher Fall ist bei der Leistung von Diensten im Rahmen eines Dienstvertrages gem. § 611 BGB gegeben.

[112] Auch Erfüllung gem. § 362 I bedeutet nach dem Gesagten Eintritt des Leistungserfolges; vgl. BGHZ 12, 268; 87, 162; NJW 1994, 2948.

[113] Vgl. *Henke*, Die Leistung: Grundversorgung des sozialen Lebens und Grundbegriff des Schuldrechts, 1991, S. 50 ff.

[114] Dies ergibt sich zwanglos dann, wenn man für das Eingreifen des § 275 a.F. von dem Erfordernis des fehlenden Vertretenmüssens absieht. Dieses wörtliche Verständnis zugrunde gelegt, erklären sich die Worte Jakobs (Unmöglichkeit und Nichterfüllung, 1969, S. 214): „Die Befreiung" des Schuldners nach § 275 ist „nur die nachträgliche Feststellung, dass der Schuldner, weil er nicht zur Leistung verpflichtet war, von vornherein auch nicht verpflichtet gewesen sein kann, eine Leistung zu bewirken, die sich mittels Verhinderung ihres Unmöglichwerdens hätte bewirken lassen". Diese Ansicht stellt darauf ab, dass eine Befreiung nur dann in Frage kommt, wenn keine Pflicht zur Verhinderung des Unmöglichwerdens der Herbeiführung des Leistungserfolges durch die Leistungshandlung bestanden hat. Diese - auf der Grundlage des § 275 a.F. bei wörtlichem Verständnis richtige - Ansicht, kann angesichts der eindeutigen Abkoppelung des Unmöglichkeit von der Frage des Vertretenmüssens

Aus dem Umstand, dass der Schuldner bei nachträglicher Unmöglichkeit der Leistung, aber auch bei nachträglichem Zufalls-Unvermögen von seiner Schuldpflicht befreit wurde, folgte zugleich, dass die aufgrund des Vertragsschlusses geschuldete Leistung nicht der Leistungserfolg war, sondern das Verhalten des Schuldners, das ohne das zufällige Leistungshindernis das Gläubigerinteresse verwirklicht haben würde, woraus wiederum abzuleiten war, dass der Schuldner auch bei von ihm zu vertretender Unmöglichkeit nicht deshalb nach § 280 Abs. 1 haftete, weil er den Leistungserfolg nicht herbeigeführt, sondern weil er sich pflichtwidrig verhalten hatte[115].

Der enge gegenständliche Leistungsbegriff hat zur Folge, dass objektive Unmöglichkeit heute - mit Ausnahme der in Rechsprechung und Literatur entwickelten Erweiterung des Unmöglichkeitsbegriffs auf Fälle der faktischen, (teilweise) wirtschaftlichen, juristischen und sittlichen Unmöglichkeit - nur noch angenommen wird, wenn der gegenständlich verstandene Leistungserfolg endgültig weder vom Schuldner noch von einem Dritten herbeigeführt werden kann. Objektive Unmöglichkeit ist seitdem identisch mit endgültiger Unerbringlichkeit der Leistung dem Gegenstand nach für jedermann.

c. Der Leistungsbegriff und die neue Kategorie der Pflichtverletzung

Im Folgenden wird der Frage nachgegangen, ob der neu in das Gesetz aufgenommene Begriff der „Pflichtverletzung" in § 280 I Auswirkungen auf das bisherige Verständnis des Leistungsbegriffs hat und wie sich das Verhältnis zwischen Leistungsbegriff, Unmöglichkeit und Pflichtverletzung nach dem geltenden Recht darstellt.

aa. Der Begriff der Pflichtverletzung

Mit Pflichtverletzung meint die Vorschrift des § 280 I *ein objektiv nicht dem Schuldverhältnis entsprechendes Verhalten*[116]. Die „Pflicht aus dem Schuldverhältnis" umfasst danach sowohl die echten vertraglichen Nebenpflichten, die der Erfüllung des spezifisch vertraglichen Leistungsinteresses des Gläubigers dienen, als auch die bloßen Schutzpflichten, welche die Bewahrung seiner sonstigen Rechte und Güter zum Ziel haben. Bezieht man §§ 280 II, III mit in die Betrachtung ein, zeigt sich, dass unter Pflichtverletzung Verzug, Nichterfüllung, Erfüllungsverweigerung, Schlechterfüllung, Verletzung einer nicht leistungsbezogenen Nebenpflicht bzw. Schutzpflicht und die Unmöglichkeit gefasst werden[117].

---

nach dem geltenden Recht nicht mehr aufrecht erhalten werden. Vielmehr zeigt sich hier die klare Trennung zwischen der Frage nach der Befreiung von der Leistungspflicht einerseits und derjenigen nach der daran anknüpfenden Haftung gem. § 280 andererseits, welche dann auf ein Vertretenmüssen abstellt. Daran ändert auch die Beachtung des Vertretenmüssens in § 275 II S.2 nichts, da - wie zu zeigen sein wird - diese Vorschrift keinen Fall der „echten" Unmöglichkeit darstellt.

[115] Vgl. Löwisch, AcP 165, 442.

[116] Vgl. BT-Drucks. 14/6040 S. 308.

[117] Vgl. *Medicus*, Schuldrecht I, Allgemeiner Teil, Rdnr. 364, der die Unmöglichkeit als einen Spezialfall der Pflichtverletzung ansieht; auch *Magnus* in: *Schulze/Schulte-Nölke*, „Die Schuldrechtsreform vor dem Hintergrund des Gemeinschaftsrechts" S. 69, sieht im Begriff der Pfichtverletzung eine Zusammenfassung der Unmög-

bb. Die am Begriff der Pflichtverletzung geübte Kritik

Die Reform des allgemeinen Leistungsstörungsrechts war von dem Bestreben getragen, Leistungsstörungen - und damit sind Unmöglichkeit, Verzug und die reine Schlechterfüllung gemeint -, soweit wie möglich einer einheitlichen Regelung zu unterwerfen[118]. Dazu wurde mit § 280 I die zentrale Anspruchsgrundlage für Schadensersatz geschaffen, die grundsätzlich alle Arten von Leistungsstörungen erfassen sollte, von der Leistungsverzögerung über die Lieferung einer mangelhaften Sache bis hin zur Unmöglichkeit der Leistung[119].

Am Begriff der Pflichtverletzung wird teilweise heftige Kritik geübt. *Huber*[120] tritt für die Verwendung des Begriffs die *Nichterfüllung* ein, da er den Begriff der Pflichtverletzung zur Regelung vom Schuldner nicht zu vertretender Leistungshindernisse sowie anfänglicher Leistungshindernisse für unbrauchbar erachtet. *Huber* begründet dies, indem er versucht, einen logischen Fehler aufzudecken: „Wenn ein Leistungsstörungsrecht von dem Prinzip ausgeht, dass es Leistungshindernisse gibt, die den Schuldner entlasten, und zwar mit der Konsequenz, dass der Schuldner weder zur Erfüllung verpflichtet ist noch zum Schadensersatz, dann beseitigt das Leistungshindernis die Pflicht, und eine Pflichtverletzung liegt überhaupt nicht vor. Und solche Fälle gibt es auch nach dem Entwurf." Dem gemäß müsse nach *Huber* die Unmöglichkeit der Leistung in jedem Fall auch von der Haftung für den Eintritt des Leistungshindernisses befreien.

Diese Ausnahme lässt sich jedoch weder aus § 275 I noch aus § 280 I ableiten. Vielmehr sind diese Fragen streng voneinander zu trennen. Die Pflichtverletzung liegt im Rahmen von § 275 nicht etwa darin, dass der Leistungserfolg nicht erbracht wird, sondern darin, dass der Schuldner nicht die Vorkehrungen getroffen hat, um imstande zu sein, eine zum Leistungserfolg führende Leistungshandlung zu erbringen. Letzteres lässt sich von der Frage des Schicksals der Primärleistungspflicht ohne weiteres trennen, so dass es schlichtweg unrichtig ist, zu behaupten, dass mit dem Moment der Befreiung von der Leistungspflicht auch die *vormals* vorhandene Pflicht entfiele, sich leistungsfähig zu halten. Die Unmöglichkeit der Leistung entscheidet nur über die Frage, ob die Leistung noch vom Schuldner verlangt werden kann. Dagegen entfällt die bis zum Eintritt der Unmöglichkeit bestehende Pflicht des Schuldners, die notwendigen Vorkehrungen zu treffen, um sich leistungsfähig zu machen oder zu erhalten *nicht ex tunc*, sondern nur *ex nunc*. Die haftungsbegründende Pflichtverletzung knüpft somit an das Verhalten an, welches letztlich zur Unmöglichkeit der Leistung geführt hat. Damit ent-

---

lichkeit der Leistung, des Verzugs und der besonderen Gewährleistung; *Canaris*, Die Reform des Rechts der Leistungsstörungen, JZ 2001, S. 499.

[118] Eine andere Möglichkeit wäre gewesen, das bereits anerkannte Institut der positiven Forderungsverletzung neben Unmöglichkeit und Verzug in das Leistungsstörungsrecht aufzunehmen. Dieser Lösung ist jedoch entgegenzuhalten, dass sie eine neue Kategorie schafft, die dann von Unmöglichkeit, Verzug und den Schadensersatzansprüchen aus dem besonderen Schuldrecht (§§ 463, 480 II, 538 I, 635 BGB a.F.), die teilweise in den Bereich der positiven Forderungsverletzung hineinwirken, abgegrenzt werden müsste.

[119] Abschlußbericht, S.120.

[120] Vgl. *Huber*, in Ernst/Zimmermann, Zivilrechtswissenschaft und Schuldrechtsreform, S. 104.

fällt jedoch die Pflichtverletzung nicht nachträglich mit dem Eintritt der Unmöglichkeit, da sie bereits die kausale Ursache für die Unmöglichkeit gesetzt hat und daher sowohl zeitlich, als auch logisch an ein Verhalten anknüpft, welches vor Eintritt der Unmöglichkeit liegen muss.

Weiterhin sei nach *Huber*[121] der Begriff der Pflichtverletzung für anfängliche Leistungshindernisse unbrauchbar, da erst mit Vertragsschluss Vertragspflichten einsetzen[122]. Dem ist nur teilweise zuzustimmen. Der Pflichtverletzungstatbestand hat sein Vorbild in den mit unbestimmten Klagen durchsetzbaren Obligationen des römischen Rechts. Er umfasst dabei nicht nur die Fälle der positiven Forderungsverletzung, sondern hat durch die Zusammenfassung mit der Haftung des Schuldners bei Unmöglichkeit oder Unvermögen auch deren Grund herausgestellt[123]. Dieser liegt nicht in der Nichterfüllung der Pflicht zur Leistung. Sie ist unmöglich und daher auch nicht geschuldet[124]. Insoweit ist *Huber* zuzustimmen. Die Haftung des Schuldners beruht stattdessen auf der Verletzung der vertraglichen Nebenpflicht, die Leistung nicht unmöglich zu machen oder sich zur Leistung außerstande zu setzen oder vor Vertragsschluß die eigene Leistungsfähigkeit sorgfältig zu untersuchen. Bei der anfänglichen Unmöglichkeit stellt § 311a II für das Vertretenmüssen somit konsequenterweise darauf ab, ob der Schuldner das Leistungshindernis bei Vertragsschluss kannte und seine Unkenntnis zu vertreten hat. Bereits d*e lege lata* sind daher anfängliche Leistungshindernisse vom Begriff der Pflichtverletzung in § 280 I nicht umfasst, so dass der Einwand *Hubers* nicht Platz greift.

Auch wird behauptet, der rein objektive Inhalt des Tatbestandes der Pflichtverletzung erschließe sich vielen Rechtsanwendern nicht, weil sie vor allem mit dem Wortlaut der „*Verletzung*" (als Teil der Pflicht – *verletzung*) unwillkürlich einen Verschuldensvorwurf verbinden würden, der damit aber nicht angesprochen wird. Es mag zwar sein, dass nach dem allgemeinen Sprachgebrauch der Begriff der Pflichtverletzung ein schuldhaftes Verhalten impliziert. Allerdings verwendet der juristische Sprachgebrauch, insbesondere in § 823 I im Rahmen des Haftungsbegründungstatbestandes auch den Begriff der Verletzungshandlung und es hat bisher niemand ernsthaft in Zweifel gezogen, dass die Frage nach dem Verschulden des deliktisch Handelnden hiervon zu trennen ist[125].

Teilweise wird anstelle des Begriffs der Pflichtverletzung, der Begriff der Nichterfüllung vorgeschlagen. Gegen den Begriff der Nichterfüllung ist einzuwenden, dass der neu gewählte Begriff nach dem Reformanliegen als Oberbegriff auch Nebenpflichten erfassen soll. Auf die Verletzung von Nebenpflichten passt der Begriff der Nichterfüllung allerdings nicht, da Nebenpflichten nach den §§ 362 ff. BGB nicht erfüllbar (und somit auch nicht eigens einklagbar) sind, sondern von den Parteien „nur" beachtet werden müssen. Zudem können mit dem

---

[121] Vgl. *Huber*, a.a.O.
[122] Vgl. *Huber*, a.a.O.
[123] Vgl. *Ernst*, JZ 1994, 806.
[124] So auch *Ehmann*, JZ 2001, S. 529.
[125] Vgl. *Palandt/Heinrichs*, § 280 Rdnr. 3.

Begriff der Nichterfüllung nur die Fälle gemeint sein, in denen die Leistung vollständig ausbleibt. Davon sind begrifflich die Fälle des Verzugs oder der Schlechterfüllung nicht erfasst. Aus diesem Grund ist am Begriff der Pflichtverletzung festzuhalten.

cc. Das Verhältnis von Leistungsbegriff, Unmöglichkeit und Pflichtverletzung

Einen solchen generalklauselartigen Tatbestand wie § 280 I, der auf Sekundärebene fast[126] alle Formen der Leistungsstörung umfasst, kannte das Schuldrecht bisher nicht. Vielmehr standen im Rahmen des Leistungsstörungsrechts die Kategorien Unmöglichkeit, Verzug und Schlechterfüllung nebeneinander, ergänzt jeweils von den Rechtsinstituten der positiven Forderungsverletzung und der *culpa in contrahendo*. Eine klare Einordnung in diese Kategorien erforderte eine Begrenzung des Leistungsbegriffs, damit nicht - wie bereits erörtert – schon bei jeder Schlechterfüllung Teilunmöglichkeit angenommen werden musste. In diesem Sinne vertrug sich das alte Schuldrecht mit einem zu weit gefassten Leistungsbegriff nicht.

Der Pflichtverletzungstatbestand des § 280 I erfasst nun im Wesentlichen[127] alle Arten der Leistungsstörungen. Dem gemäß lassen sich Parallelen zwischen dem weiten Leistungsbegriff, der sich auf das gesamte „Obligationenprogramm" des Schuldners erstreckte und dem Leistungsbegriff erkennen, welcher der Neukonzeption des Pflichtverletzungstatbestandes zugrunde liegt. Beiden ist gemein, dass sie sich auf die Obligation an sich, das Geschuldete und somit auf alle Modalitäten der Leistung erstrecken.

Allerdings hat sich die Aufgabe des Leistungsbegriffs auch nach dem neuen Recht nicht geändert. Der generalklauselartige Tatbestand der Pflichtverletzung des § 280 I wird durch die §§ 280 III, 281, 282, 283 konkretisiert. Der Rechtsanwender wird auch nach dem neuen Recht aufgrund der unterschiedlichen Voraussetzungen der Sekundäransprüche zwischen Schlechtleistung, Unmöglichkeit und Verzug unterscheiden müssen. Diese Unterscheidung ist nach wie vor nach dem engen Leistungsbegriff vorzunehmen. Dies gilt insbesondere für die Abgrenzung von Pflichtverletzung und Unmöglichkeit, da nur über die Anknüpfung an den unmöglich gewordenen Leistungserfolg die Unmöglichkeit aus der rein verhaltensbezogenen Pflichtverletzung herausgelöst werden kann.

Daher hat sich auch die Stufenfolge zwischen Schlechtleistung und Unmöglichkeit nicht geändert: Zunächst ist danach zu fragen, ob die Primärleistungspflicht wegen Unmöglichkeit erloschen ist. Dabei wird auch nach dem geltenden Recht ein Rückgriff auf den engen Leistungsbegriff notwendig sein, um die Unmöglichkeit von der – nicht befreienden - Schlechtleistung und dem Verzug abzugrenzen. Bejaht man in diesem Fall die Unmöglichkeit der Herbeiführung des Leistungserfolges, steht damit zugleich das Schicksal der Primärleistungspflicht fest.

---

[126] „Fast" deshalb, weil § 280 I nicht für anfängliche Leistungshindernisse gilt, wie §§ 311, 311a zeigt.

[127] Wie bereits erwähnt umfasst der Begriff nicht die Pflicht des Schuldner, vor Vertragsschluss seine eigene Leistungspflicht zu prüfen. Die Verletzung dieser Pflicht führt daher nur über gem. § 311a II zu einem Schadensersatzanspruch, unabhängig von § 280 I.

Auch für die Abgrenzung der Schlechtleistung von der befreienden „qualitativen“ Unmöglichkeit[128] erweist sich der enge Leistungsbegriff als taugliches Kriterium. Danach soll Unmöglichkeit auch dann vorliegen, wenn ein Mangel der Kaufsache oder ein Werkmangel endgültig nicht behoben werden können. Auch diese Fälle sind der „echten“ Unmöglichkeit zuzuordnen. Zu dem für den engen Leistungsbegriff maßgeblichen Leistungserfolg gehört auch die Mangelfreiheit des Leistungsgegenstandes (Kaufsache, Werk), da nun auch im geltenden Kaufrecht gem. § 433 I S.2 der *Erfüllungstheorie* gefolgt wird. Daher liegt Unmöglichkeit gem. § 275 I und keine Schlechtleistung vor, wenn der Mangel der Kaufsache oder des Werkes nicht behoben werden kann. Somit erweist es sich auch hier als zielführend, zur Bestimmung der Leistung auf den Leistungserfolg abzustellen.

Der Pflichtverletzungstatbestand des § 280 I umfasst sämtliche Pflichten des Schuldners und damit auch die Pflicht des Schuldners, seine Leistungsfähigkeit zu erhalten, damit der Leistungserfolg durch die Leistungshandlung herbeigeführt werden kann. Für die in der vorliegenden Untersuchung entscheidende Frage nach der Bestimmung der Unmöglichkeit der Leistung ist nach wie vor auf den *engen Leistungsbegriff* abzustellen, um trennscharf zwischen Unmöglichkeit, Schuldnerverzug und zur Schlechtleistung abgrenzen zu können.

2. Die Kategorie der Unmöglichkeit nach § 275 I

§ 275 I setzt voraus, dass die Leistung für den Schuldner oder für jedermann unmöglich ist. Dabei fragt sich, wie weit die Kategorie der Unmöglichkeit nach dem neuen Recht zu verstehen ist. Während unter § 275 I a.F. auch die faktische Unmöglichkeit und teilweise auch die wirtschaftliche Unmöglichkeit[129] gefasst wurden, stellt sich aufgrund der ausdrücklichen Regelung der Leistungserschwerung in § 275 II und III die Frage, ob die Kategorie der Unmöglichkeit in § 275 I von normativen Gesichtspunkten befreit ist und sich auf die Fälle beschränkt, in denen die Leistung nicht einmal theoretisch erbracht werden kann.

Der radikale Ansatz des Kommissionsentwurfs und des Diskussionsentwurfs zielte ursprünglich darauf ab, die Unmöglichkeit als eigenständige Leistungsstörungskategorie zu eliminieren. Hinsichtlich der sekundären Ansprüche sollte die Unmöglichkeit im Pflichtverletzungstatbestand aufgehen, die Befreiung von der Leistungspflicht sollte § 275 KE übernehmen, wonach der Schuldner die Leistung sollte verweigern können, „soweit und solange er diese nicht mit denjenigen Anstrengungen zu erbringen vermag, zu denen er nach Inhalt und Natur des Schuldverhältnisses verpflichtet ist“. Der Verzicht auf die Kategorie der Unmöglichkeit wurde jedoch heftig kritisiert[130], so dass die Unmöglichkeit wieder in § 275 I als Befreiungstatbestand eingeführt und namentlich angesprochen wurde, um „die Sachaussagen des Gesetzes verständlich zu machen“[131].

---

[128] Diese Art der Unmöglichkeit kann als physische, faktische oder rechtliche Unmöglichkeit auftreten; vgl. hierzu *Lorenz/Riehm*, Rdnr. 302.
[129] Vgl. oben 1. Teil, 1. Kapitel.
[130] Vgl. *Canaris*, in Schulze/Schulte-Nölke, S. 43; *Huber*, in Ernst/Zimmermann, S. 31 [49ff].
[131] Vgl. BT.-Drucks 14/6040, S. 128.

Nach dem natürlichen Sprachgebrauch ist eine Leistung nur dann unmöglich, d.h. nichtmöglich, wenn sie tatsächlich nicht einmal theoretisch erbracht werden kann[132]. Daher spricht schon der Wortlaut der Vorschrift – nimmt man ihn im Gegensatz zur alten Lehre ernst – für einen eng verstandenen Unmöglichkeitsbegriff. Dies wird weiterhin durch einen Vergleich mit den in § 275 II und III vorgesehenen Fällen der wirtschaftlichen und persönlichen Leistungserschwerung bestätigt. Dort ist im Gegensatz zu § 275 I gerade nicht von Unmöglichkeit die Rede. Vielmehr sind diese Fälle von der eigentlichen Unmöglichkeit in § 275 I sowohl in begrifflicher, als auch systematischer Hinsicht abgekoppelt. Aus einem Umkehrschluss zu § 275 II und III lässt sich somit ableiten, dass der Unmöglichkeitsbegriff von normativen Wertungen befreit sein soll. In § 275 II und III geht es darum, unter Beachtung der Besonderheiten des Einzelfalls herauszufinden, wann ein grobes Missverhältnis zwischen Leistung und Gegenleistung bzw. Unzumutbarkeit der Leistungserbringung angenommen werden kann. Dies und vor allem die Notwendigkeit einer klaren Abgrenzung der „Unmöglichkeit" von den eben benannten Fällen des § 275 II und III legt eine wörtliche Auslegung und dementsprechend enge Auslegung der Unmöglichkeit nahe[133].

a. Die physische Unmöglichkeit

Von § 275 I sollen daher nur noch die Fälle erfasst sein, in denen der Leistungserfolg endgültig unter keinen Umständen erbracht werden kann[134]. Dies kann Gründe haben, die bereits die Naturgesetze vorgeben: Die im Rahmen eines Stückkaufs geschuldete Sache ist derart vernichtet worden, dass sie nicht wiederhergestellt werden kann; das geschuldete Rennpferd ist gestorben. Nach § 275 I genügt es dabei auch, dass die Herbeiführung des geschuldeten Leistungserfolgs gerade für den Schuldner unmöglich ist.

b. Die juristische Unmöglichkeit

Weiterhin sind von § 275 I auch die Fälle erfasst, in denen die Leistung aus juristischen Gründen nicht erbracht werden kann (juristische oder rechtliche Unmöglichkeit)[135]. Der Grund hierfür kann darin liegen, dass der Leistungserfolg bereits herbeigeführt (z.B. der Verkauf einer dem Käufer schon gehörenden Sache[136]), von der Rechtsordnung nicht anerkannt ist (z.B. die Veräußerung eines Nießbrauchs gem. § 1059) oder aus sonstigen rechtlichen Gründen nicht herbeigeführt werden kann (die vermietete Sache ist vor Abschluss des Mietvertrages vom Militärfiskus beschlagnahmt worden; der Kaufgegenstand ist wesentlicher Bestandteil einer anderen Sache und kann deshalb nicht isoliert übereignet werden; Güter, die ins Ausland transportiert werden sollen, werden an der Grenze zurückgewiesen).

Zunehmende Bedeutung erlangen dabei die Fälle des Erfordernisses einer behördlichen Zustimmung zu privatrechtlichen Verträgen. Soweit sich dieses Erfordernis auf den Schuldver-

---

[132] Vgl. *Dauner-Lieb*, Schuldrecht, § 275 Rdnr. 5.
[133] Dies entspricht auch der Begr. BT-Drucks. 14/6040 S.293.
[134] Begründung zu § 275 BT-Drucks. 14/6040 S. 129.
[135] Vgl. *Medicus*, Schuldrecht I, Allgemeiner Teil Rdnr. 367.
[136] BGHZ 133, 98= WM 1996, 1404.

trag erstreckt, braucht man die Kategorie der Unmöglichkeit nicht, da der Vertrag mangels Zustimmung unwirksam ist und die Leistung schon aus diesem Grund nicht gefordert werden kann. Probleme bereiten aber die Fälle, in denen das Erfüllungsgeschäft der Genehmigung bedarf. Als Beispiel dient hier der typische Fall, in dem der Mieter in den zu gewerblichen Zwecken gemieteten Räumen den Gewerbebetrieb nicht aufnehmen kann, weil noch eine dafür erforderliche behördliche Genehmigung aussteht[137]. Die Herbeiführung der behördlichen Genehmigung ist Sache des Vermieters. Er hat sich durch den Mietvertrag dazu verpflichtet, den Gebrauch an einer mangelfreien Mietsache zu überlassen. Hier kann die Kategorie der „qualitativen" Unmöglichkeit herangezogen werden, sofern es sich bei der fehlenden behördlichen Genehmigung um einen Mangel der Mietsache im Sinne von § 536 handelt[138]. Kann die Genehmigung unter keinen Umständen herbeigeführt werden, so ist die Leistungspflicht des Vermieters unmöglich geworden. In diesem Fall wird der Vermieter gem. § 275 I von der Leistungspflicht befreit. Solange noch die Möglichkeit der Erlangung der öffentlich-rechtlichen Genehmigung etwa durch verwaltungsprozessuale Rechtsbehelfe besteht, kann der Schuldner allenfalls § 275 II einwenden, wenn die Einholung der Genehmigung solche Anstrengungen erfordert, die in einem groben Missverhältnis zum Gläubigerinteresse stehen. Gelingt ihm auch dieser Einwand nicht, so muss er leisten. Hat der Gläubiger kein Interesse an der Leistung des Schuldners, kann er diesen in Verzug setzen und vom Vertrag zurücktreten.

c. Zweckerreichung und Zweckverfehlung

Auch die Fälle der Zweckerreichung und Zweckverfehlung sind unter § 275 I zu subsumieren. Hat sich der Schuldner verpflichtet, ein Schiff des Gläubigers, das auf Grund gelaufen ist, frei zu schleppen, so ist eine Leistungserbringung des Schuldners unüberwindlich (naturgesetzlich) gem. § 275 I unmöglich geworden, wenn das Schiff bis zum Eintreffen des Gläubigers bereits von alleine freigekommen (Zweckerreichung) oder gesunken ist (Zweckverfehlung), da der maßgebliche Leistungserfolg durch die Leistungshandlung nicht mehr herbeigeführt werden kann. Im Vergleich zur Behandlung dieser Fälle nach der alten Rechtslage werden sich hier keine Änderungen ergeben[139].

d. Abgrenzung der subjektiven Unmöglichkeit von § 275 II

Im Folgenden wird der Frage nachgegangen, wie die subjektive Unmöglichkeit vom Leistungsverweigerungsrecht nach § 275 II abzugrenzen ist. Namentlich geht es darum, ob der Schuldner schon mit dem Verlust der Verfügungsbefugnis von der Leistungspflicht befreit wird oder Anstrengungen zur (Wieder)-erlangung der Verfügungsbefugnis unternehmen muss. Ziel der Abgrenzung sollte es dabei sein, eine möglichst präzise Trennung zwischen subjektiver Unmöglichkeit und § 275 II vorzunehmen, da § 275 II im Gegensatz zu § 275 I

---

[137] OLG Hamm ZMR 1982, S. 206; KG NJW-RR 1996, S. 1234.

[138] Dies entspricht jedenfalls der ständigen Rechtsprechung, vgl. BGH NJW 1977, S. 1285; BGH NJW-RR 1992, S. 267, KG NJW 2000, S. 819).

[139] Schon nach der alten Rechtslage ging die h.M. von einer Einordnung in den Bereich der Unmöglichkeit aus; vgl. *Huber*, Leistungsstörungen, Bd. II, § 56 I 8, 9.

nur ein Leistungsverweigerungsrecht vorsieht und es daher einen Unterschied macht, ob ein Sachverhalt unter § 275 I oder II zu fassen ist.

Schon nach dem bisherigen Recht war umstritten, ab wann subjektive Unmöglichkeit bei Vorliegen eines Leistungshindernisses anzunehmen sei. In dem vom BGH entschiedenen Fall eines doppelt verkauften Grundstücks, das an den ersten Käufer bereits aufgelassen war, ging das Gericht davon aus, dass Unmöglichkeit erst dann vorliege, wenn feststehe, dass der Schuldner die Verfügungsmacht nicht mehr erlangen und zur Erfüllung des geltend gemachten Anspruchs auch nicht auf die Sache einwirken kann[140]. Mit dieser Entscheidung befand sich der BGH auch auf einer Linie mit einem Teil der Literatur. Danach sollte Unvermögen im Sinne von § 275 II a.F. nur vorliegen, wenn der Schuldner zur Beschaffung oder Wiederbeschaffung des Leistungsgegenstandes nicht in der Lage war[141].

Andere ließen es alleine ausreichen, dass der Schuldner über den Leistungsgegenstand nicht mehr verfügte[142]. Nach einer weiteren Ansicht, sollte es nur bei zu vertretenden Leistungshindernissen auf die Wiederbeschaffungsmöglichkeiten ankommen[143]; hierfür sprachen der Wortlaut des § 275 II a.F. sowie das historische Argument, dass nach dem Willen der Gesetzesverfasser das Abhandenkommen der geschuldeten Sache ebenso zu behandeln sei, wie deren Untergang[144].

Beide Argumente können jedoch nach dem geltenden Recht nicht mehr aufrechterhalten werden. Zum einen wird dem Schuldner die Einwendung des § 275 I unabhängig davon zur Seite gestellt, ob er die Unmöglichkeit zu vertreten hat oder nicht. Nach dem Willen des Gesetzgebers soll Unmöglichkeit dann nicht vorliegen, wenn der Schuldner seine Leistungsfähigkeit durch Wiederbeschaffung wiederherstellen kann[145]. Diese Auslegung folgt auch dem – bereits erörterten - Verständnis der Unmöglichkeit nach dem neuen Recht, wonach echte Unmöglichkeit nur vorliegen sollte, wenn – im Fall der subjektiven Unmöglichkeit – die Leistung vom Schuldner unter keinen Umständen erbracht werden kann. Zudem soll es nach § 275 II dem Schuldner unbenommen bleiben, auch unter erhöhten Anstrengungen leisten zu können. Will man diese Möglichkeit nicht einschränken, so ist § 275 I eng auszulegen[146]. Eine enge Auslegung wird auch den wohlverstandenen Interessen des Gläubigers gerecht, der regelmäßig ein erhebliches Interesse an der Beschaffung bzw. Wiederbeschaffung des Leistungsgegenstandes hat. Diesem Interesse wird Rechnung getragen, wenn man § 275 II nur dann an-

---

[140] BGH NJW 1999, S. 2034.

[141] Vgl. *Palandt/Heinrichs* § 275 Rdnr. 13; *Soergel/Wiedemann* § 275 Rdnr. 53 ff,; Münch.-Momm./*Emmerich*, 4. Aufl. 2001, § 275 Rdnr. 73 f.; *Esser/Schmidt*, Schuldrecht I/2, 8. Aufl. 2000, § 22 II vor. 1.

[142] Vgl. *Huber*, Leistungsstörungen II, 1999, § 60 III; *Wilhelm/Deeg*, JZ 2001, S. 223; Erman/*Battes*, BGB, 10. Aufl., Vorb. § 275 Rdnr. 29.

[143] Vgl. *Huber*, Bd. I S. 120; *Gsell*, Beschaffungsnotwendigkeit und Leistungspflicht, 1998, S. 38 f.

[144] Vgl. *Jakobs*, Unmöglichkeit und Nichterfüllung, 1969, S. 136 ff.

[145] So BT-Drucks. 14/6040 S. 129.

[146] Vgl. *Huber/Faust*, a.a.O., S. 27.

wendet, wenn der Schuldner imstande ist, den Leistungsgegenstand – wenn auch unter erschwerten Umständen – zu beschaffen[147].

Dieses Ergebnis entspricht auch – wie von *Canaris* schon mehrfach erläutert wurde – den der Unmöglichkeit vorgelagerten *sachlogischen Strukturen*. Denn die Befreiungswirkung der Unmöglichkeit findet ihre Legitimation in dem Gerechtigkeitsgesichtspunkt, dass derjenige, der eine Leistung nicht erbringen kann, auch zu dieser Leistung nicht verurteilt werden soll und es dementsprechend kein berechtigtes Interesse des Gläubigers an einem obsiegenden Urteil gibt. Dass der Schuldner die Leistung endgültig nicht erbringen kann, steht jedoch im Rahmen von § 275 II noch nicht fest. Vielmehr ist es auch möglich, dass der Schuldner bei Überwindung des Leistungshindernisses die Leistung erbringen kann, wenn kein grobes Missverhältnis zwischen seinem Aufwand und den Gläubigerinteressen vorliegt. Dies ist jedoch eine Wertungsfrage, die richtigerweise bei § 275 II anzusiedeln ist.

Daher greift § 275 I nur dann ein, wenn der Schuldner nicht einmal theoretisch, also unter gar keinen Umständen, das Leistungshindernis beseitigen kann[148]. Dem gemäß kann nur in diesen engen Grenzen von subjektiver Unmöglichkeit gesprochen werden. Jene Fälle, die sich unterhalb dieser Schwelle bewegen, müssen danach unterteilt werden, ob letztlich eine Verpflichtung des Schuldners zur Erbringung der Leistung unter den erschwerten Umständen besteht, dann ist der Schuldner im Prozess auf Leistung zu verurteilen, oder ob ihm gem. § 275 II ein Leistungsverweigerungsrecht zur Seite steht.

3. Die Behandlung von Gattungsschulden nach § 275 I – Verhältnis zu § 276 I

Eine Gattungsschuld wird gem. § 275 I möglich, wenn entweder die gesamte Gattung untergeht oder sich die Gattungsschuld durch Konkretisierung[149] auf ein oder mehrere bestimmte Stücke beschränkt und diese untergehen. In letzterem Fall können die zur Stückschuld genannten Vorgaben herangezogen werden.

Was unter einer Gattungsschuld zu verstehen ist, richtet sich nach § 243 I. Danach hat derjenige, der nur eine der Gattung nach bestimmte Leistung schuldet, eine Sache von mittlerer Art und Güte zu leisten.

Die „Übernahme eines Beschaffungsrisikos nach dem Inhalt des Schuldverhältnisses" in § 276 I hat § 279 a.F. ersetzt und diese Vorschrift weiterentwickelt. Danach hatte der Schuldner, solange die Leistung aus der Gattung noch möglich war, sein Unvermögen zur Leistung auch dann zu vertreten, wenn ihm ein Verschulden nicht zur Last fiel und knüpfte somit direkt an § 275 II a.F. als Spezialfall des Unvermögens, nicht hingegen an § 275 I an, so dass der

---

[147] So auch *Canaris*, Die Neuregelung des Leistungsstörungs- und des Kaufrechts - Grundstrukturen und Problemschwerpunkte, in: *Egon Lorenz* (Hrsg.), Karlsruher Forum 2002: Schuldrechtsmodernisierung. Mit Vorträgen von Claus-Wilhelm Canaris und Manfred Wolf und mit Diskussionsbeiträgen; vgl. auch BT-Drucks. 14/6040 S. 129.

[148] So auch *Zimmer* NJW 2002, S. 1ff.; *Schwarze* JURA 2002, S. 73.

[149] Konkretisierung kann dabei vor allem nach § 243 II oder nach § 300 II erfolgen.

Schuldner bei Gattungsschulden, ebenso wie bei allen anderen Schulden das Leistungsrisiko getragen hat. Allerdings sollte der Schuldner auch bei Gattungsschulden nicht schlechthin haften, sondern nur diejenigen Risiken übernehmen müssen, die sich gerade aus dem *Charakter der Schuld als Beschaffungsschuld* ergaben[150]. Der Schuldner sollte danach nur die *„typischen Risiken"* übernehmen[151].

Die Regelung des § 276 I S.1 bricht nunmehr mit der vormals in engem Zusammenhang stehenden Frage nach dem Schicksal der Leistungspflicht des Schuldners gem. §§ 275 II, 279 a.F., da nach dem neuen Recht durch die Übernahme eines Beschaffungsrisikos der Verschuldensmaßstab dahingehend modifiziert wird, dass der Schuldner nicht nur für Vorsatz und Fahrlässigkeit, sondern verschuldensunabhängig haftet. Was letztlich im Rahmen der Gattungsschuld geschuldet ist, lässt sich nach wie vor § 243 II entnehmen. Danach beschränkt sich das Schuldverhältnis erst nach Konkretisierung auf die eine Sache. Ging nach der alten Rechtslage nach Konkretisierung die Sache ohne Verschulden des Schuldners unter, so wurde er gem. § 275 I a.F. frei. Bis zu diesem Zeitpunkt trug allein der Schuldner das Leistungsrisiko. Diese letztere Erkenntnis ist nunmehr die einzige Konstante im Bereich der Gattungsschuld. Die vormals starre Regelung des § 279 a.F. wurde durch § 276 S.1 flexibilisiert[152]. Dabei wird die Auslegung eines auf eine Gattungsschuld gerichteten Vertrags regelmäßig ergeben, dass der Schuldner ein Beschaffungsrisiko im Sinne von § 276 I S.1 übernommen hat, weil der geschuldete Gegenstand nur der Gattung nach bestimmt, also vielfach vorhanden ist und es dem Schuldner obliegt, zu entscheiden, ob und wie er den zur Erfüllung erforderlichen Leistungsgegenstand beschafft. Dabei wird weniger über die Frage gestritten werden, ob der Schuldner ein Beschaffungsrisiko übernommen hat, als darüber, was genau Inhalt und Reichweite des übernommenen Beschaffungsrisikos ist. Diese Frage wird vor allem durch Auslegung des Vertrages gem. § 133, 157 und unter Berücksichtigung der Umstände des Einzelfalls, insbesondere der vertraglichen Risikoverteilung zu ermitteln sein. Wurde somit die vertragliche Risikoverteilung nach dem alten Recht, wie z.B. im *Eichenlaub-Saatmehl-Fall* des RG[153] als Anhaltspunkt für eine Beschränkung der Haftung nach § 279 a.F. herangezogen, so dient sie heute der inhaltlichen Begründung und Grundlegung dieser Haftung nach § 276 I S.1.

Im Rahmen einer Gattungsschuld kann daher – vor Konkretisierung – nur dann von Unmöglichkeit im Sinne von § 275 I ausgegangen werden, wenn die Leistung aus der Gattung sowohl für den Schuldner als auch für jeden anderen nicht einmal theoretisch erbracht werden kann. Soweit dies nicht der Fall ist und wenigstens die theoretische Möglichkeit der Leistungserbringung besteht, sind die Fälle nicht nach § 275 I, sondern über 275 II oder § 313 zu

---

[150] Vgl. *Huber*, Leistungsstörungen I, Band I S. 579.

[151] Vgl. Münch.-Komm./*Emmerich*, § 279 Rdnr. 15; die wichtigsten Fälle der atypischen Risiken sind u.a Krankheit des Schuldner, Vertreibung aus der Heimat, unbegründete Freiheitsentziehung.

[152] Vgl. *Canaris*, Die Reform des Rechts der Leistungsstörungen, JZ 2001, S.499, 518.

[153] RGZ 57, 116.; der Aspekt der durch die Vertragsauslegung zu bestimmenden Grenze der Beschaffungspflicht ist indes auch nicht neu; schon im *Milchlieferungsfall* ging das RG (RGZ 91, 312) davon aus, dass der Umfang der Beschaffungsschuld nach § 157 einschränkend ausgelegt werden könne.

lösen. Auf die Frage der Abgrenzung dieser beiden Vorschriften wird noch eigens eingegangen. Schon hier kann vorweg genommen werden, dass es im Rahmen von Gattungsschulden darum geht, zu ermitteln, wie weit die Übernahme des Beschaffungsrisikos geht. Regelmäßig wird die Auslegung der Garantie des Beschaffungserfolges nur den Fall betreffen, dass gerade der Schuldner persönlich zur Beschaffung außerstande ist. Dagegen wird er nicht für den Fall garantieren wollen, dass die Beschaffung niemandem gelingen kann, etwa weil die ganze Gattung untergegangen ist oder die gesamte erfüllungstaugliche Ware vom Markt verschwunden ist. Insofern wird man die Risikoübernahme auf die typische Beschaffungsrisiken beschränken[154].

Die Frage nach einer ausdrücklichen Regelung der verschuldensunabhängigen Haftung für Geldschulden wurde nach langer Diskussion abgelehnt. Es verbleibt der allgemein anerkannte Grundsatz, dass derjenige, der einen Vertrag abschließt, in welchem er sich zu einer Geldzahlung verpflichtet, damit die Garantie für seine finanzielle Leistungsfähigkeit übernimmt[155]. Diese unstreitig verschuldensunabhängige Haftung lässt sich im Rahmen von § 276 I S.1 bei dem „Inhalt des Schuldverhältnisses“ einordnen oder einer entsprechenden „Bestimmung“ entnehmen, die aus den Vorschriften der Insolvenzordnung folgt[156].

4. Die Gleichstellung von objektiver und subjektiver Unmöglichkeit

Durch § 275 I werden die subjektive und objektive Unmöglichkeit gleichgestellt. Der Anspruch auf die Leistung ist nach dem Wortlaut des § 275 I ausgeschlossen, soweit diese für den Schuldner oder für jedermann unmöglich ist. Den Begriff der subjektiven Unmöglichkeit verwendet das Gesetz nicht mehr. Die Geltung folgt aus der Formulierung des § 275 I „für den Gläubiger“. Einer eigenen Erwähnung der objektiven Unmöglichkeit („für jedermann“) hätte es nicht bedurft, da diese Geltung bereits aus einem Erst-Recht-Schluss (*argumentum a fortiori*) folgt; wird der Schuldner schon frei, wenn die Leistung nur ihm unmöglich ist, so wird er *erst recht* frei, wenn die Leistung jedermann unmöglich ist[157]. § 275 I ist danach auch dann anwendbar, wenn beispielsweise die geschuldete Sache einem Dritten gehört, oder wenn sie gestohlen wurde und die Suche nach dem Dieb aussichtslos ist, der Schuldner also die Verfügungsgewalt über die Sache auch bei noch so hohen Anstrengungen nicht erlangen kann[158].

Gerade hier zeigt sich, dass die subjektive Unmöglichkeit nach dem geltenden Recht anders zu behandeln ist, als nach § 275 I a.F. Nach § 275 I soll die für den Schuldner bestehende Unmöglichkeit nur diejenigen Fälle erfassen, in denen der Schuldner sich den Gegenstand nicht verschaffen kann. Kann sich der Schuldner die versprochene Sache von einem Dritten – wenn auch unter unzumutbaren Aufwendungen – verschaffen, richtet sich die Grenze seiner

---

[154] Vgl. *Medicus*, Schuldrecht I, Rdnr. 349.
[155] RGZ 75, 355; BGHZ 7, 346; 36, 344; 106, 269; 107, 92; statt aller *Medicus* AcP 188, 489; Münch.-Komm./*Emmerich*, § 279 Rdnr. 5.
[156] Beschlussempfehlung Rechtsausschuss, BT-Drucksache 14/7052, S.273.
[157] Vgl. *Canaris*, Die Reform des Rechts der Leistungsstörungen, JZ 2001, S. 499.
[158] Vgl. BT-Drucks. 14/6040, S. 128.

Leistungspflicht nach § 275 II oder III. Nur so wird die sinnwidrige Konsequenz vermieden, dass sich der Schuldner allein durch die Veräußerung des geschuldeten Gegenstandes an einen Dritten von seiner primären Leistungspflicht lösen kann[159].

5. Die Gleichstellung von anfänglicher und nachträglicher Unmöglichkeit

Nach dem Wortlaut des § 275 I, wonach die Leistung unmöglich „wird" (und nicht: „ist") folgt eine Anwendung der Leistungsbefreiung sowohl auf die Fälle der nachträglichen sowie anfänglichen Unmöglichkeit. Für bereits bei Vertragsschluss vorliegende Leistungshindernisse ordnet § 311a I klarstellend an, dass der zugrunde liegende Vertrag – entgegen § 306 a.F. – wirksam ist. Dies hat wiederum zur Konsequenz, dass ein Vertrag ohne primäre Leistungspflicht entsteht[160]. Dieser – wirksame - Vertrag bildet die Grundlage für den Anspruch aus § 311a II. Letztere Vorschrift wird durch § 275 I ergänzt, der die Primärleistungspflicht entfallen lässt[161].

6. Die Gleichstellung von zu vertretender und nicht zu vertretender Unmöglichkeit

Entgegen der alten Fassung des § 275 I wird der Schuldner auch dann von der Leistungspflicht befreit, wenn er die Unmöglichkeit *zu vertreten* hat[162]. Diese Neuregelung wird im Schrifttum zum Teil heftig kritisiert. Angeführt wird hierzu die Regel des römischen Rechts (Ulpian) „*casus a nullo praestantur*"[163], die in § 275 a.F. niedergelegt war und aus der folgte, dass Zufall – und nur Zufall – befreite, woraus im Umkehrschluss ein verschuldetes Leistungshindernis nicht zur Befreiung führen konnte[164]. *Wilhelm/Deeg* versuchen das Erfordernis des Vertretenmüssens für die Befreiung des Schuldners unter dem Gesichtspunkt der prozessualen Darlegungs- und Beweislastverteilung darzulegen. Im Zivilprozess habe der Schuldner zunächst gegen den Erfüllungsanspruch Umstände vorzutragen, die auf die Unmöglichkeit der Leistung nach § 275 I schließen lassen. Diese Frage werde an sich schon in vielen Fällen Beweisschwierigkeiten aufwerfen. Wird dieser Vortrag vom Gläubiger bestritten, so müsse der Schuldner gegebenenfalls Beweis dafür antreten, dass die Unmöglichkeit der Leistung eingetreten sei. Bis zu diesem Zeitpunkt liege es in der Hand des Gläubigers, sich auf die vom Schuldner vorgetragene Unmöglichkeit der Leistung einzulassen, da er ebenso durch Nichtbestreiten oder eigenen Vortrag die Unmöglichkeit der Leistung unstreitig stellen kann. Neben der Frage der Unmöglichkeit der Leistung wird zudem Beweis erhoben über das Nichtvertretenmüssen des Schuldners. Die letztere Frage sei sogar in den Vordergrund zu stellen.

---

[159] Vgl. *Zimmer*, NJW 2002, S.1; *Wilhelm/Deeg*, JZ 2001, S. 223.
[160] Vgl. BT-Drucks. 14/6040, S. 128.
[161] Vgl. BT-Drucks. 14/6040, S. 128.
[162] Vgl. BT-Drucks. 14/6040, S. 128.
[163] Vgl. D 50, 17, 23 (Ulpian), Diese Formel ist die Kurzfassung eines ausführlicheren Textes, der lautet: „Animalium vero casus mortesque, quae sine culpa accident, fugae servorum qui custodiri non solent, rapinae, tumultus, incendia, aquarum magnitudines, impetus praedonum a nullo praestantur" (übersetzt: Für Unfälle und den Tod von Tieren, soweit sie ohne Verschulden eintreten, für die Flucht von Sklaven, die üblicherweise nicht bewacht werden, für die Folgen von Raub, Feuersbrunst, Hochwasser und Plünderung wird von keinem Schuldner gehaftet.
[164] So *Huber* in Ernst/Zimmermann, Zivilrechtswissenschaft und Schuldrechtsreform, S. 56.

Denn die Unmöglichkeit sei nur festzustellen, wenn zugleich festgestellt werden könne, dass der Schuldner diese nicht zu vertreten hat.

Es verbleibt nach alledem die Frage, warum die Anforderungen für den befreienden Einwand der Unmöglichkeit um den Nachweis des Nicht-Vertretenmüssens – wie nach § 275 I a.F. - erweitert werden müssen. Wenn jedenfalls feststeht, dass Unmöglichkeit der Leistung vorliegt, macht es keinen Sinn, den Schuldner zu einer Leistung zu verurteilen, die er nicht einmal theoretisch erbringen kann und die gegen ihn auch nicht im Wege der Zwangsvollstreckung durchgesetzt werden kann[165]. Um diesem Problem schon von Anfang an zu begegnen, kann der Gläubiger neben dem auf Erfüllung gerichteten Leistungsantrag hilfsweise einen Eventualantrag auf Schadensersatz für den Fall der Unmöglichkeit der Leistung erheben. Diesen Antrag kann der Gläubiger auch im Wege der Klageerweiterung gem. §§ 261 II, 253 II ZPO; 263 ZPO analog noch während des Prozesses erheben, wenn sich aufgrund der laufenden Beweisaufnahme abzeichnet, dass der Schuldner mit seinem Einwand der Unmöglichkeit durchdringen wird. Ein solches Vorgehen wird auch gem. § 263 ZPO analog[166] sachdienlich sein, da ein weiterer Rechtsstreit dadurch vermieden werden kann, dass in ein und demselben Verfahren der gesamte Streitstoff abgeurteilt wird.

Schon nach dem alten Recht bestand im Hinblick auf § 275 I, II a.F. in Literatur und Rechtsprechung Einigkeit darüber, dass die Offensichtlichkeit der unmöglichen Leistungserbringung für die Leistungsbefreiung ausreiche, da ein Erfüllungsurteil, welches nicht vollstreckt werden könne, offensichtlich keinen Sinn machen würde[167]. Diese Ansicht muss sich aber den Vorwurf der Inkonsequenz gefallen lassen, wenn sie zum einen am Erfordernis des Nichtvertretenmüssens festhält, zum anderen bei „offensichtlicher Unmöglichkeit" eine Ausnahme macht.

Von *Knütel*[168] wird gegen die Neuregelung des § 275 I folgendes eingewandt: Aus dem historischen Verständnis des Begriffs der Obligation folge, dass diese als eine doppelte Verpflichtung zu verstehen sei, einerseits die Sache, andererseits ein Geldäquivalent zu leisten. Das Freiwerden von der Verpflichtung zur Leistung meine daher nicht allein das Freiwerden von der Leistungspflicht, sondern darüber hinaus von der Pflicht, ein Geldäquivalent zu leisten. *Knütel* ist jedoch entgegen zu halten, dass sich diese Grundsätze mit dem neuen Recht durchaus vereinbaren lassen. Versteht man wie nach der bisherigen Tradition die Obligation als aus der Leistung in Natur und der Pflicht zur Leistung eines Geldäquivalents bestehend, so ergeben sich keine wirklich relevanten Unterschiede. Hat der Schuldner tatsächlich die Unmöglichkeit nicht zu vertreten, wird er – von der Obligation im Ganzen - frei, da ihn auch der Anspruch auf Schadensersatz gem. § 280 I S.2 nicht trifft. Andernfalls haftet er bei Vertretenmüssen auf Schadensersatz. Der einzige (praktische) Unterschied ist der, dass nach dem alten

---

[165] Vgl. *Canaris*, a.a.O., S.499, 500.
[166] Analog deshalb, weil die Klageerweiterung keine Änderung des bisherigen Streitgegenstandes bewirkt.
[167] RGZ 88, 76; 54, 28 [33]; *U. Huber*, Band II, § 58 I 2 b), S. 777 ff; *Wilhelm/Deeg*, JZ 2001, S. 223.
[168] Vgl. *Knütel*, JR 2001, S. 353.

Recht der Gläubiger den Schuldner zur Leistung verurteilen konnte, wenn dieser nur die Unmöglichkeit unter Beweis gestellt hatte, nicht jedoch, dass er deren Eintritt nicht zu vertreten habe und der Gläubiger die Unmöglichkeit bestritten hatte. In diesem Fall konnte der Gläubiger die Zwangsvollstreckung aus dem Erfüllungsurteil jedenfalls noch versuchen und bei einer Sachschuld den Gerichtsvollzieher im Gewahrsam des Schuldners nach der Sache suchen lassen und ihn zur Abgabe einer eidesstattlichen Versicherung zwingen. Allein diese Möglichkeit besteht nach dem neuen Recht nicht mehr, was im Anschluss an *Ehmann/Sutschet* zugegebenermaßen praktisch bedeutungslos ist. *Knütel* muss sich den Vorwurf gefallen lassen, ein in der Praxis fern liegendes Problem zum Hauptargument seiner Darlegung gemacht zu haben. Denn in den meisten Fällen bleibt auch die Suche des Gerichtsvollziehers nach der Sache erfolglos und der Gläubiger musste schon nach dem alten Recht eine neue Klage auf Schadensersatz unter den erleichterten Voraussetzungen des § 283 I a.F. erheben, um wenigstens ein Geldäquivalent zu bekommen.

7. Folgerungen für die Einordnung der Fälle der Leistungserschwerung unter § 275 I

Nachdem der Begriff der Unmöglichkeit in § 275 I eng auszulegen ist, um eine sachgerechte Abgrenzung zu § 275 II S.1 zu ermöglichen, verbleibt für die unter 2. Teil, 2. Kapitel dargestellten Fälle der Leistungserschwerung kein Anwendungsbereich. Solange und soweit die Erbringung der Leistung durch den Schuldner überhaupt theoretisch möglich ist, scheidet Unmöglichkeit gem. § 275 I aus[169]. Erst wenn die Leistung von niemandem oder im Rahmen der subjektiven Unmöglichkeit vom Schuldner nicht einmal theoretisch erbracht werden kann, lassen sich die Fälle nach § 275 I lösen[170]. Daraus folgt, dass nach dem neuen Recht wirtschaftliche Leistungserschwerungen nicht der echten Unmöglichkeit nach § 275 I zugeordnet werden können.

8. Folgerungen für die Begrifflichkeiten – „faktische" und „wirtschaftliche" Unmöglichkeit

Zwar ist es nicht die vornehmliche Aufgabe der Rechtswissenschaft Begrifflichkeiten zu bilden und diese gegen andere Begrifflichkeiten abzugrenzen. Jedoch sollten Rechtsbegriffe die Einordnung der sozialen Wirklichkeit in das Recht erleichtern und die Wertungen und Strukturmerkmale zutreffend wiedergeben, die hinter dem mit dem Begriff umschriebenen Rechtsproblem stehen. Die leichte Verständlichkeit der Rechtsbegriffe sowie die Kongruenz zwischen Begriff, sozialer Wirklichkeit und juristischer Folgerung, sind die Grundlage für trennscharfe Kriterien und stärken somit die Akzeptanz und Durchsetzungskraft des Rechts. Wirtschaftliche Leistungserschwerungen wurden *bisher* den Kategorien der „*wirtschaftlichen*" und „*faktischen*" Unmöglichkeit zugeordnet. Es ist daher zu untersuchen, ob auch nach der Geltung des neuen Rechts an diesen Begrifflichkeiten festgehalten werden kann.

---

169 Vom Standpunkt des § 275 II aus betrachtet heißt das wiederum, dass somit ein Umschlagen der bloßen Leistungserschwerung in Unmöglichkeit, sofern es sich um eine besonders krasse Leistungserschwerung handelt, nicht möglich ist.

170 Dies ist beispielsweise der Fall, wenn der Verkäufer unter keinen Umständen und für keinen betrag der Welt Eigentum über die Kaufsache erlangen kann.

a. Kritik an der bisherigen Begrifflichkeit

Der Begriff der „wirtschaftlichen" Unmöglichkeit ist im Hinblick auf die bisher überwiegend vertretene Zuordnung zum Wegfall der Geschäftsgrundlage irreführend, er stellt keine präzise Umschreibung und Abgrenzung der betroffenen Lebenssachverhalte zu denen der sog. „faktischen" Unmöglichkeit[171] dar und verdeutlicht auch nicht die Strukturmerkmale, die hinter dem eigentlichen Rechtsproblem stehen[172].

Der Begriff der Unmöglichkeit impliziert eine Zuordnung der wirtschaftlichen Leistungserschwerung zum Unmöglichkeitsrecht[173]. Dadurch wird dem Rechtsanwender der Blick auf andere Rechtsinstitute, wie den von der herrschenden Lehre[174] im Fall der „wirtschaftlichen" Unmöglichkeit angewandten Wegfall der Geschäftsgrundlage verstellt. Ob die Begrifflichkeit „wirtschaftliche" Unmöglichkeit nach dem neuen Recht aufrechterhalten werden kann, wird davon abhängen, inwieweit sie mit den Strukturmerkmalen derjenigen Vorschriften zu vereinbaren ist, denen die Lebenssachverhalte der wirtschaftlichen Leistungserschwerung zugeordnet werden.

Neben der Kategorie der „wirtschaftlichen" Unmöglichkeit wird auch die der sog. „faktischen" bzw. hiermit identisch zu verstehenden „praktischen" Unmöglichkeit gebraucht. Schon das Schulbeispiel des Verkaufs des Rings am Meeresboden, welches nach überwiegender Ansicht[175] unter der Kategorie der „faktischen" (bzw. praktischen) Unmöglichkeit geführt wird, zeigt, dass eine Differenzierung auf begrifflicher Ebene nicht mit der nötigen Deutlichkeit möglich ist und den strukturelle Unterschied zwischen einer *faktischen* (bzw. praktischen) und *wirtschaftlichen* Unmöglichkeit, gerade im Hinblick auf die nach der herrschenden Ansicht divergierenden Rechtsfolgen, nicht erkennbar macht.

Die im Beispiel vom Schuldner zu fordernden Anstrengungen sind nach beiden Kategorien *wirtschaftlicher* Natur, so dass man schon auf den ersten Blick geneigt ist, den Begriff der „wirtschaftlichen" Unmöglichkeit auch auf jene Fälle (der *faktischen* Unmöglichkeit) anzuwenden. Zur Überraschung des unbefangenen Rechtsanwenders verbirgt sich dann hinter der

---

[171] Faktische Unmöglichkeit soll vorliegen, wenn die Erbringung der Leistung zwar nicht schlechthin für jedermann auf der Welt unmöglich ist, aber doch jedem Menschen so erhebliche und im Grunde unüberwindliche Schwierigkeiten bereitete, dass kein vernünftiger Mensch auch nur auf den Gedanken käme, den Versuch einer Leistungserbringung zu wagen; vgl. *Emmerich*, Das Recht der Leistungsstörungen, § 3 III 2 c; aus dieser Definition wird deutlich, dass die Abgrenzung zu den Fällen der wirtschaftlichen Unmöglichkeit fließend ist.

[172] Als Oberbegriff lässt sich für die Fälle der wirtschaftlichen und faktischen Unmöglichkeit der Begriff der *Leistungserschwerung* anführen. Der Begriff der Leistungserschwerung beschreibt jedoch nur das, was ohnehin selbstverständlich ist, nämlich dass auf Seiten des Schuldners (oder des Gläubigers) ein Umstand eingetreten ist, der ihm die Vertragserfüllung erschwert und gibt keinen Hinweis auf die jeweils anzuwendenden Rechtsfolgen.

[173] Teilweise wurde der Begriff der wirtschaftlichen Unmöglichkeit dahingehend verstanden, dass die darunter zu fassenden Sachverhalte dem Unmöglichkeitsrecht zuzuordnen sind; vgl. *Medicus*, Bürgerliches Recht, Rdnr. 158.

[174] Vgl. *Larenz*, Lehrbuch des Schuldrechts, § 21 I 1 e); Palandt/*Heinrichs* § 275 Rdnr. 8; Staudinger/*Löwisch* § 275 Rdnr. 6; *Medicus*, Schuldrecht I, Rdnr. 370; *Ulrich Huber*, Bd.1, Fn.11; Erman/*Battes*, Vor. § 275 Rdnr. 27.

[175] Vgl. *Heck*, Grundriss des Schuldrechts, 1929, § 28, 5; *Medicus*, Schuldrecht I, § 33 II.2.

„wirtschaftlichen" Unmöglichkeit – die bisher überwiegend vertretene Ansicht zugrunde gelegt – aber ein Anwendungsfall der *Geschäftsgrundlagenlehre.*

Die terminologische Unterscheidung zwischen „faktischer" (bzw. praktischer) und „wirtschaftlicher" Unmöglichkeit ist auch ungeeignet, die *strukturellen Unterschiede* der beiden Varianten erkennbar zu machen.

Bei der „faktischen" (bzw. praktischen) Unmöglichkeit – unterstellt man ordnet sie § 275 II zu – soll es auf eine Gegenüberstellung des Schuldneraufwands mit den Leistungsinteressen des Gläubigers ankommen[176]. „Faktische" (bzw. praktische) Unmöglichkeit soll demnach vorliegen, wenn die Erbringung einer Leistung zwar nicht schlechthin unmöglich ist, aber so erhebliche Schwierigkeiten bereite, dass kein vernünftiger Mensch sie versuchen würde[177]. Dagegen wird vertreten, dass ein geschuldeter Erfolg dann „wirtschaftlich" unmöglich sei, wenn er nur mit einem unverhältnismäßigen Aufwand zu erreichen ist, wobei dabei nicht auf das Leistungsinteresse des Gläubigers abgestellt werden soll, sondern lediglich auf die beim Schuldner eintretende Unverhältnismäßigkeit seiner Leistungserbringung[178]. „Faktische" und „wirtschaftliche" Unmöglichkeit haben zwar gemeinsam, dass es jeweils auf eine Interessenabwägung ankommt; dass diese jedoch nach beiden Vorschriften anhand anderer Bezugspunkte vorzunehmen ist, bringen die unterschiedlichen Begrifflichkeiten nicht zum Ausdruck.

b. Neubestimmung der Begrifflichkeiten nach dem geltenden Recht

Die Fälle der Leistungserschwerung lassen sich nach dem Vorgesagten nicht unter § 275 I fassen. Unabhängig von der Frage, ob § 275 II systematisch dem Unmöglichkeitsrecht zuzuordnen ist, sollte daher für die auf wirtschaftliche Leistungserschwerungen anzuwendende Begrifflichkeit, deshalb – und vor allem wegen der vorgenannten Argumente – die Bezugnahme auf den Unmöglichkeitsbegriff unterbleiben. Die Bezeichnung bestimmter Fälle der Leistungserschwerung als *„wirtschaftliche* Unmöglichkeit" brachte den Rechtsanwender schon nach dem alten Recht auf eine falsche Fährte, da nach der vormals herrschenden Ansicht diese Fälle dem Wegfall der Geschäftsgrundlage zugeordnet wurden. Um so mehr muss nach dem neuen Recht auf diese Begrifflichkeit verzichtet werden, da § 275 I von normativen Fragen befreit sein sollte.

Das Gleiche gilt auch für die der „faktischen" Unmöglichkeit zugeordneten Fälle der Leistungserschwerung. Während diese Fälle nach der herrschenden Ansicht unter § 275 I a.F. subsumiert wurden, scheidet eine Lösung über die „echte" Unmöglichkeit nach dem geltenden Rechts aus. Auch diese Fälle werden durch § 275 II und § 313 gelöst. Auf das Verhältnis dieser Vorschriften zueinander wird noch eingehend eingegangen werden. Schon an dieser Stelle sei aber der Hinweis erlaubt, dass § 275 II S.2 selbst davon ausgeht, dass ein *„Leistungshindernis"* im Raum steht. Daher spricht einiges dafür, die Begrifflichkeit möglichst neutral zu

---

[176] Vgl. *Canaris*, Die Reform des Rechts der Leistungsstörungen, JZ 2001, S. 499f. (501).
[177] Vgl. *Medicus*, Schuldrecht I, § 33 II. 2.b).
[178] Vgl. *Schreiber*, Die Unmöglichkeit der Leistung, JURA 1995, S.529.

halten, weder gefärbt durch § 275 II oder durch § 313 und davon ausgehend Fälle, in denen die Leistung dem Schuldner nicht gem. § 275 I unmöglich geworden ist, weil er sie *theoretisch* noch erbringen kann, einfach als *„wirtschaftliche Leistungserschwerung"* zu bezeichnen.

II. Zusammenfassung des zweiten Kapitels

- Der Leistungsbegriff bestimmt sich auch nach dem geltenden Recht nach dem sog. „engen" Leistungsbegriff.

- Der Begriff der Pflichtverletzung umfasst die Unmöglichkeit insoweit, als bei nachträglicher Unmöglichkeit die Pflichtverletzung des Schuldners darin besteht, dass er sich nicht leistungsfähig erhalten hat.

- § 275 I erfasst die „naturgesetzliche" und „juristische" Unmöglichkeit sowie die Fälle der Zweckerreichung und Zweckverfehlung.

- Von den Fällen der Leistungserschwerung des § 275 II und III ist die Unmöglichkeit im Sinne von § 275 I insofern abzugrenzen, als Unmöglichkeit immer dann nicht vorliegt, wenn die Leistung theoretisch vom Schuldner oder von einem Dritten erbracht werden kann.

- Bei Leistungserschwerungen im Rahmen von Gattungsschulden hilft § 275 I – außer nach Konkretisierung – nicht weiter. Die Frage, welche Anstrengungen der Schuldner auf sich nehmen muss, beantwortet sich nach § 275 II oder § 313.

- Die Begrifflichkeiten der *„faktischen"* und *„wirtschaftlichen"* Unmöglichkeit sind nach dem geltenden Recht nicht aufrecht zu erhalten. Fälle, in denen die Leistung dem Schuldner aus wirtschaftlichen Gründen erschwert ist, sind einfach als *„wirtschaftliche Leistungserschwerung"* zu bezeichnen.

DRITTES KAPITEL: DIE EINORDNUNG WIRTSCHAFTLICHER LEISTUNGSERSCHWERUNGEN UNTER § 275 II

Nach der als Einrede ausgestalteten Vorschrift des § 275 II S.1 kann der Schuldner die Leistung verweigern, soweit diese einen Aufwand erfordert, der unter Beachtung des Inhalts des Schuldverhältnisses und der Gebote von Treu und Glauben in einem groben Missverhältnis zu dem Leistungsinteresse des Gläubigers steht. Bei der Bestimmung des vom Schuldner zu fordernden Aufwands ist gem. § 275 II S.2 auch zu berücksichtigen, ob der Schuldner das Leistungshindernis zu vertreten hat.

Das Gläubigerinteresse an der Leistung des Schuldners bildet den Bezugspunkt für die nach der Vorschrift vorzunehmende Verhältnismäßigkeitsprüfung. Soweit teilweise behauptet wird, dies sei im Hinblick darauf unrichtig, dass auch der Schuldneraufwand in die Verhältnismäßigkeitsprüfung einzubeziehen sei, ist dem nicht zuzustimmen. Eine Abwägung setzt zwar naturgemäß immer mindestens zwei Größen voraus, die miteinander ins Verhältnis gesetzt werden müssen. Der durch ein Leistungshindernis gestiegene Schuldneraufwand kann theoretisch im Rahmen einer Abwägung sowohl mit dem Gläubigerinteresse an der Leistung des Schuldners, als auch mit der Zumutbarkeit für den Schuldner selbst in Bezug gesetzt werden. Gerade dies verbietet aber der Wortlaut der Vorschrift des § 275 II ausdrücklich, indem als Bezugspunkt für die Verhältnismäßigkeitsprüfung allein auf das Gläubigerinteresse abgestellt wird[179].

I. Die dogmatische Einordnung von § 275 II

Zunächst ist der Frage nachzugehen, welche Strukturprinzipien hinter der Vorschrift des § 275 II stehen. Die Vorschrift befindet sich im Gesetz im 1. Abschnitt „Inhalt der Schuldverhältnisse". Ihre systematische Zuordnung zu § 275 I bestätigt ihre Einordnung als eine Vorschrift des Unmöglichkeitsrechts[180]. § 275 II lässt sich zu den Fällen der echten[181] Unmöglichkeit des § 275 I ohne weiteres danach abgrenzen, ob der Leistungserfolg nicht - nicht einmal theoretisch - erbracht werden kann. Von § 275 I sind die Fälle der tatsächlichen (physischen) und juristischen Unmöglichkeit sowie der Zweckerreichung und Zweckverfehlung erfasst[182]. Auf die – schwierige - Abgrenzung zur subjektiven Unmöglichkeit nach § 275 I wurde bereits eingehend eingegangen[183].

Maßgeblich für die Einordnung der Vorschrift ist, dass die Bezugsgröße für die Verhältnismäßigkeitsprüfung das Gläubigerinteresse ist. In den Gesetzesmaterialien heißt es hierzu, dass die Regelung eine gewisse Parallele in den Vorschriften der §§ 251 II, 633 II S.3 und § 651c II S.2 finde.[184] Dem ist zuzustimmen. Die genannten Vorschriften entspringen alle – in unterschiedlicher Ausprägung – dem Grundsatz, dass die Interessen nur soweit Anerkennung im Recht finden können, wie dies den Grundsätzen von Treu und Glauben entspricht[185]. Die Interessen des Gläubigers müssen dann zurücktreten, wenn die für den Schuldner zumutbare Opfergrenze überschritten wird. Die Grundlage dieser Überlegungen findet man im allgemeinen Rechtsmissbrauchsprinzip. § 275 II ist danach eine spezielle Ausprägung des *Verbots rechtsmissbräuchlichen Verhaltens.*

Die Grenze der Geltendmachung dieses Rechts liegt im Grundsatz *pacta sunt servanda*, der weitest möglich erhalten bleiben soll. § 275 II soll nicht dazu führen, dass - insbesondere im Vergleich zum alten Recht - die Vertragsstrenge aufgeweicht wird. Davon ausgehend war schon nach bisherigem Recht die Befreiung einer Partei von ihren Leistungspflichten nur in

---

[179] Vgl. *Canaris*, Die Neuregelung des Leistungsstörungs- und des Kaufrechts - Grundstrukturen und Problemschwerpunkte, in: *Egon Lorenz* (Hrsg.), Karlsruher Forum 2002: Schuldrechtsmodernisierung. Mit Vorträgen von Claus-Wilhelm Canaris und Manfred Wolf und mit Diskussionsbeiträgen; a.A.: *Zimmer*, NJW 2002, S. 3 ff.
[180] Vgl. Canaris a.a.O.
[181] Zum Begriff vgl. oben 2. Teil, 2. Kapitel, I., 1.
[182] Vgl. oben 2. Teil, 2. Kapitel, I., 2c.
[183] Vgl. oben 2. Teil, 2. Kapitel, I., 2d.
[184] Vgl. BT-Drucks. 14/6040, S. 129.
[185] Vgl. Münch.-Komm./*Oetker*, § 251 Rdnr. 3 für den Fall des § 251 II.

eng begrenzten Ausnahmefällen möglich und kann nur dann in Betracht kommen, wenn ein besonders krasses, nach Treu und Glauben untragbares Ausmaß erreicht war[186].

II. Das Interesse des Gläubigers an der Leistung des Schuldners

Das Interesse des Gläubigers an der Leistung des Schuldners ist der maßgebliche Bezugspunkt der Verhältnismäßigkeitsprüfung nach § 275 II S.1. Es ist zunächst zu klären, welche Partei diesbezüglich die Darlegungs- und Beweislast trifft, ferner wie das Gericht das Leistungsinteresse zu ermitteln hat, welche Interessen das in § 275 II genannte Leistungsinteresse des Gläubigers umfasst und schließlich, auf welchen Zeitpunkt bei dessen Beurteilung abzustellen ist.

1. Die Beweislast für das Gläubigerinteresse

a. Problematik

Der Beweislast, die inhaltlich mit der Behauptungslast übereinstimmt, ist zu entnehmen, für welche Partei es von Nachteil ist, wenn eine beweisbedürftige Tatsache nicht bewiesen werden kann, welche Partei also das Risiko der Beweislosigkeit zu tragen hat[187]. Als Grundregel der Beweislastverteilung trägt jede Partei die Beweislast für die tatsächlichen Voraussetzungen der ihr günstigen Rechtsnormen[188]. Dem gemäß hat bei materiellrechtlichen Einwendungen oder Einreden wie § 275 II, diejenige Partei die entsprechenden Tatsachen vorzutragen und zu beweisen, die sich auf sie beruft[189]. Die Darlegung des groben Missverhältnisses zwischen Aufwand und Leistungsinteresse nach § 275 II, setzt voraus, dass vom Schuldner Tatsachen beigebracht werden, aus denen das Gericht das Leistungsinteresse des Gläubigers bestimmen kann. Das Problem ist dabei, dass die das Leistungsinteresse begründenden Umstände typischerweise in die Sphäre des Gläubigers fallen, in die der Schuldner keinen Einblick hat[190].

Hat der Schuldner im Prozess Umstände dargelegt, welche es ermöglichen, seinen Aufwand und das Leistungsinteresse des Gläubigers zueinander in Relation zu setzten, wird der Gläubiger den Vortrag bestreiten und zunächst darlegen, dass sein Leistungsinteresse wesentlich höher sei, als vom Schuldner behauptet. Damit trifft den Schuldner die Beweislast. Kann er keine Tatsachen vortragen und unter Beweis stellen, die das Gericht davon überzeugen, dass sein Aufwand das Leistungsinteresse des Gläubigers grob unverhältnismäßig übersteigt, so wird er zur Leistung verurteilt, obwohl die Geltendmachung des Rechts durch den Gläubiger objektiv rechtsmissbräuchlich ist.

Häufig ist für den Schuldner gar nicht erkennbar, welches Leistungsinteresse der Gläubiger an der Leistung des Schuldners hat. Stellt man sich vor, dass der Schuldner eine Schraube im

---

[186] Vgl. *Canaris* JZ 2001, S. 499 ff.
[187] Vgl. *Lüke*, Zivilprozeßrecht, Erkenntnisverfahren, Zwangsvollstreckung, 7. Auflage, 1999, Rdnr. 274.
[188] BGH NJW 1995, S. 1095.
[189] Vgl. *Jauernig*, § 50 IV. 1c).
[190] Für den Schuldner ist in der Regel nur der Wert der Gegenleistung erkennbar, von welchem er ableiten kann, wie hoch das Interesse des Gläubigers mindestens ist.

Wert von fünf EURO zu liefern hat und der Gläubiger diese Schraube für ein Gerät in seinem Betrieb braucht, welches bei Nichtlieferung der Schraube still steht und der Gläubiger dadurch wirtschaftliche Verluste erleiden würde, so drängt sich die Frage auf, wie der Schuldner bei entsprechendem Vortrag des Gläubigers den Beweis für ein geringeres als das behauptete Gläubigerinteresse antreten können soll.

b. Die Anwendbarkeit spezieller gesetzlicher Beweislastregeln auf § 275 II

Zunächst ist zu prüfen, ob das Gesetz wie in §§ 179 I, 2336 III, 280 I S.2 eine ausdrückliche Regelung der Beweislast, durch eine in der Norm liegende Rechtsvermutung, vorsieht. Eine solche ausdrückliche Beweislastverteilung ist der Formulierung der Vorschrift des § 275 II im Hinblick auf die Frage nach dem Gläubigerinteresse nicht zu entnehmen. Zwar ist davon auszugehen, dass in einer regelmäßigen Vertragsabwicklung die den Schuldner treffenden Anstrengungen in keinem groben Missverhältnis zu den Gläubigerinteressen stehen. Das Vorliegen eines groben Missverhältnisses wird den Ausnahmefall darstellen. Daher muss der Schuldner diesen Ausnahmefall – der ihm gegebenenfalls zur Einrede des § 275 II verhilft – darlegen und beweisen. Daraus lassen sich keine Anhaltspunkte für eine abweichende Beweislastverteilung herleiten.

Denkbar wäre allenfalls von einer Art „regelmäßigem“ Gläubigerinteresse[191] auszugehen, für das der Schuldner die Darlegungs- und Beweislast trägt und dessen Ausnahmefall – womit die Fälle gemeint sind, in denen dieses regelmäßige Gläubigerinteresse überschritten wird – der Gläubiger darzulegen und zu beweisen hat. Jedoch sind der Vorschrift keine Anhaltspunkte dahingehend zu entnehmen, dass von einem solchen „Regel-Gläubigerinteresse“ ausgegangen werden kann. Zum einen lässt sich ein solches „Regel-Gläubigerinteresse“ schon aufgrund der möglichen Vielzahl von unterschiedlichen Lebenssachverhalten und der bestehenden Probleme der eindeutigen Ermittlung des Gläubigerinteresses nicht feststellen. Denkbar ist zwar, das regelmäßige Gläubigerinteresse am Wert der Gegenleistung festzumachen. Dafür würde sprechen, dass eindeutig gesagt werden kann, dass dem Gläubiger die Leistung des Schuldners mindestens soviel wert ist, wie er freiwillig als Gegenleistung zu bezahlen bereit ist. Jedoch würde die Annahme eines solchen „Regel-Gläubigerinteresses“ auf einer reinen Fiktion beruhen[192].

---

[191] Als prozessualer Aufhänger könnte hierfür der Anscheinsbeweis dienen, wenn das Vorliegen eines am Wert der Gegenleistung ausgerichteten Regel-Gläubigerinteresses eine typischen Geschehensablauf darstellt. Die Konsequenz wäre aber, dass der Schuldner bei Erschütterung dieses Anscheinsbeweises voll darlegungs- und beweispflichtig werden würde. Gerade dies soll aber im Hinblick auf die tatsächlichen Schwierigkeiten der Beweisführung durch den Schuldner vermieden werden.

[192] Ebenso ist eine Lösung über eine abgestufte Beweislast zu erwägen. Sobald der Schuldner nach den ihm zur Verfügung stehenden Informationen, worunter insbesondere die vertragliche Vereinbarung zählt, eine erste Bewertung der Gläubigerinteressen vornimmt und diese in den Prozess einführt, könnte vertreten werden, dass für Umstände, die von dieser Beurteilung (nach oben hin) abweichen, der Gläubiger die Darlegungs- und Beweislast trägt, sofern diese Umstände ausschließlich aus seiner Sphäre stammen.

c. Der Grundsatz der sekundären Beweislast

Der Grundsatz der sekundären Beweislast[193] erlaubt dem Richter unter bestimmten Umständen aufgrund des von ihm von Amts wegen zu beachtenden Grundsatzes von Treu und Glauben beweiserleichternde Schlüsse aus dem Verhalten einer Partei zu ziehen, wenn diese dem beweispflichtigen Gegner die Beweisführung vorwerfbar unmöglich macht oder erschwert, indem sie vorhandene Beweismittel vernichtet oder sonst wie deren Benutzung verhindert. Hergeleitet wird dieser Grundsatz aus § 444 ZPO. Danach können die Behauptungen des Gegners über die Beschaffenheit und des Inhalts als bewiesen angesehen werden, wenn die Urkunde von der Partei in der Absicht, ihre Benutzung dem Gegner zu entziehen, beseitigt oder zur Benutzung untauglich gemacht wurde. Daraus wird ein allgemeiner Rechtsgedanke abgeleitet, wonach eine arglistige oder fahrlässige Vereitelung der Beweisführung durch ein Tun oder pflichtwidriges Unterlassen, z.B. durch Vernichtung, Vorenthaltung oder Erschwerung der Benutzung im Rahmen freier Beweiswürdigung für die Richtigkeit des gegnerischen Vorbringens gewertet werden kann[194].

Wendet der Gläubiger gegen den Sachvortrag des Schuldners ein, sein Interesse an der Leistung sei wesentlich höher, als vom Schuldner angenommen, so stellt sich die Frage, mit welchen Beweismitteln der Schuldner ein niedrigeres Gläubigerinteresse soll darlegen können. Hierzu ist er nur in der Lage, wenn den Gläubiger hinsichtlich seines eigenen Vortrags eine entsprechende Substantiierungspflicht trifft. Dieser wird der Gläubiger regelmäßig dadurch genügen, dass er den Vortrag des Schuldners bestreitet und beispielsweise vorträgt, dass sein Interesse höher sei, da er das avisierte Grundstück an einen Interessenten zu einem deutlich höheren Preis verkaufen könnte. Dabei muss der Gläubiger aber zivilprozessual dazu gebracht werden, den Namen des Interessenten zu nennen, damit über diese Frage auch Beweis erhoben werden kann. Nach den Grundsätzen der sekundären Beweislast gelangt man hier zu einer Beweislastumkehr, wenn der Gläubiger dem nicht nachkommt. Andernfalls wird Beweis über die vom Schuldner behaupteten Tatsachen erhoben. Kann der Schuldner z.B. nach einer Befragung des Kaufinteressenten nicht nachweisen, dass der Gläubiger ein wie von ihm behauptetes Interesse an der Leistung hat, bleibt er beweisfällig, mit der Konsequenz, dass die Erhebung der Einrede unberücksichtigt bleiben muss.

2. Die materiellrechtliche Bestimmung des Leistungsinteresses

Von dem prozessualen Darlegungs- und Beweislastproblem ist die Frage zu trennen, aus welchen Erkenntnisquellen Anhaltspunkte für die materiellrechtliche Bestimmung des Leistungsinteresses des Gläubigers abgeleitet werden können.

---

[193] Dieser Grundsatz ist im Gesetz nicht geregelt, wird aber vom BGH in ständiger Rechtsprechung angewandt; BGH NJW-RR 1996, S. 317; Zur hinter diesem Begriff stehenden Dogmatik soll und kann im Rahmen dieser Darlegung nicht eigens eingegangen werden, da diese Frage lediglich einen Randbereich des Themas betrifft.

[194] BGH NJW 1997, S. 3312; BSG 1994, S. 1303; OLG Celle, NJW-RR 1997, S. 568; *Thomas/Putzo*, Kommentar zur ZPO, 23. Aufl., § 444, Rdnr. 1; *Baumbach/Lauterbach/Albers/Hartmann*, ZPO, 60. Aufl., § 444, Rdnr. 4.

Das Interesse des Gläubigers an der Leistung des Schuldners ist zunächst auf der Grundlage des zwischen den Parteien geschlossenen Vertrages zu ermitteln. Soweit eine ausdrückliche Vereinbarung zum Gläubigerinteresse vorliegt, ist diese maßgeblich. Anderenfalls sind die Gläubigerinteressen durch Auslegung des Vertrages oder durch ergänzende Vertragsauslegung zu bestimmen.

Führen diese Erkenntnisquellen zu keinem Ergebnis, so fragt sich, ob das Leistungsinteresse des Gläubigers objektiv anhand dessen bestimmt werden kann, was bei dem zugrunde liegenden Vertrag als *regelmäßiges Gläubigerinteresse* anzusehen ist. Dabei lassen sich möglicherweise Parallelen zu den Vorschriften der §§ 434 I, 633 ziehen, welche vorrangig auf den subjektiven Fehlerbegriff, sodann auf den vertraglich vorausgesetzten Zweck sowie auf die *gewöhnliche Verwendung* und auf die *Verkehrsüblichkeit* abstellen. Auch auf die Bestimmung des Leistungsinteresses nach § 275 II könnte man solche objektiven Kriterien übertragen und danach fragen, welche Gläubigerinteressen typischerweise bei einem solchen Vertrag vorliegen. Allerdings lassen sich weder dem Wortlaut der Vorschrift, noch der Gesetzesbegründung oder dem Zweck der Regelung Anhaltspunkte entnehmen, die eine solche generalisierende Betrachtungsweise rechtfertigen würden. Vielmehr ist auf das tatsächliche Gläubigerinteresse abzustellen, gerade weil dieses den maßgeblichen Bezugspunkt der Verhältnismäßigkeitsprüfung bildet.

a. Vorrang des Vertrags

Als wichtigste Erkenntnisquelle für die Bestimmung des Gläubigerinteresses dient der zwischen den Parteien geschlossene Vertrag. Vorrangig ist zu prüfen, ob darin die Parteien die Gläubigerinteressen ausdrücklich, z.B. durch Darstellung des Leistungszwecks, geregelt haben. So kann der Käufer eines geringwertigen Bauteils dessen besondere Zweckbestimmung zum Vertragsinhalt machen, so dass für den Verkäufer erkennbar und bestimmbar ist, welches Interesse der Gläubiger an diesem Gegenstand hat. Dies wird z.B. im Rahmen von Kaufverträgen zwischen Zulieferern und Herstellern in der Automobilbranche zum tragen kommen.

b. Vertragsauslegung

Die Fälle, in denen das Leistungsinteresse des Gläubigers nicht ausdrücklich im Vertrag geregelt oder beschrieben ist, werden erfahrungsgemäß in der Überzahl sein[195]. In diesen Fällen ist das Leistungsinteresse des Gläubigers durch Auslegung des Vertrages gem. §§ 133, 157[196] zu ermitteln. Dies setzt die Auslegungsbedürftigkeit[197] des Vertrages voraus, so dass eine Ausle-

---

[195] Der Grund hierfür liegt darin, dass sich die Schuldner nur sehr ungern darauf einlassen, ausdrücklich vertraglich bestimmte Risiken zu übernehmen.

[196] Während § 133 auf den empirischen Parteiwillen abstellt, verweist § 157 auf die objektive Erklärungsbedeutung (sog. objektiv normative Auslegung). Mittlerweile ist anerkannt, dass die Auslegung von Verträgen nach beiden Vorschriften zu erfolgen hat; vgl. Münch.-Komm./*Mayer-Maly/Busche*, § 133 Rdnr. 19.

[197] Wann von Eindeutigkeit ausgegangen werden kann ist auch ein interpretatorischer Akt und setzt die Berücksichtigung aller Begleitumstände voraus; so Münch.-Komm./*Mayer-Maly/Busche*, § 133 Rdnr. 46; dem ist grundsätzlich zuzustimmen, ändert aber bei eindeutigen Vereinbarungen nichts an dieser methodisch richtigen, wenn nicht gar zwingenden Vorgehensweise.

gung dann ausscheidet, wenn die Erklärung eindeutig ist[198]. Im Anschluss daran ist die Auslegungsfähigkeit zu prüfen. Diese ist nur dann nicht gegeben, wenn der Regelung kein geltungsfähiger Sinn entnommen werden kann[199]. Davon wird allerdings nur selten auszugehen sein. Bei der Auslegung ist zunächst auf den Wortlaut der Erklärung abzustellen. Sofern der Wortlaut nicht eindeutig ist, lassen sich aber aus anderen im Vertrag enthaltenen Vereinbarungen wie z.B. zur Regelung einer Vertragsstrafe, Indizien für das Gläubigerinteresse ableiten. Auch die Begleitumstände des Vertragsschlusses, wie etwa Vorverhandlungen der Parteien, die Abwicklung früherer Geschäfte sowie Äußerungen der Parteien im Zusammenhang mit dem Vertragsschluss, sind im Rahmen der Vertragsauslegung zu beachten[200].

Auch bei formbedürftigen Erklärungen können Umstände außerhalb der Urkunde bei der Auslegung berücksichtigt werden. Dabei folgt die Rechtsprechung der Andeutungstheorie, die verlangt, dass der aus Umständen außerhalb der Urkunde ermittelte rechtsgeschäftliche Wille in der Urkunde einen, wenn auch unvollkommenen Ausdruck gefunden haben muss[201]. Finden sich in der Urkunde bereits Anhaltspunkte, wie die bereits erwähnte Vertragstrafenklausel, so können auch außerhalb der Urkunde liegende Umstände berücksichtigt werden.

c. Ergänzende Vertragsauslegung

Voraussetzung für eine ergänzende Auslegung ist, dass eine *Lücke* im Rechtsgeschäft besteht[202]. Eine Lücke liegt vor, wenn die Vertragsparteien über ein bestimmtes Lebensverhältnis eine abschließende Vereinbarung getroffen, aber dabei bestimmte Fragen nicht geregelt haben, sei es, dass sie diese bewusst in der Erwartung offen ließen, dass sie sich darüber schon noch einigen würden, sei es, dass sie an einen bestimmten Fall nicht gedacht haben[203]. Ob das der Fall ist, muss durch Auslegung des Rechtsgeschäfts ermittelt werden[204].

Liegt danach eine Regelungslücke vor, fragt sich, wie die Regelungslücke im Wege der ergänzenden Vertragsauslegung zu schließen ist. Nach *Larenz* soll der Vertrag im Sinne eines „Weiterdenkens" nach den objektiven Kriterien der Üblichkeit und der Billigkeit ergänzt werden[205]. Die frühere *Rechtsprechung* stellt darauf ab, dass unter Berücksichtigung aller in Betracht kommenden Umstände zu untersuchen ist, wie die Beteiligten bei redlichem Verhalten den offen gebliebenen Punkt geordnet haben würden, wenn sie ihn bedacht hätten. Dabei soll ein individueller, nicht – wie bei der Fortbildung des dispositiven Rechts – generalisierender

---

[198] BGHZ 25, 319; 80, 246.
[199] BGHZ 20, 110.
[200] Vgl. nur BGH NJW-RR 2000, S. 1001; Palandt/*Heinrichs*, § 133 Rdnr. 15-18.
[201] RGZ 154, 44; BGHZ 63, 362; 80, 245; 87, 154; BGH NJW 1996, S. 2794; NJW 2000, S. 1569.
[202] BGHZ 9, 273; 77, 301.
[203] BGH LM Nr.1 (D); WM 1979, 889; Münch.-Komm./*Mayer-Maly*, § 157 Rdnr. 31.
[204] Vgl. *Brox*, Allgemeiner Teil des BGB, Rdnr. 137.
[205] Vgl. *Larenz* NJW 1963, S. 737.

Maßstab herangezogen werden[206]. In der jüngeren Rechtsprechung stellt der BGH dagegen zunehmend auf *objektive* Kriterien ab[207].

Folgt man der Ansicht, welche die Grundlage der ergänzenden Vertragsauslegung im hypothetisch weiterentwickelten Parteiwillen sieht, hilft die ergänzende Vertragsauslegung im vorliegenden Fall in der Regel nicht weiter. Haben die Parteien gerade keine vertragliche Regelung zum Gläubigerinteresse vorgesehen, so kann besonders dem hypothetischen Willen des Schuldners nicht ohne weiteres entnommen werden, dass er das Problem geregelt hätte, wenn er dieses erkannt hätte. Denn ein besonders hohes Leistungsinteresse des Gläubigers hat für den Schuldner im Rahmen von § 275 II zur Folge, dass er bei seiner Leistungserbringung einen besonders hohen Aufwand auf sich nehmen muss, um etwaige Leistungshindernisse zu überwinden. Dem gemäß kann nicht von einem übereinstimmenden hypothetischen Parteiwillen ausgegangen werden, welcher durch ergänzende Vertragsauslegung zu ermitteln ist.

Soweit man dagegen die ergänzende Vertragsauslegung anhand *objektiver* Kriterien vornimmt, lassen sich die Interessen des Gläubigers an der Leistung im Wege der ergänzenden Vertragsauslegung ermitteln. Es ist objektivierend danach zu fragen, welche Regelung die Parteien vernünftigerweise vorgesehen hätten, wenn sie die Interessen des Gläubigers gemeinsam bedacht und damit gerechnet hätten, dass ein Leistungshindernis eintreten würde.

3. Die Differenzierung zwischen materiellen und immateriellen Interessen des Gläubigers

Der Gläubiger kann an einer Leistung des Schuldners sowohl materielles als auch immaterielles Interesse haben. Materielle Interessen sind als Vermögensinteressen meist mehr oder weniger exakt zu beziffern, bei der Gegenüberstellung mit dem Schuldneraufwand werden sich daher keine großen Probleme ergeben. Anders ist es jedoch mit immateriellen Interessen. Diese lassen sich zum einen schwer in Zahlen fassen, zum anderen lassen sie sich schwer gewichten und mit materiellen Interessen ins Verhältnis setzen. Dies wirft u.a. die Frage auf, ob das Gesetz in § 275 II auch den Schutz der immateriellen Gläubigerinteressen schützen soll. Im Schadensrecht nehmen immaterielle Interessen insoweit eine Sonderstellung ein, als Wertersatz nach § 251 I nur im Hinblick auf Vermögensinteressen geschuldet ist, sofern nicht eine der Ausnahmen des § 253 II vorliegt. Aufgrund dieser Sonderstellung immaterieller Interessen stellt sich im Rahmen von § 275 II die Frage, ob auch Nicht-Vermögensinteressen des Gläubigers berücksichtigt werden.

---

[206] Vgl. *Bechtold*, BB 1983, 1636 ff.; a.A. *Canaris*, Die Feststellung von Lücken im Gesetz, 1964, S. 54.

[207] BGHZ 9, 273; in BGHZ 23, 282 wurde sodann der Parteiwille in den Vordergrund gestellt, während er sich nun der ergänzenden Vertragsauslegung nach objektiven Kriterien zuwendet; BGHZ 25, 1; 29, 110; 22, 37; 33, 163; 70, 151; BGHZ 90, 69; 96, 313; BGH NJW 1984, S. 117.

4. Die materiellen Interessen des Gläubigers an der Leistung des Schuldners
a. Die Bedeutung der Höhe der Gegenleistung

Aus der Gegenleistung des Gläubigers folgt, wie viel die Leistung dem Gläubiger mindestens wert ist. Der Wert der Gegenleistung legt den Betrag fest, auf dessen Grundlage der Schuldner seinerseits die Erbringung der Leistung kalkuliert hat. Somit bildet die aus dem Vertrag ersichtliche Höhe der Gegenleistung zunächst den Ausgangspunkt für die weiteren Überlegungen.

Fraglich ist, ob das im Rahmen von § 275 II maßgebliche Gläubigerinteresse auf den Wert der Gegenleistung beschränkt werden kann. Die Auslegung des Wortlauts des § 275 II „Leistungsinteresse des Gläubigers" ergibt zunächst, dass es sich hierbei um etwas anderes handeln muss, als nur den „Wert der Gegenleistung"; letzteren Wortlaut hat der Gesetzgeber gerade nicht gebraucht, so dass dieser für eine Auslegung dahingehend spricht, die Interessen des Gläubigers unabhängig vom Wert der Gegenleistung zu bestimmen. Dass das Leistungsinteresse des Gläubigers nicht auf den Wert der Gegenleistung beschränkt ist, folgt auch aus einem Vergleich mit den Vorschriften der §§ 251 II, 633 II S.3 a.F., bei denen für die Frage nach der Unverhältnismäßigkeit der Aufwendungen das Gläubigerinteresse am Leistungserfolg als maßgeblich angesehen wurde[208]. Dies setzt zum einen voraus, dass das Gläubigerinteresse im Einzelfall höher sein kann, als die Aufwendungen, denen der Schuldner ausgesetzt ist und somit vor allem auch höher als der Wert der Gegenleistung selbst. Dem gemäß sollte auch im Rahmen des § 275 II, bei dem es um ein ähnliches Problem wie bei §§ 251 II, 633 II S.3 a.F. geht, das Gläubigerinteresse nicht auf den Wert der Gegenleistung beschränkt sein.

Für eine Berücksichtigung des über den Wert der Gegenleistung hinausgehenden Gläubigerinteresses spricht zudem, dass durch den Abschluss eines Vertrages der Schuldner im Rahmen der vertraglichen und gesetzlichen Bestimmungen das Risiko für die Erbringung seiner Leistung übernimmt. Wie hoch dieses Risiko im Einzelfall sein kann, bestimmt der Schadensersatzanspruch, dem der Schuldner bei zu vertretender Nicht- oder Schlechterfüllung ausgesetzt ist. Hat der Schuldner den Eintritt des Schadens zu vertreten, hat er den Gläubiger so zu stellen, wie er stünde, wie wenn wirksam erfüllt worden wäre. Dabei hat der Schuldner auch Schadenspositionen zu ersetzen, die über den Wert der Gegenleistung hinausgehen. Daraus lässt sich ableiten, dass das Gesetz das Leistungsinteresse des Gläubigers grundsätzlich über die Höhe der Gegenleistung hinaus schützt.

Die vertraglich geschuldete Leistung hat der Schuldner als Naturalerfüllung dagegen vorrangig zu erfüllen. Die Möglichkeit der Geltendmachung des Schadensersatzanspruchs gem. §§ 280 I, 281-283, 311a steht dem Gläubiger zur Seite, wenn der Schuldner das Leistungshindernis zu vertreten hat. Anderenfalls scheiden Schadensersatzansprüche gem. § 280 I S. 2 aus. Vorrangig ist daher der Anspruch auf Naturalerfüllung, der durch § 275 II bis zur Grenze des Rechtsmissbrauchs durchgesetzt werden kann. Geht man also mit der gesetzlichen Regelung

---

[208] BGH NJW 1996, S. 3269.

davon aus, dass der Anspruch *in natura* vorrangig vor einem Schadensersatzanspruch erfüllt werden soll, ist im Rahmen dieses Anspruchs mindestens mit dem gleichen Maß zu messen, wie im Rahmen der Naturalrestitution gem. § 249 S.1. Daraus folgt, dass Interessen, die Eingang in die Schadensberechnung im Rahmen des Schadensersatzanspruchs „statt der Leistung" gem. §§ 275 IV, 283, 280 III, 280 I Berücksichtigung finden, auch bei der Bestimmung der den Naturalanspruch wahrenden Gläubigerinteressen berücksichtigt werden müssen. Auch aus diesem Grund scheidet eine Begrenzung der Gläubigerinteressen auf den Wert der Gegenleistung aus.

b. Die Bedeutung des mit der Leistungshandlung angestrebten Leistungserfolgs

Das Leistungsinteresse des Gläubigers bezieht sich auf den vom Schuldner herbeizuführenden *Leistungserfolg*, da der Gläubiger kein Interesse an der Vornahme der Leistungshandlung als solcher hat[209]; wie der Schuldner den Leistungserfolg herbeiführt, ist dem Gläubiger regelmäßig einerlei.

aa. Das Erfüllungsinteresse des Gläubigers

Fraglich ist, welche Aspekte bei der Bestimmung des Gläubigerinteresses gem. § 275 II zu berücksichtigen sind. Anhaltspunkte für eine Bestimmung des Gläubigerinteresses ergeben sich aus einer vergleichenden Betrachtung des Schutzes der Gläubigerinteressen auf Sekundärebene.

Eine Haftung des Schuldners auf Sekundärebene kommt dann in Betracht, wenn der Schuldner nach § 275 II von der Leistungspflicht befreit ist und das Leistungshindernis zu vertreten hat. Vorrangig hat der Schuldner daher *in natura* zu leisten; erst wenn der Aufwand, den die Naturalleistung erfordern würde, in einem groben Missverhältnis zum Gläubigerinteresse steht, wird er von seiner Leistungspflicht befreit. § 275 II schützt auf Primärebene die Interessen des Schuldners an der Naturalleistung bis zur Grenze des unzumutbaren Aufwands. Versagt das Gesetz dem Gläubiger den Schutz seiner Interessen an der *Leistung in natura*, verweist es ihn ersatzweise auf die Sekundärhaftung nach §§ 275 IV, 283, 280 III, 280 I, 311 a II. Während es auf Primärebene auf die Interessen des Gläubigers in natura ankommt, stehen auf Sekundärebene seine *Wertinteressen* im Vordergrund. Aus dem Vorrang der Erfüllung in natura lässt sich ableiten, dass die Interessen des Gläubigers an der Leistung in natura nicht weniger stark, vielmehr *mindestens* so stark geschützt werden, wie die Wertinteressen auf Sekundärebene. Dem gemäß muss der Schuldner diejenigen Interessen des Gläubigers, denen im Rahmen der Schadensersatzpflicht nach §§ 275 II, 283, 249 S.1 Rechnungen getragen wird, *erst recht* auch im Rahmen des § 275 II gegen sich gelten lassen.

Dies gilt nicht nur, wenn der Schuldner das Leistungshindernis zu vertreten hat, sondern auch bei fehlendem Vertretenmüssen des Schuldners. Zwar könnte man angesichts des im Scha-

---

[209] Dies ist natürlich nur soweit richtig, als nicht Leistungshandlung und Leistungserfolg, wie im Dienstvertragsrecht, zusammenfallen.

densersatzrecht geltenden Verschuldensprinzips auf die Idee kommen, die Anwendung der Maßstäbe der §§ 249 ff. auf die Fälle zu beschränken, in denen der Schuldner das Leistungshindernis zu vertreten hat.[210]. Der Schuldner soll durch den Eintritt des Leistungshindernisses jedoch nicht besser stehen, als ohne Leistungshindernis. Aus dem Verschuldensprinzip folgt lediglich, dass die Gläubigerinteressen *im Rahmen der Sekundärhaftung* durch den Schuldner nur bei dessen Vertretenmüssen befriedigt werden. Aus der parallelen Betrachtung der Sekundärebene folgt nur das Mindestmaß des Schutzes der Gläubigerinteressen. Dies wird auf der Primärebene im Rahmen von § 275 II S.2 auch auf Bereiche erweitert, für die der Schuldner auf Sekundärebene keinen Schadensersatz leisten müsste. Im Rahmen des § 275 II S.2 wird das Vertretenmüssen nur bei der der Ermittlung des „groben Missverhältnis" in die Verhältnismäßigkeitsprüfung eingestellt. Ob der Schuldner einen Aufwand betreiben muss, der deutlich über die Gläubigerinteressen hinausgeht, richtet sich letztlich danach, welche Risiken der Schuldner mit dem Vertrag übernommen hat. Die dabei anzusetzenden Maßstäbe können und müssen daher nicht auf das begrenzt werden, was auch im Rahmen des Schadensersatzanspruchs berücksichtigt werden würde.

Zudem sind die Gläubigerinteressen nicht der Punkt, an dem die Frage nach dem Vertretenmüssen zu berücksichtigen wäre. Aus § 275 II S.2 folgt, dass bei der Bestimmung der dem Schuldner zuzumutenden Anstrengungen *auch* zu berücksichtigen ist, ob der Schuldner das Leistungshindernis zu vertreten hat. Das Vertretenmüssen des Schuldners ist nur ergänzend neben anderen Gesichtspunkten heranzuziehen, um zu klären, ob ein „grobes Missverhältnis" vorliegt. Zudem ist denklogisch unklar, warum das Interesse des Gläubigers am Leistungserfolg dann steigen soll, wenn der Schuldner das Leistungshindernis zu vertreten hat. Vielmehr ist davon auszugehen, dass das Gläubigerinteresse vom Vertretenmüssen des Schuldners unabhängig ist. Aus diesem Grund steht dem vorstehend herangezogenen *argumentum a fortiori* nicht das schadensersatzrechtliche Verschuldensprinzip entgegen.

Zu ersetzen ist beim Schadensersatz statt der Leistung gem. §§ 275 IV, 283, 280 III, 280 I, 311 a II das sog. *Erfüllungsinteresse*. Der Gläubiger ist so zu stellen, wie er stünde, wie wenn durch den Schuldner vertragsgemäß erfüllt worden wäre. An die Stelle der Leistung tritt das wirtschaftliche Interesse und somit deren Wert für den Gläubiger. Nach dem geltenden Recht lässt sich dieses originäre Interesse an der Leistung auf das sog. übererfüllungsmäßige Interesse bzw. Integritätsinteresse, erweitern. Ein übererfüllungsmäßiges Interesse ist betroffen, wenn außer dem Rechtsgut des Vertragsanspruchs noch andere Rechtsgüter des Gläubigers verletzt werden[211]. Auch dieser Schaden ist durch den Schuldner auszugleichen, da die Naturalrestitution auf Herstellung des gleichen wirtschaftlichen Zustandes gerichtet ist, der ohne das schädigende Ereignis bestehen würde[212]. Dabei ist die hypothetische Weiterentwicklung des bestehenden Zustandes zu berücksichtigen. Dies folgt aus dem Wortlaut von § 249 S.1,

---

[210] Vgl. BT-Drucks. 14/6040, S. 130.
[211] Man kann diese Schäden auch als sog. *Folgeschäden* bezeichnen.
[212] BGH NJW 1985, S. 793.

wonach der Zustand herzustellen ist, der bestehen würde, wie wenn der zum Ersatze verpflichtende Umstand nicht eingetreten wäre.

Der Schadensersatz wegen Unmöglichkeit der Leistung gem. §§ 283, 275 I, 280 III, 280 I, 311 a II kann nicht auf Naturalrestitution gerichtet sein, da die Bestimmungen gerade die Unmöglichkeit der Leistung voraussetzen[213]. Das Gleiche gilt für § 275 II, wenn dessen Voraussetzungen vorliegen, da in diesem Fall feststeht, dass der Aufwand zur Naturalerfüllung vom Schuldner gerade nicht gefordert werden kann. Vom Schuldner kann auch nicht die Wiederherstellung des Zustandes verlangt werden, der bestünde, wenn der zum Ersatze verpflichtende Umstand nicht eingetreten wäre. Denn dieser Zustand wäre die ordnungsgemäße Erbringung der Leistung gewesen. Daraus lässt sich allerdings nicht der Schluss ableiten, dass die Interessen des Gläubigers auf Primärebene auf die im Rahmen des Wertersatzes nach § 251 I geschützten Interessen beschränkt ist. Eine solche Beschränkung folgt weder aus dem Wortlaut der Vorschrift des § 275 II, noch aus dessen Regelungszweck. In die Verhältnismäßigkeitsprüfung nach § 275 II sind somit alle Gläubigerinteressen an der *Naturalerfüllung* einzustellen. Kann das vorrangige Interesse des Gläubigers an der Naturalerfüllung nicht befriedigt werden, stellt sich die Frage nach dem Schutz seiner Interessen im Rahmen der Sekundärhaftung. Deren Begrenzung ergibt sich gerade aus der materiellrechtlichen Rückkoppelung mit dem jeweiligen Haftungstatbestand, der hier in § 275 II, bzw. in der Pflichtverletzung liegt, dass der Schuldner keine ausreichenden Maßnahmen zur Wahrung oder Herstellung seiner Leistungsfähigkeit ergriffen hat. Daraus kann jedoch nicht der Rückschluss gezogen werden, dass der Schutz der Gläubigerinteressen auf Primärebene auf das Schutzniveau bei der Geltendmachung eines Schadensersatzanspruchs beschränkt ist. Vielmehr muss sich der Schuldner im Rahmen von §§ 283, 275 IV, 280 III, 280 I, 311 a II *mindestens* jene Gläubigerinteressen entgegenhalten lassen, die auf Sekundärebene bei der Frage des Schadensersatzes berücksichtigt werden.

bb. Berücksichtigungsfähigkeit des entgangenen Gewinns

Gem. §§ 249 S.1, 252 S.1 umfasst der zu ersetzende Schaden auch den entgangenen Gewinn. Unter entgangenem Gewinn sind alle Vermögensvorteile zu verstehen, die dem Geschädigten im Zeitpunkt des schädigenden Ereignisses zwar noch nicht zugeflossen sind, die ihm aber ohne dieses Ereignis zugute gekommen wären[214]. Im Folgenden wird der Frage nachgegangen, ob der entgangene Gewinn auch im Rahmen der Gläubigerinteressen des § 275 II S. 1 berücksichtigt wird und ob sich der Gläubiger auf die Beweiserleichterung des § 252 S. 2 berufen kann.

---

[213] Dabei ist allerdings zu beachten, dass Naturalrestitution keine vollständige Identität des erreichbaren Zustandes mit dem bedeuten muss, den die Erfüllung herbeigeführt hätte. Als ausreichend und erforderlich ist es daher anzusehen, dass zwischen dem zu schaffenden und dem hypothetischen Zustand keine nennenswerten Unterschiede bestehen; vgl. hierzu *Lange*, Schadensersatz, § 5 II 1.

[214] BGH LM § 631 Nr. 68 = NJW-RR 1989, S. 980, 981; vgl. MünchKomm./Oetker, § 252 Rdnr. 4.

(1) Berücksichtigungsfähigkeit des entgangenen Gewinns

Das Gesetz knüpft in § 252 S.2 an die romanistische Unterscheidung zwischen *damnum emergens* und *lucrum cessans* an, die jedoch bereits im gemeinen Recht des 19. Jahrhunderts an Gewicht verloren hatte. Im geltenden Bürgerlichen Recht[215] hat die Unterscheidung zwischen beiden Arten des Schadens nur sehr geringe praktische Bedeutung, da die materiellen Ersatzregeln des BGB zwischen ihnen nicht differenzieren. Die Abgrenzung zwischen entgangenem Gewinn und positivem Schaden ist zudem fließend; der Grundsatz der Totalreparation, von dem § 249 S.1 ausgeht, lässt kaum ein überzeugendes Argument zu, die Erstattungsfähigkeit des entgangenen Gewinns anders und zwar enger zu begrenzen, als positive Schäden. Die Ersatzfähigkeit des entgangenen Gewinns folgt daher bereits aus § 249 S.1[216] und nicht erst aus § 252 S.1. Letztere Vorschrift erklärt sich aus der Entstehungsgeschichte der Norm[217], da der Ersatz des entgangenen Gewinns in älteren Kodifikationen zum Teil nur unter besonderen Voraussetzungen gewährt wurde; diese sollten im Interesse einer Rechtsvereinheitlichung durch § 252 S.1 beseitigt werden.

Zieht man im Rahmen des § 275 II im Wege des bereits erläuterten *argumentum a fortiori* die Vorschriften der §§ 249 ff. zur Bestimmung des Gläubigerinteresses heran, so ist auch im Rahmen von § 275 II der entgangene Gewinn als relevantes Gläubigerinteresse zu qualifizieren. So wird der Käufer eines Grundstücks dann ein erhebliches Interesse an der Leistung des Schuldners haben, wenn er für das avisierte Grundstück einen Käufer gefunden hat, der ihm einen Kaufpreis zahlen würde, der die Erstehungskosten übersteigt. Auch im Fall des Fabrikanten, der für das Funktionieren seiner Maschinen ein bestimmtes Einzelteil benötigt, ist bei der Bestimmung seines Interesses im Rahmen von § 275 II zu berücksichtigen, welcher Produktions- und Gewinnverlust durch den Stillstand seiner Maschinen eintritt.

(2) Analoge Anwendbarkeit von § 252 S.2

Die Folgefrage richtet sich darauf, ob dem Gläubiger im Rahmen von § 275 II auch die Beweiserleichterung des § 252 S.2 zugute kommt. Danach gilt der Gewinn als entgangen, welcher nach dem gewöhnlichen Lauf der Dinge oder nach den besonderen Umständen, insbesondere nach den getroffenen Vorkehrungen, mit Wahrscheinlichkeit erwartet werden konnte. Dem Wortlaut und Regelungszusammenhang nach greift diese Vorschrift tatbestandlich bei der Bestimmung des Gläubigerinteresses nicht ein, da sie direkt nur für die Bestimmung des entgangenen Gewinns im Rahmen der Geltendmachung eines Schadensersatzanspruchs gilt. Bei § 275 II geht es hingegen nicht um Schadensersatz, sondern um die Grenzen der Geltendmachung des Primäranspruchs, die sich am Gläubigerinteresse orientieren. Daher stellt sich die Frage nach einer analogen Anwendung der Vorschrift des § 252 S.2 im Rahmen von

---

[215] Anders dagegen die Regelung in §§ 1323, 1324 ABGB, wonach der entgangene Gewinn nur bei böser Absicht oder auffallender Sorglosigkeit des Ersatzpflichtigen zu erstatten ist.
[216] BGHZ 98, 212=NJW 1987, 50; Staudinger/Schiemann Rdnr. § 252 1, 4; Palandt/*Heinrichs* § 252 Rdnr.1; Erman/*Kuckuk* § 253, Rdnr. 1; Soergel/*Mertens* § 252 Rdnr.1; *Larenz* I § 29 IIb, S.492; *Medicus* Schuldrecht I § 53 II 6, Rdnr. 593; a.A. *Honsell* JuS 1973, 69.
[217] Vgl. Motive II S. 17 f.

§ 275 II. Der Analogieschluss setzt eine planwidrige Regelungslücke sowie eine vergleichbare *Interessenlage* zwischen der Beweiserleichterung im Rahmen der Schadensrechts nach § 252 S.2 und der Bestimmung des Gläubigerinteresses in § 275 II voraus.

(a) Einordnung von § 252 S.2

Über die Bedeutung des S.2 bestehen in der Rechtslehre seit alters her zwei verschiedene Ansichten. Eine *Minderheit* erblickt in der Vorschrift eine materiell-rechtliche Begrenzung des Ersatzes[218]. Die *Mehrheit* versteht sie in Übereinstimmung mit der ständigen höchstrichterlichen Rechtsprechung als eine Beweiserleichterung zugunsten des Geschädigten, dem es unbenommen bleibt, bis zur Grenze der adäquaten Kausalität auch Ersatz für außergewöhnliche Gewinne zu fordern, sofern er den Nachweis führen kann, dass sie ohne den zum Ersatz verpflichtenden Umstand erzielt worden wären[219]. Die herrschende Auffassung entspricht eher dem Gesetzeswortlaut des § 249 S.1, aus dem der Grundsatz der Totalreparation hergeleitet wird. Daher bleibt es dem Geschädigten unbenommen, einen über die Vermutung des § 252 S.2 hinausgehenden entgangenen Gewinn geltend zu machen. Dies bestätigt auch die historische Exegese der Vorschrift, wonach die bei den Beratungen zu § 252 bereits existierende Vorschrift des § 287 ZPO[220] (=260 CPO) eingeschränkt und die Möglichkeit der freien Schadensschätzung durch das Gericht im Hinblick auf die Wahrscheinlichkeit des Schadens eingegrenzt werden sollte[221].

(b) Die hinter § 252 S.2 stehende Interessenlage

Auszugehen ist von dem Postulat, dass der entgangene Gewinn nicht anders, oder sogar enger zu beurteilen sei, als der positive Schaden. Je nach dem Vorliegen der Umstände kann das Entgehen von Gewinnen den Geschädigten sogar härter treffen, als der Verlust vorhandenen Vermögens, z.B. im Rahmen von Erwerbsschäden[222]. Beide Arten des Schadens bilden ökonomisch gesehen den gleichen Nachteil. Durch § 252 S.2 sollen die beweisrechtlichen Schwierigkeiten aufgefangen werden, die bei der Geltendmachung des entgangenen Gewinn entstehen. Der Geschädigte soll hier nicht schlechter gestellt werden, als bei der Geltendmachung des positiven Schadens, insbesondere soll er nicht aufgrund des dem entgangenen Gewinn innewohnenden hypothetischen Elements und des damit naturgemäß verbundenen Prozessrisikos letztlich daran gehindert werden, den entgangenen Gewinn geltend zu machen.

---

[218] Vgl. *Staudinger-Werner*, 11. Aufl., § 252 Rdnr. 7 ff.

[219] Vgl. Soergel/*Mertens* § 252 Rdnr.1; *Larenz* I § 29 IIb, S.492; Münch.-Komm./*Oetker* § 252 Rdnr. 9; RG JW 1907, S. 828; BGHZ 29, 393; BGH NJW S. 1964; BGH NJW 1979, S. 865; BGHZ 74, 221; BGH NJW 1983, S. 758.

[220] § 287 ZPO ist indes nicht auf § 275 II zu übertragen. Zwar findet § 287 ZPO dem Wortlaut nach auch auf Fälle Anwendung, in denen die Höhe des „zu ersetzenden Interesses" streitig ist. Jedoch wird § 287 ZPO dahingehend ausgelegt, dass das „Interesse" dem geltend gemachten Schaden zugeschlagen wird und daher in § 287 ZPO keine eigene Bedeutung zukommt. Eine Auslegung dahingehend, „Interesse" im natürlichen Sprachsinn zu verstehen, wie in § 275 II, verbietet sich daher. § 287 ZPO ist weder direkt, noch analog auf § 275 II anwendbar, da der von § 252 S.2 intendierte Regelungszweck, § 287 ZPO einzuschränken, im Rahmen von § 275 II wegfällt.

[221] Vgl. Motive II S. 18; Münch.-Komm./*Oetker*, § 252 Rdnr. 30.

[222] Vgl. *Lange*, § 6 X 1.

Das Risiko der Schadensbestimmung in § 253 II Nr. 2 ZPO soll nicht der Geschädigte alleine tragen.

(c) Vergleichbare Interessenlage bei § 275 II

Auszugehen ist von der unter (b) dargestellten Prämisse, dass der Geschädigte im Hinblick auf entgangenen Gewinn nicht anders - oder gar schlechter – gestellt wird, als bei positiven Schäden. Geht man – wie bereits dargelegt worden ist[223] – davon aus, dass den Gläubiger nach den Grundsätzen der sekundären Beweislast die Darlegungslast für seine Interessen am Leistungserfolg trifft, sprechen folgende Gesichtspunkte für eine vergleichbare Interessenlage: Zunächst ist das vormals angeführte Argument aufzugreifen, dass der Schuldner vorrangig Naturalerfüllung zu leisten hat und der auf Naturalrestitution gerichtete Schadensersatz nur ein – auf niedrigerer Stufe stehender – Ersatz für die Naturalleistung darstellt. Danach soll der Gläubiger die Möglichkeit haben, die Interessen, die er im Rahmen der Naturalrestitution unter erleichterten Bedingungen darlegen könnte, auch bei der Frage nach der Reichweite der Naturalerfüllung unter den erleichterten Voraussetzungen des § 252 S.2 im Prozess vorzubringen.

Daneben ist noch auf folgende Besonderheit hinzuweisen: Während im Schadensrecht im Rahmen der *Differenzhypothese* danach gefragt wird, wie der Geschädigte stünde, wenn das die Ersatzpflicht begründende – *bereits eingetretene* – Ereignis nicht eingetreten wäre, geht es im Rahmen von § 275 II bei der Bestimmung des entgangenen Gewinns darum, die hypothetische Situation der Nichterfüllung zu ermitteln und mit der hypothetischen Situation der Erfüllung zu vergleichen. Ersichtlich kann der Gläubiger bei § 275 II nicht einmal von einer Konstanten auszugehen, die den Bezugspunkt – wie bei § 252 S.2 das die Ersatzpflicht begründende Ereignis – für die hypothetische Interessenbestimmung darstellt. Die mit dieser zweifachen Hypothese verbundenen beweisrechtlichen Schwierigkeiten des Gläubigers sind bei der Darlegung der auf entgangenen Gewinn gerichteten Interessen bei § 275 II sogar noch größer, als bei der Geltendmachung des Schadensersatzanspruchs. Daher sollte dem Gläubiger mindestens im gleichen Umfang die Beweiserleichterung des § 252 S.2 zukommen. Der Einwand, dass der Gläubiger im Rahmen von § 275 II nicht mit dem gleichen Prozessrisiko belastet ist, schlägt fehl. Denn er wird in der Regel auf Erfüllung klagen und gegebenenfalls nach den Grundsätzen der sekundären Beweislast die Darlegungslast für seine Interessen an der Leistung haben, wenn der Schuldner die Einrede des § 275 II S.1 erhebt. Gelingt dem Gläubiger dabei der Nachweis seiner Interessen nicht, die z.B. vorwiegend im entgangenen Gewinn zu sehen sind, unterliegt er möglicherweise im Rahmen seiner Erfüllungsklage. Stünde ihm erst im nachfolgenden Schadensersatzprozess die Beweiserleichterung des § 252 S.2 zu, wäre dies ein klares Bekenntnis dahingehend, dass die Gläubigerinteressen an der Naturalerfüllung weniger stark, als im Rahmen der Naturalrestitution geschützt werden. Ein solches Ergebnis widerspricht jedoch dem Grundsatz der Vertragsstrenge.

---

[223] Vgl. oben 2. Teil, 3. Kapitel, II., 1c.

(d) Planwidrige Regelungslücke

Weiterhin liegt auch eine planwidrige Regelungslücke vor, da sich in der Gesetzesbegründung keine Anhaltspunkte dafür finden lassen, dass die Frage der analogen Anwendung von § 252 S.2 Gegenstand der Diskussion war. Somit wurde diese Frage bei den Beratungen zu § 275 II nicht bedacht. Mithin liegt eine planwidrige Regelungslücke vor.

5. Die immateriellen Interessen des Gläubigers

Im Folgenden wird der Frage nachgegangen, ob im Rahmen der Verhältnismäßigkeitsprüfung des § 275 II S.1 auch immaterielle Interessen des Gläubigers an der Leistung des Schuldners zu berücksichtigen sind. Im Anschluss daran werden die Probleme erörtert, die sich im Rahmen der prozessualen Geltendmachung immaterieller Interessen ergeben.

a. Die Berücksichtigungsfähigkeit von immateriellen Interessen

Ob im Rahmen von § 275 II S.1 auch immaterielle Interessen des Gläubigers an der Leistung des Schuldners zu berücksichtigen sind, richtet sich zum einen nach dem Wortlaut der Vorschrift, einem Vergleich mit dem Schutz immaterieller Interessen auf der Ebene der Sekundäransprüche sowie nach dem generellen Schutz immaterieller Interessen im Vertragsrecht des Bürgerlichen Gesetzbuchs.

Der Wortlaut des § 275 II S. 1 gibt nur vor, dass das *Leistungsinteresse* des Gläubigers im Rahmen der Verhältnismäßigkeitsprüfung zu berücksichtigen ist. Damit ist lediglich gesagt, dass sich die Interessen des Gläubigers *auf die Leistung des Schuldners* – und damit ist der Leistungserfolg gemeint[224] – beziehen müssen. Der Wortlaut „Leistungsinteresse" ist danach offen und steht jedenfalls einer Interpretation, nach der auch *immaterielle Interessen* des Gläubigers zu berücksichtigen sind, nicht entgegen.

Dem steht auch nicht etwa die eingeschränkte Ersatzfähigkeit von immateriellen Schäden nach § 253 I entgegen, da es im Rahmen von § 275 II nicht um die *Entschädigung in Geld* wegen eines immateriellen Schadens, sondern um die Frage geht, zur Verwirklichung welcher Gläubigerinteressen vom Schuldner ein bestimmter Aufwand zur Leistung verlangt werden kann. Die Ersatzfähigkeit des immateriellen Schadens ist eine Folgefrage auf der Ebene der Sekundäransprüche, die sich erst stellt, wenn die Vorfrage – nach dem Schicksal des Primäranspruchs – geklärt ist, namentlich, ob die Gläubigerinteressen in einem groben Missverhältnis zum Schuldneraufwand stehen und sich der Schuldner daher zu Recht auf die Einrede des § 275 II berufen kann. Allerdings stehen Primärebene und Sekundärebene nicht isoliert, sondern in einer Art Stufenverhältnis zueinander, so dass der Anspruch auf die Leistung vorrangig zu erfüllen ist. Dies ergibt sich aus der gesetzlichen Systematik, nach der die Pflicht zur Leistung die Regel, die Befreiung von der Leistungspflicht die Ausnahme darstellt. Nach dem Postulat, dass die Interessen des Gläubigers an der Naturalerfüllung vorrangig zu befriedigen sind, ist die Annahme nur folgerichtig, dass das Schutzniveau der Gläubigerinteressen auf

---

[224] Vgl. oben 2. Teil., 3. Kapitel, II., 4b.

Primärebene mindestens soweit gehen muss, wie jenes auf Sekundärebene. Aus diesem Grund können die auf Primärebene geschützten Interessen nicht auf jene beschränkt werden, die auf Sekundärebene – d.h. im Rahmen eines Schadensersatzanspruchs Schutz genießen.

Daraus kann man ableiten, dass auf Primärebene *mindestens* diejenigen Interessen geschützt werden, die auch auf Sekundärebene von §§ 249 ff. umfasst sind, nicht jedoch, dass diese auf den Schutzumfang der §§ 249 ff. begrenzt sind. Dies lässt sich auch mit einem *argumentum a fortiori* begründen, wonach der auf Sekundärebene angesetzte Schutzumfang *erst recht* auch auf Primärebene gelten muss[225]. Daher ist zunächst – quasi zur Ermittlung des auf Primärebene geltenden Mindestschutzes – danach zu fragen, wie immaterielle Interessen auf Sekundärebene vom Gesetz bewertet werden. Zieht man die Vorschriften über den Schadensersatz heran, so ergibt sich aus § 249 S.1, dass für die Naturalrestitution die Unterscheidung zwischen Vermögens- und Nichtvermögensschaden unerheblich ist und auch immaterielle Interessen berücksichtigt werden. § 253 schränkt dabei ausschließlich den Geldersatzanspruch gem. § 251 I für Nichtvermögensschäden ein; Ausnahmen hierzu sieht das Gesetz in §§ 253 II, 651 f II, ferner in §§ 7 III Strafrechtsreform-Ergänzungsgesetz, 53 III LuftVG, 97 II UrhG, 29 II AtG, 52 II BGSG, 7 BDSG, Art. 5 V MRK vor. Daraus kann abgeleitet werden, dass auf Sekundärebene der Schutz der immateriellen Interessen nur im Hinblick auf Geldersatz nach § 251 I eingeschränkt ist. Hinzu kommt, dass nach überwiegender Ansicht § 253 auch nicht auf § 249 S.2, sondern nur auf § 251 I Anwendung findet[226].

Immaterielle Interessen werden somit zum einen im Rahmen der Naturalrestitution nach § 249 I und II S.1 ganz selbstverständlich und im Hinblick auf den übrigen Geldersatz jedenfalls nach Maßgabe des § 253 geschützt. Dabei darf aber letztere Begrenzung nicht überbewertet werden, zumal rechtspolitisch der mit § 253 verfolgte Regelungszweck unklar ist[227]. Dieser wird vorwiegend darin zu finden sein, dass der Gefahr ausufernder Schadensersatzansprüche begegnet werden soll, in einem Bereich der keinen rational nachvollziehbaren und überzeugenden Maßstab dafür gibt, wann und in welcher Höhe ein immaterieller Schaden in Geld auszugleichen ist. Daraus folgt, dass § 253 einen eng begrenzten Regelungszweck hat, der nicht für die Frage nach dem generellen Schutz von immateriellen Interessen fruchtbar gemacht werden kann. Dem gemäß sind bereits auf Sekundärebene immaterielle Interessen geschützt, so dass diese im Hinblick auf das – bereits dargelegte – *argumentum a fortiori* auch bei § 275 II zu berücksichtigen sind[228].

---

[225] Dieses Argument wird mittelbar auch durch den Grundsatz *pacta sunt servanda* gestützt. Für die Vertragsbindung wäre es nicht zuträglich, wenn der Schutz auf Sekundärebene weiter gehen würde, als auf Primärebene.
[226] Vgl. *Palandt/Heinichs*, § 253 Rdnr. 2
[227] Vgl. Münch.-Komm./*Oetker*, § 253 Rdnr.2.
[228] So auch *Faust*, in Huber/Faust, Schuldrechtsmodernisierung, S. 27.

Einen weiteren Anhaltspunkt für die gesetzliche Bewertung von reinen *Affektionsinteressen*[229] liefert das Gesetz in § 251 II S.2. Danach sind die aus einer Heilbehandlung eines verletzten Tieres entstandenen Aufwendungen nicht bereits dann unverhältnismäßig, wenn sie dessen Wert erheblich übersteigen. § 251 II S.2 ist eine gesetzliche Vorschrift im Sinne von § 253 I. Dies zeigt, dass bis zur Grenze der Unverhältnismäßigkeit auch das Affektionsinteresse des Gläubigers *an einem Tier* zu berücksichtigen ist. Dabei handelt es sich zwar um eine gesetzliche Ausnahmevorschrift im Sinne von § 253 I, deren Grundgedanke keinesfalls verallgemeinerungsfähig ist, jedoch wird deutlich, dass reine Affektionsinteressen selbst im Rahmen des Geldersatzes nach § 251 I – zumindest unter engen Voraussetzungen – geschützt werden.

Dass der Gläubiger häufig ein besonderes Affektionsinteresse an der Leistung in Natur haben kann, steht außer Frage. Nach der Rechtsprechung des BGH kann das Affektionsinteresse an der im Rahmen der Naturalrestitution geschuldeten Reparatur des beschädigten KFZ sogar dazu führen, dass der Schuldner Reparaturkosten in Höhe von 30 % über dem Wiederbeschaffungswert zu tragen hat, womit unzweifelhaft ein auf Affektionsinteressen begründetes Integritätsinteresse geschützt wird, welches nach dem BGH richtig und konsequent bei § 249 S.2[230] und nicht bei § 251 II anzusiedeln ist[231]. Zwar lassen sich solche zahlenmäßigen Richtwerte nur schwer auf § 275 II übertragen, da letzterer Vorschrift zahlreiche Abwägungskriterien zugrunde liegen, deren Beachtung es nicht erlaubt, von starren Richtwerten auszugehen. Allerdings zeigt das Beispiel, dass auch auf Sekundärebene der Schutz immaterieller Interessen deutlich ausgeprägt ist und damit - im Anschluss an das *argumentum a fortiori* - auch auf Primärebene mindestens das gleiche Schutzniveau gelten muss.

Im Rahmen des Vertragsrechts werden – im Vergleich zum Schadensersatzrecht – immaterielle Interessen mit noch größerer Selbstverständlichkeit geschützt. Dies zeigen die Vorschriften zur Vertragsstrafe gem. § 339 ff.[232]. Durch die Vereinbarung einer Vertragsstrafe verspricht der Schuldner dem Gläubiger für den Fall, dass er seine Verbindlichkeit nicht oder nicht in gehöriger Weise erfüllt, die Zahlung einer Geldsumme als Strafe. Sofern die Vertragsstrafe unangemessen hoch ist, geht § 343 I S.2 davon aus, dass bei deren Herabsetzung *jedes berechtigte Interesse des Gläubigers, nicht bloß das Vermögensinteresse* in Betracht zu ziehen ist. Daraus folgt, dass sehr wohl auch immaterielle Interessen berücksichtigt werden. Mit dem *berechtigten Interesse* ist damit das Interesse des Gläubigers an der Erfüllung der Verbindlichkeit durch den Schuldner gemeint. Der Schutz der Nicht-Vermögensinteressen beruht hier

---

[229] Von einem *Affektionsinteresse* spricht man, wenn die besondere Wertschätzung des Rechtsguts ausschließlich in der Person des Geschädigten gegeben ist. Hat sich jedoch für die Liebhaberei ein Markt gebildet (wie z.B. für Oldtimer oder Gemälde), ist der dort erzielbare Preis zu ersetzen; vgl. Lange, Schadensersatz § 2 I 2. Dann handelt es sich aber um einen Vermögensschaden, der nach § 251 entschädigt werden kann. Von letzterem ist im vorliegenden Fall aber nicht die Rede, da die Vermögensinteressen völlig unzweifelhaft unter § 275 II fallen.

[230] [Vgl. BGH NJW 1992, S. 1619]; Denn auf diese Vorschrift ist § 253 gerade nicht anwendbar. Nach der anderen Ansicht, welche die Problematik bei § 251 II ansiedelt, müsste zunächst § 253 überwunden werden; noch § 251 II folgend: BGH NJW 1985, S. 2469.

[231] So Palandt/*Heinrichs*, § 251 Rdnr. 19.

[232] Vgl. zu diesem Aspekt auch *Lange*, Schadensersatz, § 7 I 3/II.

nicht auf der vertraglichen Vereinbarung der Vertragsstrafe, sondern auf der Wertentscheidung des Gesetzgebers, dass, wenn es auf die Frage ankommt, welche schützenswerten Interessen der Gläubiger an der Erbringung der Verbindlichkeit haben kann, auch immaterielle Interessen berücksichtigt werden. Nach dem in § 343 I S.2 zu Tage getretenen Willen des Gesetzgebers werden somit im Rahmen eines Vertrages auf Primärebene immaterielle Interessen geschützt und dies in einem Umfang, der deutlich über den der §§ 249 ff. hinausgeht. Dem gemäß sind im Rahmen von § 275 II immaterielle Interessen sowie Affektionsinteressen aufgrund des auf Sekundärebene gewährten Rechtsgüterschutzes *erst recht* und aufgrund der in § 343 I S.2 niedergelegten Wertentscheidung des Gesetzgebers *selbstverständlich* zu berücksichtigen. Die Grenze liegt nur dort, wo dem Gläubiger kein berechtigtes Interesse zur Seite steht und das Berufen auf dieses Interesse rechtsmissbräuchlich, weil willkürlich und rational nicht nachvollziehbar wäre. Dabei wird es sich jedoch um Grenzfälle handeln, die in der Praxis keine besondere Bedeutung spielen werden. Es kann daher davon ausgegangen werden, dass im Rahmen von § 275 II auch immaterielle Interessen wie reine Affektionsinteressen zu beachten sind.

b. Die Ermittlung der immateriellen Interessen

Grundsätzlich hat der Schuldner die Darlegungs- und Beweislast für die Gläubigerinteressen. Die Anwendung der Grundsätze der *sekundären Beweislast* wird im Rahmen der Bestimmung der immateriellen Gläubigerinteressen größere Bedeutung als bei der Bestimmung der materiellen Interessen zukommen, da der Schuldner diesbezüglich noch deutlich weniger Einblick in die Gläubigersphäre hat, als im Zusammenhang mit materiellen Interessen. Daher wird auch hier der Schuldner zunächst vortragen, welches aus seiner Sicht erkennbare Gläubigerinteresse vorliegt. Diesen Vortrag wird der Gläubiger sodann entkräften bzw. seine Interessen entsprechend darlegen. Hierbei muss der Gläubiger Tatsachen darlegen, welche es dem Gericht ermöglichen, die Höhe seines immateriellen Interesses zu ermitteln.

Problematisch ist dabei, dass es keine vergleichbare prozessuale Situation im Hinblick auf immaterielle Interessen im geltenden Recht gibt. Geht es im Rahmen von § 847 I um die Höhe des Schmerzensgeldanspruchs, so greift § 287 ZPO beweiserleichternd ein. Bei § 275 II geht es aber gerade nicht um die Bewertung des Geldersatzes wegen eines immateriellen Schadens; ebenso wenig kann das in § 287 I genannte „Interesse" im Sinne des „Gläubigerinteresses" ausgelegt werden, da der Begriff in § 287 I dem Schaden zugeschlagen wird[233]. § 287 I, II ZPO lässt sich auch nach seinem Regelungszweck nicht auf § 275 II übertragen. § 287 soll verhindern, dass eine Klage allein deshalb abgewiesen wird, weil der Kläger nicht in der Lage ist, den vollen Beweis für einen ihm erwachsenden Schaden zu erbringen[234]. Diese Gefahr besteht bei § 275 II gerade nicht. Vielmehr geht es hier nur darum, dass immaterielle Interessen schwer zu fassen und zu bestimmen sind. § 287 ZPO ist daher weder direkt, noch analog auf § 275 II anwendbar. In diesem Rahmen hilft auch § 343 nicht weiter, da hier der

---

[233] Vgl. *Zöller*, § 287, Rdnr. 1.
[234] Vgl. *Zöller*, § 287, Rdnr. 1.

Richter ausnahmsweise aufgrund einer Billigkeitskontrolle die Vertragsstrafe rechtsgestaltend auf den angemessenen Betrag reduzieren kann[235], während er bei Anwendung des zu § 275 II sachnäheren[236] § 242 die Rechtsausübung nicht zu gestalten, sondern nur festzustellen hat. Der Richter hat daher anhand der von den Parteien beigebrachten Tatsachen zu prüfen, welche immateriellen Interessen auf Seiten des Gläubigers vorliegen. Nach dem Gesagten darf er dabei nur denjenigen Interessen keine Beachtung schenken, deren Geltendmachung am Einwand rechtsmissbräuchlichen Verhaltens scheitert. Die Richtigkeit der Behauptungen der Parteien kann der Richter lediglich im Rahmen der ihm obliegenden freien richterlichen Beweiswürdigung gem. § 286 I S.1 ZPO beurteilen und soweit die vorgebrachten Tatsachen dem Beweis zugänglich sind, hierüber Beweis erheben.

6. Die Berücksichtigung der Schadensersatzpflicht des Schuldners

Im Folgenden wird der Frage nachgegangen, ob bei der Bestimmung des Gläubigerinteresses an der Leistung eine Schadensersatzpflicht des Schuldners gem. §§ 275 IV, 283, 280 III, 280 I zu berücksichtigen ist. Dabei ist zwischen zwei denkbaren Fallvarianten zu unterscheiden: Es besteht auf Sekundärebene ein Schadensersatzanspruch, oder es besteht keiner. In letzterem Fall fragt sich, ob das Leistungsinteresse des Gläubigers steigt, wenn feststeht, dass er auf Sekundärebene leer ausgehen wird. Im anderen Fall – bei bestehendem Schadensersatzanspruch – wird der Frage nachgegangen, ob als relevantes Leistungsinteresse nur das Interesse anzusehen ist, welches der Gläubiger über den Schadensersatzanspruch hinaus an der Erbringung der Leistung hat.

Die zweite Frage ist zu verneinen. Es wäre zwar theoretisch denkbar, einen bestehenden Schadensersatzanspruch gegen den Schuldner aus §§ 275 IV, 283, 280 III, 280 I im Rahmen des Gläubigerinteresses zu berücksichtigen und dieses auf das Interesse zu reduzieren, welches über das Interesse am Ausgleich durch Leistung von Schadensersatz hinausgeht. Allerdings lässt sich eine solche Einschränkung des Gläubigerinteresses dem Wortlaut des § 275 II nicht entnehmen, da es dort heißt „Leistungsinteresse des Gläubigers". Ist im Gesetz von Interesse an der Leistung die Rede, so geht es – wie bereits erörtert – um das Interesse am Leistungserfolg. Dieses Interesse ist somit das von einem Schadensersatzanspruch unabhängige Interesse an der Naturalerfüllung. Würde man einen etwaigen Schadensersatzanspruch des Gläubigers berücksichtigen, so gelangte man zu dem paradoxen Ergebnis, dass in den Fällen, in denen das Leistungshindernis vom Schuldner zu vertreten ist und gerade deshalb ein Schadensersatzanspruch besteht, das Interesse des Gläubigers an der Naturalerfüllung geringer wäre. Dieses Ergebnis ist weder mit dem Wortlaut, noch dem Zweck der Vorschrift vereinbar, welche dem Gläubiger gem. § 275 II S.2 einen weitergehenden Anspruch auf die Naturalerfüllung zubilligen will, wenn dieser das Leistungshindernis zu vertreten hat.

---

[235] Vgl. Palandt/*Heinrichs*, § 343, Rdnr. 1.

[236] *Sachnäher* insofern, als es sich bei § 275 II um eine den allgemeinen Rechtsmissbrauchsgedanken speziell ausformende Regelung handelt.

Sehr wohl zu berücksichtigen ist aber bei der Bestimmung des Leistungsinteresses, wenn der Gläubiger im Fall des Bestehens des Leistungsverweigerungsrechts gem. §§ 280 I S.2, 276 *keinen* Anspruch auf Schadensersatz hat, weil der Schuldner das Leistungshindernis nicht zu vertreten hat. Hier liegt das Leistungsinteresse – und damit ist die Herbeiführung des Leistungserfolges *in natura* gemeint – regelmäßig höher, da der Gläubiger ansonsten leer ausgehen würde[237].

7. Der maßgebliche Zeitpunkt für die Beurteilung des Gläubigerinteresses

Der *prozessual* maßgebliche Zeitpunkt für die Bestimmung des Leistungsinteresses ist der der letzten mündlichen Tatsachenverhandlung[238], da die Entscheidung zu der Zeit, zu der sie erlassen wird, nicht widersinnig sein darf.

Fraglich ist, welcher Zeitpunkt *materiellrechtlich* für die Beurteilung des Gläubigerinteresses maßgeblich ist. Denkbar ist insoweit der Zeitpunkt des Vertragsschlusses, des Eintritts des Leistungshindernisses sowie der Geltendmachung der Einrede des § 275 II durch den Schuldner oder ebenso der Zeitpunkt der mündlichen Verhandlung.

Gegen die Maßgeblichkeit des Zeitpunktes des Vertragsschlusses spricht, dass nach dem Vertragsschluss entstehende und/oder steigende Gläubigerinteressen unberücksichtigt blieben. Dies hätte eine Beschränkung auf diejenigen Interessen des Gläubigers zur Folge, die vor bzw. bei Vertragsschluss vorgelegen haben. Unberücksichtigt blieben dabei auch Fälle, in denen durch das Leistungshindernis neben dem gestiegenen Schuldneraufwand auch das Leistungsinteresse des Gläubigers steigt, gerade weil die Leistungserbringung nicht nur für den Schuldner sondern für jedermann schwieriger geworden ist. Eine solche Begrenzung relevanter Gläubigerinteressen lässt sich jedoch dem Gesetzeswortlaut nicht entnehmen. Gerade nach Vertragsschluss können sich schwerwiegende Änderungen auf Seiten des Gläubigers ergeben, so dass sein Interesse an der Leistung steigen kann. Geht man von den Fällen der Preissteigerungen aus, so zeigt sich, dass es hier gerade auf das nach Abschluss des Vertrages mit dem Schuldneraufwand proportional steigende Gläubigerinteresse ankommt.

Auch wäre es nicht sachgerecht, auf den Zeitpunkt des Eintritts des Leistungshindernisses abzustellen, da dieser Zeitpunkt zum einen schwer nachweisbar ist, zum anderen gerade die Entwicklung der Sachlage nach Eintritt des Leistungshindernisses sowohl für das Ansteigen des Schuldneraufwands und des Leistungsinteresses maßgeblich ist.

---

[237] Vgl. *Canaris*, JZ 2001, 499 [503]; a.A.: *Faust* in *Huber/Faust*, Schuldrechtsmodernisierung, S. 33; Davon zu unterscheiden ist die Bedeutung des Vertretenmüssens im Rahmen von § 275 II S.2. Hier führt das Vertretenmüssen des Schuldners dazu, dass höhere Anforderungen an sein Leistungsbefreiungsrecht zu stellen sind. Dies liegt auf der Hand. Je mehr der Schuldner zu vertreten hat, desto mehr ist ihm bei der Leistungserbringung selbst zuzumuten. Dieses Ergebnis steht nur scheinbar in Widerspruch mit dem eben Gesagtem. Die Frage, ob der Schuldner leer ausgeht oder nicht, ist bereits bei der Frage der Höhe der Gläubigerinteressen zu berücksichtigen. Zusammenfassend kann daher gesagt werden, dass somit unter jedem Gesichtspunkt der Schuldner vorrangig Naturalerfüllung zu leisten hat. Einen Überschneidungsbereich zwischen den beiden Varianten gibt es nicht, da der Schuldner das Leistungshindernis entweder zu vertreten hat oder nicht.

[238] RGZ 107, 15; Münch.-Komm./*Emmerich* § 275 Rdnr. 83.

Ebenso wenig kann es auf den Zeitpunkt der Erhebung der Einrede durch den Schuldner ankommen, da es ansonsten der Schuldner in der Hand hätte, zu bestimmen, bis zu welchem Zeitpunkt ein möglicherweise im Ansteigen befindliches Gläubigerinteresse Berücksichtigung finden dürfte. Erleidet der Mieter beispielsweise Monat für Monat erhebliche Einbußen wegen der fehlenden Gebrauchsüberlassung der zerstörten Mietsache, so steigt sein Interesse zeitgleich an, je länger der Schuldner seiner streitigen Pflicht zur Wiederherstellung der Mietsache nicht nachkommt.

Sachgerecht ist daher, zur Feststellung der Gläubigerinteressen auf den Zeitpunkt der letzten mündlichen Tatsachenverhandlung abzustellen, so dass alle bis dahin entstandenen und von den Parteien vorgetragenen Aspekte vom Zivilrichter berücksichtigt werden müssen.

8. Zwischenergebnisse

- Die Darlegungs- und Beweislast hinsichtlich des Gläubigerinteresses trägt grundsätzlich der Schuldner. Legt er im Rahmen seiner Erkenntnismöglichkeiten das Gläubigerinteresse schlüssig dar, hat nach den Grundsätzen der sekundären Beweislast sodann der Gläubiger sein tatsächliches Interesse vorzutragen.

- Soweit man die ergänzende Vertragsauslegung anhand *objektiver* Kriterien vornimmt, lassen sich die Interessen des Gläubigers an der Leistung durch die ergänzende Vertragsauslegung ermitteln. Es ist objektivierend danach zu fragen, welche Regelung die Parteien vernünftigerweise vorgesehen hätten, wenn sie die Interessen des Gläubigers gemeinsam bedacht und damit gerechnet hätten, dass ein Leistungshindernis eintreten würde.

- Das Leistungsinteresse des Gläubigers bezieht sich auf den vom Schuldner herbeizuführenden Leistungserfolg und hat mindestens die Höhe der Gegenleistung.

- § 252 S.2 ist analog auf die Bestimmung des entgangenen Gewinns des Gläubigers im Rahmen von § 275 II anwendbar.

- Das Leistungsinteresse des Gläubigers kann materieller und immaterieller Natur sein.

- Bei der Beurteilung, welche Interessen des Gläubigers in § 275 II Berücksichtigung finden, ist vergleichend der Schutz der Gläubigerinteressen auf Sekundärebene nach § 249 S.1 zu betrachten. Interessen, die auf Sekundärebene geschützt werden, sind erst Recht auch im Rahmen von § 275 II berücksichtigungsfähig. Daher werden im Rahmen von § 275 II auch immaterielle Interessen sowie Affektionsinteressen des Gläubigers berücksichtigt.

- § 287 ZPO ist bei der Bestimmung der immateriellen Interessen im Rahmen von § 275 II nicht anwendbar.

- Bei der Bestimmung der Gläubigerinteressen bleibt ein etwa bestehender Schadensersatzanspruch gegen den Schuldner unberücksichtigt. Geht der Gläubiger dagegen wegen fehlendem Vertretenmüssen des Schuldners auf Sekundärebene leer aus, steigt sein Interesse an der Naturalerfüllung.

- Maßgeblicher Zeitpunkt für die Beurteilung der Gläubigerinteressen ist in prozessualer und materiellrechtlicher Hinsicht der Schluss der letzten mündlichen Tatsachenverhandlung.

III. Der Aufwand des Schuldners zur Erbringung der Leistung

Nach § 275 II S.1 ist neben dem Gläubigerinteresse der zur Erbringung der Leistung erforderliche Schuldneraufwand in die Verhältnismäßigkeitsprüfung einzustellen. Im Folgenden wird untersucht, wie dieser Schuldneraufwand zu bestimmen ist und wie dieser von den in § 275 II S.2 genannten „Anstrengungen" sowie von den „entgegenstehenden Hindernissen" in § 275 III abgegrenzt werden kann.

1. Die Bestimmung des Schuldneraufwands in § 275 II

a. Der wirtschaftliche Schuldneraufwand

Keine besonderen Probleme bereitet die Bestimmung des wirtschaftlichen Schuldneraufwands. Hat der Schuldner z.B. aufgrund eines Mietvertrages dem Gläubiger den Gebrauch an einer Sache zu überlassen und geht diese Sache unter, lässt sich der Aufwand des Schuldners, der zur Wiederherstellung der vermieteten Sache notwendig ist, ohne weiteres exakt beziffern und so in die Verhältnismäßigkeitsprüfung einstellen. Ebenso verhält es sich beim Verkauf einer Sache sowie im Werkvertragsrecht, bei der Frage, bis zu welchem Aufwand der Schuldner Nachbesserung oder Neuherstellung schuldet.

Es stellt sich allerdings die Frage, ob in die Abwägung der gesamte Aufwand des Schuldners einzubeziehen ist, oder nur derjenige, der über den Aufwand hinausgeht, der bereits zur Überwindung des Leistungshindernisses vergeblich erbracht wurde[239].

Der Wortlaut des § 275 II sieht weder beim Aufwand des Schuldners, noch beim Interesse des Gläubigers eine Beschränkung auf den Zeitraum nach Eintritt des Leistungshindernisses vor und verhält sich damit gegenüber der Frage, ob es auf den vom Schuldner geforderten *Gesamtaufwand* ankommt, neutral. Allerdings führt der bisher erbrachte Aufwand gerade nicht zur Befriedigung der Gläubigerinteressen, wurde vom Schuldner vergeblich erbracht und kann daher auch dem Gläubiger bei der Abwägung nicht entgegengehalten werden. Gegen eine solche Betrachtung spricht aber[240], dass bei Eintritt mehrerer Leistungshindernisse den Schuldner eine erhebliche Nachschusspflicht treffen würde. Sein Gesamtaufwand würde sich mit jedem zusätzlichen Leistungshindernis erhöhen, wenn der durch ein einzelnes Leistungs-

---

[239] Dies setzt natürlich eine Situation voraus, in den der Schuldner bereits einen Versuch der Leistungserbringung unternommen hat und dann ein Ereignis eintritt, welches die bisherigen Aufwendungen zunichte macht und vom Schuldner nochmals neue, gegebenenfalls höhere Aufwendungen abverlangt.
[240] Vgl. *Faust*, in Huber/Faust, Schuldrechtsmodernisierung S.36.

hindernis erforderliche Zusatzaufwand im Verhältnis zum Gesamtgläubigerinteresse in keinem groben Missverhältnis stünde. Dies hätte zur Konsequenz, dass der Schuldner trotz eines grob unverhältnismäßigen *Gesamtaufwands* weiterhin zur Leistung verpflichtet wäre. Daher ist bei der Ermittlung des Schuldneraufwands auf den Gesamtaufwand abzustellen.

b. Der persönliche Schuldneraufwand

Fraglich ist, ob von § 275 II S.1 auch der – persönliche – Schuldneraufwand berücksichtigt wird. Der Gesetzeswortlaut lässt diese Frage mit der Formulierung „Aufwand" offen. Damit kann sowohl ein wirtschaftlicher, als auch ein persönlicher Aufwand gemeint sein. Anders läge der Fall, wenn von *Aufwendungen* die Rede wäre, da diese nach dem geltenden Recht nur wirtschaftliche Aspekte betreffen[241]. Aufschluss über diese Frage bringt allerdings § 275 II S.2. Danach ist bei der Bestimmung der dem Schuldner zuzumutenden *Anstrengungen* auch zu berücksichtigen, ob der Schuldner das Leistungshindernis zu vertreten hat. Der Begriff der Anstrengungen ist mit dem Begriff des Aufwands in Einklang zu bringen, da § 275 II S.2 keinen von § 275 II S.1 eigenständigen Regelungsgehalt hat, sondern diese Vorschrift lediglich dahingehend ergänzt, dass ein Vertretenmüssen des Schuldners zu berücksichtigen ist. Die Berücksichtigungsfähigkeit des Vertretenmüssens ist wiederum nicht auf die Anstrengungen nach § 275 II S.2 beschränkt, sondern bezieht sich gerade auch auf den Aufwand nach S.1. Unter Anstrengungen versteht man nach dem natürlichen Sprachgebrauch aber nicht nur wirtschaftliche, sondern auch *persönliche* Anstrengungen. Daher ist § 275 II so zu verstehen, dass unter Aufwand alle wirtschaftlichen Aufwendungen sowie persönlichen Anstrengungen fallen. Durch S.2 wollte der Gesetzgeber ausdrücklich klarstellen, dass von § 275 II S.1 bei der Bestimmung des Schuldneraufwands sowohl wirtschaftliche als auch persönliche Aspekte auf Schuldnerseite berücksichtigt werden[242].

c. Die Beteiligung des Gläubigers an den Kosten der Leistungserbringung

Problematisch ist der Fall, in dem der Gläubiger dem Schuldner anbietet, teilweise die Kosten für die Leistungserbringung zu übernehmen, um dem Schuldner die aufgrund des „groben Missverhältnisses" durch § 275 II gehemmte Pflicht zur Leistungserbringung zu erleichtern und auf diese Weise die geschuldete Leistung zu erhalten. Ein besonderes Interesse an einer solchen Vorgehensweise wird der Gläubiger in den Fällen haben, in denen der Schuldner das Leistungshindernis nicht zu vertreten hat und daher auf Sekundärebene leer ausgehen wird.

Die Frage ist dabei, ob sich der Schuldner auf ein solches Angebot einlassen muss, oder ob er eine Beteiligung des Gläubigers am Aufwand zur Leistungserbringung ablehnen und sich auf sein Leistungsverweigerungsrecht berufen kann. Im Gesetz findet sich kein Hinweis darauf, dass der Schuldner bei einem entsprechenden Angebot gleichwohl leisten muss. Auch aus den Gesetzgebungsmaterialien folgen keine Hinweise darauf, dass diese Frage Gegenstand der Beratungen war. Allerdings liegt es auf der Hand, dem Schuldner die Berufung auf ein „grobes Missverhältnis" dann zu verweigern, wenn er einen Zuschuss des Gläubigers zu seinem

---

[241] BGHZ 8, 222; mit dem Hinweis darauf, dass Aufwendungen Vermögensopfer sind.
[242] Vgl. BT-Drucks. 14/6040 S. 130, linke Spalte.

Aufwand ablehnt. Denn der wirtschaftliche Aufwand des Schuldners verringert sich in jedem Fall durch den Zuschuss des Gläubigers. Hinzu kommt, dass die Bestimmung des groben Missverhältnisses gem. § 275 II unter dem Postulat von *Treu und Glauben* vorzunehmen ist. Es ist daher zunächst zu prüfen, ob ohne Zuschuss des Gläubigers ein Leistungsverweigerungsrecht vorliegen würde und ob unter Beachtung des Zuschusses, d.h. bei einer Anrechnung auf den Schuldneraufwand, das „grobe Missverhältnis" entfällt. Liegen diese Voraussetzungen vor, handelt der Schuldner treuwidrig, wenn er sich gleichwohl auf die Unzumutbarkeit seines Aufwands beruft[243].

Dem steht auch nicht die Rechtsprechung des BGH entgegen, wonach dem Geschädigten verwehrt wird, sich die an sich unverhältnismäßige Reparatur eines beschädigten KFZ dadurch zu erkaufen, dass er sie mitfinanziert[244]. Denn dort geht es um die Frage nach der Schutzwürdigkeit der Affektionsinteressen des Gläubigers, sein altes KFZ weiternutzen zu können. Im Rahmen von § 275 II liegt der Fall jedoch anders: Hier entscheidet die Frage, ob der Schuldner die „Zuzahlung" akzeptieren muss über Alles oder Nichts, wenn der Schuldner das Leistungshindernis nicht zu vertreten hat. Denn in diesem Fall bleiben seine materiellen Interessen auch auf Sekundärebene schutzlos. Daher ist die Beteiligung des Gläubigers bei der Bestimmung des Schuldneraufwands zu berücksichtigen.

d. Der maßgebliche Zeitpunkt für die Beurteilung des Schuldneraufwands

Der maßgebliche Zeitpunkt für die materiellrechtliche Bestimmung des Schuldneraufwands ist ebenso wie bei der Bestimmung der Gläubigerinteressen derjenige der letzten mündlichen Verhandlung.

2. Abgrenzung zu § 275 III

Nach § 275 III kann der Schuldner die Leistung ferner verweigern, wenn er die Leistung persönlich zu erbringen hat und sie ihm unter Abwägung des seiner Leistung entgegenstehenden *Hindernisses* mit dem Leistungsinteresse des Gläubigers nicht zugemutet werden kann.

Die Vorschrift ist eine Sonderregel für Leistungen, die der Schuldner persönlich zu erbringen hat, d.h., bei denen er keine Erfüllungsgehilfen heranziehen darf. Dies betrifft vor allem Dienst- und Arbeitsverträge. Hierzu können aber auch Werkverträge oder Geschäftsbesorgungsverträge gehören[245].

Das Verhältnis von § 275 II und III ist insoweit problematisch, als in beiden Vorschriften persönliche Leistungshindernisse berücksichtigt werden. Allerdings sehen beide Regelungen unterschiedliche Voraussetzungen für die Geltendmachung des Leistungsverweigerungsrechts

---

[243] Wenn der Schuldner die Leistung aufgrund eines *persönlichen Umstandes* verweigert, ist schwer festzustellen, bei einem wie hohen finanziellen Angebot des Gläubigers der Schuldner verpflichtet ist, die Leistung trotz des persönlichen Hinderungsgrundes zu erbringen. In diesem Fall versagt eine Anrechung der „Hilfszahlung" durch den Schuldner.

[244] BGHZ 115, 375.

[245] Vgl. BT-Drucks. 14/4060 S. 130, rechte Spalte.

vor: § 275 III erfordert *Unzumutbarkeit* der Leistungserbringung für die Befreiung, während § 275 II auf ein *grobes Missverhältnis* zwischen dem Schuldneraufwand und dem Leistungsinteresse abstellt. Daher ist es notwendig, die Vorschriften voneinander abzugrenzen.

§ 275 III kann entweder als Sondervorschrift für Schuldverhältnisse angesehen werden, die eine persönliche Leistungspflicht zum Inhalt haben und in diesem Rahmen § 275 II vollständig verdrängen. Oder die Spezialität des § 275 III erstreckt sich nur auf die Fälle der Leistungserschwerung, deren Grund auch tatsächlich einem persönlichen Hindernis auf Seiten des Schuldners liegt. Die übrigen Fälle des gesteigerten *wirtschaftlichen Aufwands* des Schuldners sind dann auch im Rahmen von Dienst- und Arbeitsverträgen nach § 275 II zu lösen.

Der Wortlaut der Vorschrift des § 275 III spricht zunächst für eine ergänzende Anwendung. Dies folgt aus dem Wort „ferner" in § 275 III. Daraus kann gefolgert werden, dass § 275 III über § 275 II hinaus in den Fällen gelten soll, in denen die Leistung persönlich zu erbringen ist. Dabei spricht die Formulierung „ferner" auch dafür, dass bei persönlichen Leistungspflichten § 275 II auf wirtschaftliche Leistungshindernisse anwendbar bleibt, da ansonsten für diese Fälle § 275 III isoliert neben § 275 II stehen würde. Allerdings wird es im Anwendungsbereich des § 275 III ausgeschlossen sein, dass aufgrund eines Umstandes, der dem Schuldner einen hohen persönlichen Aufwand abverlangt, eine Leistungsbefreiung nach § 275 II eintritt und nach § 275 III nicht. Daher macht es nur bedingt Sinn, in solchen Fällen zunächst § 275 II – mit der höheren Schwelle zur Leistungsbefreiung – zu prüfen und danach § 275 III.

Weiterhin ist in § 275 III von *„Hindernissen"* und nicht von *„Aufwand"* oder *„Anstrengungen"* die Rede. Im Umkehrschluss zu § 275 II soll daher dem Begriff „Hindernis" eine andere Bedeutung zukommen, als dem Begriff des „Aufwands". Ob es sich dabei um eine rein terminologische Frage handelt, lässt sich der Gesetzesbegründung nicht entnehmen. Jedenfalls hat der Begriff des Hindernisses wenig wertende Elemente zum Inhalt. Zudem können unter „Hindernis" sowohl *wirtschaftliche* Hindernisse, als auch *persönliche* Hindernisse zu verstehen sein. Auch ist der Begriff *Hindernis* schon nach dem natürlichen Sprachgebrauch weiter zu verstehen, als die Begriffe *Aufwand* und *Anstrengung*. Während man unter *Aufwand* und *Anstrengung* nur abstrakt, d.h. ohne Beachtung der Konsequenzen für den Schuldner, das versteht, was der Schuldner zur Leistungserbringung tun muss, bezieht das in § 275 III genannte *Hindernis* auch Art und Folgen der Leistungserbringung in die Abwägung ein. Daraus folgt für die Bestimmung des Schuldneraufwands, dass die Art des Leistungshindernisses und seine Folgen für den Schuldner in der Betrachtung unberücksichtigt bleiben müssen.

Die Frage ist, ob sich der Schuldner von persönlichen Leistungen im Hinblick auf persönliche und wirtschaftliche Erschwerungen auf § 275 III berufen kann oder ob wirtschaftliche Erschwerungen nach § 275 II zu lösen sind. Dies ist letztlich eine Wertungsfrage, bei der es darum geht, zu bestimmen, wie weitgehend der Gesetzgeber den Schuldner einer persönlichen Leistungspflicht schützen wollte. Warum ein Leistungshindernis, welches zu einem erhöhten wirtschaftlichen Aufwand des Schuldners führt, bei persönlichen Leistungspflichten unter geringeren Voraussetzungen zu einer Befreiung des Schuldners führen können soll, als bei vertretbaren Leistungen, lässt sich nicht nachvollziehen. Daher ist § 275 II auch bei persönlichen Leistungspflichten anwendbar und wird nur insoweit von § 275 III überlagert, als es sich um Hindernisse handelt, die gerade auf dem Umstand der persönlichen Erbringung der Leistung beruhen. Wirtschaftliche Hindernisse sind auch bei persönlich zu erbringenden Leistungen unter § 275 II zu fassen.

3. Zwischenergebnisse

- Bei der Bestimmung des Schuldneraufwands im Rahmen von § 275 II ist der gesamte Aufwand des Schuldners zur Erbringung seiner Leistung zu berücksichtigen und nicht nur der durch das Leistungshindernis verursachte erhöhte Aufwand.
- Bei § 275 II S.1 sind sowohl wirtschaftliche, als auch persönliche Aspekte bei der Bestimmung des Schuldneraufwands zu berücksichtigen.
- Bei der Bestimmung des Schuldneraufwands ist eine finanzielle Beteiligung durch den Gläubiger zu berücksichtigen.
- Der maßgebliche Zeitpunkt für die Bestimmung des Schuldneraufwands ist derjenige der letzten mündlichen Verhandlung.
- § 275 II ist auch auf Schuldverhältnisse anwendbar, die eine persönliche Leistungspflicht zum Inhalt haben. § 275 III ist hierzu *lex specialis*, soweit in persönlicher Hinsicht ein Hindernis vorliegt.

IV. Das grobe Missverhältnis zwischen dem Leistungsinteresse des Gläubigers und dem Aufwand des Schuldners unter Berücksichtigung von Treu und Glauben und des Inhaltes des Schuldverhältnisses

1. Der Vergleich des Aufwands des Schuldners mit dem Leistungsinteresse des Gläubigers

Nachdem geklärt wurde, wie der Schuldneraufwand und das Leistungsinteresse des Gläubigers zu bestimmen sind, wird im folgenden der entscheidenden Frage nachgegangen, wie der Schuldneraufwand und das Leistungsinteresse des Gläubigers zueinander in Relation gesetzt werden können. Dabei ist zwischen dem wirtschaftlichen Schuldneraufwand und dem wirtschaftlichen Leistungsinteresse des Gläubigers sowie dem persönlichen Schuldneraufwand und dem immateriellen Leistungsinteresse des Gläubigers, zu differenzieren.

a. Der wirtschaftliche Schuldneraufwand und das wirtschaftliche Gläubigerinteresse

Geringe Probleme ergeben sich, wenn der wirtschaftliche Schuldneraufwand und die Vermögensinteressen des Gläubigers an der Leistung zueinander ins Verhältnis gesetzt werden. Diese Interessen lassen sich in den meisten Fällen ohne weiteres beziffern, so dass im Ergebnis zwei Rechnungsposten gegenübergestellt werden können.

b. Der persönliche Schuldneraufwand und das immaterielle Interesse des Gläubigers

Sind allerdings persönliche Hindernisse und/oder immaterielle Interessen des Gläubigers in der Abwägung zu berücksichtigen[246], so versagt naturgemäß eine einfache Gegenüberstellung, da sich diese Interessen nicht, oder nur sehr eingeschränkt in Zahlen fassen lassen. Auch ist teilweise schwierig zu bestimmen, ob es sich tatsächlich um ein persönliches Hindernis handelt oder nicht doch letztlich um einen gestiegenen wirtschaftlichen Schuldneraufwand. Zieht man das zu §§ 275 III häufig zitierte Beispiel der Sängerin mit dem kranken Kind heran, so zeigt sich, dass das persönliche Hindernis im Sinne von § 275 III nur darin liegen kann, dass sich die Mutter verpflichtet fühlt, das Kind zu betreuen und ihm persönlich beizustehen. Geht es nur darum, dass das Kind nicht unbeaufsichtigt sein soll, so lässt sich dies mit Hilfe eines entsprechenden finanziellen Aufwandes – z.B. durch Beauftragung eines Kindermädchens oder einer privaten Krankenschwester – lösen. Dieses Beispiel zeigt, dass letztlich genau geprüft werden muss, ob sich nicht hinter dem vermeintlich persönlichen Hindernis ein wirtschaftlicher Schuldneraufwand verbirgt, der sich exakt beziffern lässt.

Für eine Bewertung persönlichen Aufwands lassen sich nur schwer feststehende Maßstäbe ansetzen, da die möglichen Interessen und der persönliche Aufwand zu facettenreich sind. Einige Anhaltspunkte lassen sich jedoch aus der Vorschrift selbst ableiten. Das Gesetz gibt mit seiner Formulierung „grobes Missverhältnis“ bereits vor, dass nur in Ausnahmefällen[247], d.h. bei extremem Auseinanderfallen des (persönlichen) Aufwands auf Seiten des Schuldners und den Interessen auf Seiten des Gläubigers von einem Leistungsverweigerungsrecht ausgegangen werden kann. Dem gemäß werden im Rahmen der erforderlichen Interessenabwägung nur diejenigen Aspekte Durchschlagskraft haben, die auch deutlich und klar erkennbar Vorrang vor anderen (u.a. auch wirtschaftlichen) Interessen haben[248].

Weitere Anhaltspunkte für die vorzunehmende Abwägung ergeben sich aus der naturgemäßen Rangfolge der unterschiedlichen Interessen selbst, dem durch das Gesetz gewährleisteten Schutz dieser Interessen sowie der Intensität ihrer Betroffenheit im konkreten Fall.

Zunächst ist daher im Rahmen der Interessenabwägung zu ermitteln, welche Interessen sich gegenüberstehen und wie diese Interessen von der Rechtsordnung geschützt werden. Bei der Frage nach der Intensität des Schutzes der Interessen ist vor allem zu prüfen, wie der Gesetzgeber diesen Schutz ausgestaltet hat. Als Rechtsquellen dienen dabei die Grundrechtsartikel sowie das einfache Gesetzesrecht. Die Vorschrift des § 275 II, III ist auch für die Berücksichtigung verfassungsrechtlicher Wertentscheidungen offen ausgestaltet, da die unbestimmten Rechtsbegriffe, wie „Treu und Glauben“ und „Unzumutbarkeit“, im Lichte des Grundgesetzes

---

[246] Dabei geht es sowohl um die Gegenüberstellung von immateriellen Interessen zueinander und von immateriellen Interessen zu materiellen Interessen.

[247] Vgl. *Canaris*, JZ 2001, S. 499.

[248] Bei einer Gegenüberstellung von immateriellen Interessen ist auch dem Umstand Rechnung zu tragen, dass auf Grund des subjektiven Einschlags dieser Interessen eine exakte Abwägung nur schwer möglich ist.

ausgelegt werden können und müssen. Allerdings kann es auch hier nur auf ein deutliches Überwiegen des einen oder anderen Interesses ankommen.

An erster Stelle steht der Schutz des Lebens und der körperlichen Unversehrtheit gem. Art. 2 II S.1 GG. Zwar mag es sich bei § 275 II S. 1 um eine gesetzliche Vorschrift im Sinne von Art. 2 II S.3 GG handeln. Allerdings wird vom Schuldner im Hinblick auf die exklusive Stellung des Schutzes des Lebens und der körperlichen Unversehrtheit nicht verlangt werden können, dass er sein oder das Leben anderer gefährdet, um wirtschaftliche Interessen des Gläubigers befriedigen zu können. Naturgemäß steht der Durchsetzbarkeit des Leistungsanspruchs hier schon der Grundsatz von Treu und Glauben entgegen, der im Lichte des Art. 2 II GG auszulegen ist, so dass ein solches Verhalten nach der Rechtsordnung nicht gefordert werden kann und daher auch aufgrund § 275 II S.1 nicht durchsetzbar sein kann. Umgekehrt verhält es sich mit dem wirtschaftlichen Aufwand des Schuldners genauso, wenn auf Seiten des Gläubigers das Leben oder die Gesundheit – des Gläubigers – gefährdet sind. Auch in diesem Fall wird man davon ausgehen können, dass vom Schuldner jeder denkbare *wirtschaftliche* Aufwand verlangt werden kann.

Die Bewertung der übrigen denkbaren Interessen ist deutlich weniger klar. Jedenfalls kann eine weitere Grenze der Leistungspflicht des Schuldners im Hinblick auf Art. 14 I GG dort gezogen werden, wo dessen wirtschaftlicher Ruin drohen würde, hielte man ihn an der Leistungspflicht fest. Wie wir insbesondere von *Eidenmüller* wissen, können bei der Auslegung des Privatrechts auch ökonomische Aspekte Berücksichtigung finden[249]. Gerade in Zeiten der Rezession, in denen die jährliche Zahl der Arbeitslosen und der Insolvenzverfahren höher ist denn je, macht es volkswirtschaftlich keinen Sinn, den Schuldner an einer Leistung festzuhalten, deren Erbringung ihn in den Ruin treiben würde, wenn auf der anderen Seite nicht mindestens ebenso schutzwürdige Interessen des Gläubigers in die Verhältnismäßigkeitsprüfung einzustellen sind. Führt in diesen Fällen die Nichtleistung für den Gläubiger zu wirtschaftlich vertretbaren Einbußen, soll sich der Schuldner auf § 275 II berufen können.

Den übrigen in diesem Zusammenhang in Betracht kommenden, von der Rechtsordnung geschützten Interessen lässt sich kein weiteres eindeutiges Stufenverhältnis entnehmen. So kann beispielsweise das Verhältnis der Glaubens- Gewissens- und Bekenntnisfreiheit in Art. 4 GG zur Eigentumsgarantie des Art. 14 GG nicht ohne weiteres beantwortet werden. Vielmehr kommt es auf eine Abwägung im Einzelfall an. Diese hat der Richter anhand der aus dem Grundgesetz und dem übrigen Gesetzesrecht folgenden Wertentscheidungen sowie unter Berücksichtigung der Intensität der Beeinträchtigung der jeweiligen Interessen vorzunehmen.

2. Das „grobe Missverhältnis“

a. Die Bedeutung des groben Missverhältnisses

Wann ein Missverhältnis als grob zu bezeichnen ist, lässt sich aufgrund der Vielzahl der denkbaren Leistungserschwerungen schwer generell sagen. Deshalb muss zum Zwecke einer

[249] Vgl. *Eidenmüller*, Effizienz als Rechtsprinzip, Tübingen 1995.

rechtssicheren und in der Praxis praktikablen Handhabung der Norm dieser Rechtsbegriff ausgestaltet und konkretisiert werden.

Dabei handelt es sich zwar um einen Begriff, der im Unmöglichkeitsrecht neu eingeführt worden ist. Allerdings weist § 275 II Parallelen zu den Vorschriften der § 251 II und § 633 II S.3 a.F. auf, die ebenfalls Begriffe wie die „Unverhältnismäßigkeit“ zum Inhalt haben, die letztlich das Gleiche wie „Missverhältnis[250]“ aussagen[251]. Diese Vorschriften sind von Literatur und Rechtsprechung umfangreich durchleuchtet worden[252] und liegen nach der Gesetzesbegründung der Vorschrift des § 275 II zugrunde. Daher ist zu fragen, nach welchen Kriterien die Verhältnismäßigkeitsprüfung nach diesen Vorschriften erfolgt und ob diese im neuen Recht Anwendung finden.

b. Die Unverhältnismäßigkeit in §§ 251 II und § 633 II S.3 a.F.

Im Gegensatz zu den Vorschriften der §§ 251 II und § 633 II S.3 a.F. gibt § 275 II sowohl die Bezugsgröße – das Leistungsinteresse des Gläubigers – als auch den für die Abwägung erforderlichen Grad des Missverhältnisses vor, der hier „grob“ sein muss. Letzteres resultiert daraus, dass im Rahmen von § 251 II im Fall der Unverhältnismäßigkeit der Herstellung der Gläubiger – abgesehen von den Fällen des § 253 – immerhin eine Entschädigung in Geld erhält, die den Wertverlust voll ausgleicht. In den Fällen des § 633 II S.3 a.F. verliert der Gläubiger nur den Anspruch auf Nachbesserung. Es bleibt ihm unbenommen, Wandelung oder Minderung zu verlangen, mit deren Hilfe er sein gestörtes Äquivalenzinteresse zumindest teilweise ausgleichen kann[253]. Dagegen verliert der Gläubiger im Falle des § 275 II S.2 seine Ansprüche – auch auf Sekundärebene – ersatzlos, wenn der Schuldner das Leistungshindernis nicht zu vertreten hat. Daher ist das Erfordernis des „*groben* Missverhältnisses“ jedenfalls unter diesem Gesichtspunkt folgerichtig und muss auf höherer Schwelle liegen, als § 251 II und § 633 II S.3 a.F.[254]

c. Die Perspektive der Bestimmung des „groben Missverhältnisses“ – absolut oder relativ ?

Bei der Bestimmung des groben Missverhältnisses ist nach dem Wortlaut des § 275 II eine absolute und eine relative Betrachtungsweise denkbar: Zum einen kann der Gesamtaufwand des Schuldners und das Interesse des Gläubigers an der gesamten Leistung gegenübergestellt werden (absolute Betrachtungsweise). Denkbar ist aber auch, danach zu fragen, wie das Leistungshindernis den Aufwand und das Leistungsinteresse verändert hat, so dass nur die durch das Leistungshindernis zusätzlich hinzugekommenen Veränderungen zu betrachten sind (rela-

---

[250] Auch der Bundesgerichtshof hat namentlich im Bürgschaftsrecht bei der Frage nach der Sittenwidrigkeit der Bürgenüberforderung gem. § 138 II Begriffe wie „auffälliges“, „besonders auffälliges“ und „krasses *Missverhältnis*“ herangezogen und eigenständig ausgestaltet. Dies zeigt, dass auch die Rechtsprechung teilweise auf die Anwendung von Generalklauseln angewiesen ist, da sich nur mit ihnen die Vorgaben darstellen lassen, welche von der Rechtsprechung der Instanzgerichte und der Literatur auszufüllen sind.

[251] Vgl. BT-Drucks. 14/6040 S. 130.

[252] § 251 II wird dabei vielfach wie auch § 633 II S. 2 a.F. als schadensersatzrechtliche Konkretisierung von § 242 verstanden.

[253] Vgl. *Canaris*, Die Reform des Rechts der Leistungsstörungen, JZ 2001, S. 499, 518.

[254] Ebenso *Canaris*, Die Reform des Rechts der Leistungsstörungen, JZ 2001, S. 499, 518.

tive Betrachtungsweise)[255]. Bereits oben wurde darauf hingewiesen, dass es im Rahmen der Bestimmung des Schuldneraufwands auf den Gesamtaufwand des Schuldners ankommt.

Gegen eine relative Betrachtungsweise spricht der Wortlaut der Vorschrift, nach der der Schuldner „..die *Leistung* verweigern..“ kann „..soweit *diese* einen Aufwand erfordert..“. Mit „Leistung“ kann dabei nur die gesamte, aufgrund des Vertrages geschuldete Leistung gemeint sein. Eine Auslegung dahingehend, dass mit Leistung diejenige gemeint ist, welche zur Überwindung des Leistungshindernisses notwendig ist, kann dem Wortlaut der Vorschrift nicht entnommen werden. Zudem würde die relative Betrachtungsweise bei anfänglichen Leistungshindernissen versagen, da bei diesen gar keine Veränderung des Verhältnisses von Leistungsinteresse und Schuldneraufwand vorliegt[256]. Letztlich muss sich eine relative Betrachtungsweise auch den Vorwurf einer gewissen Realitätsferne gefallen lassen. Dem Gläubiger geht es nicht um das Interesse an der Überwindung des Leistungshindernisses. Was für ein Leistungshindernis vorliegt und wie dieses überwunden werden kann, wird ihn in der Regel nicht interessieren. Vielmehr geht es ihm darum, dass der vom Schuldner versprochene Leistungserfolg – auf welche Weise auch immer – herbeigeführt wird. Ebenso wenig wird der Schuldner isoliert die zusätzlichen Kosten der Leistungserbringung als unverhältnismäßig bezeichnen und die bisherigen Kosten – quasi bereinigt um die durch das Leistungshindernis zusätzlich entstandenen – unberücksichtigt lassen. Denn der aus seiner Kalkulation folgende Aufwand kann nur aus den ohnehin entstandenen Kosten zuzüglich der durch das Leistungshindernis hinzutretenden Kosten bestehen.

d. Die Beschränkung von § 275 II auf Extremfälle

§ 275 II stellt die Schnittstelle dar zwischen der Pflicht des Schuldners zur Einlösung des Leistungsversprechens einerseits und der Befreiung des Schuldners von seiner Leistungspflicht, weil diese zwar theoretisch möglich ist, aber vom Gläubiger aus Gründen der Billigkeit wegen Überschreiten der Opfergrenze nicht gefordert werden kann.

Der Schuldner übernimmt grundsätzlich mit dem zugrunde liegenden Vertrag die Pflicht, den Vertrag zu erfüllen, d.h. die Leistung vertragsgemäß zu erbringen[257]. Wie streng diese Erfüllungspflicht im Einzelnen ausgestaltet ist, hängt von den Regularien des Vertrags und der dem jeweiligen besonderen Vertragsrecht zugrunde liegenden Risikoverteilung ab[258]. Jedenfalls kann schon hier gesagt werden, dass § 275 II angesichts dieser grundsätzlichen Pflicht zur Leistungserbringung – in unterschiedlich strengen Ausprägungen – auf Extremfälle beschränkt sein sollte[259].

---

[255] Angelehnt an *Faust*, in *Huber/Faust*, Schuldrechtsmodernisierung S. 39.
[256] Vgl. *Faust*, a.a.O. S. 39.
[257] Vgl. *Canaris*, Die Reform des Rechts der Leistungsstörungen, JZ 2001, S. 499, 518.
[258] Auf diesen Aspekt wird noch eingehend eingegangen.
[259] Aus diesem Grund sehen viele den Grundsatz *pacta sunt servanda* durch die Vorschrift des § 275 II, III gefährdet; anders zu Recht *Canaris*, Die Reform des Rechts der Leistungsstörungen, JZ 2001, S.499, 518.

Eine Ausnahme von diesem Grundsatz erlauben daher nur Fallgestaltungen, die in ganz erheblichem Maße zu einer unverhältnismäßigen Belastung des Schuldners führen würden. Eine Betrachtung des § 275 II als allein den Gläubiger schützende Vorschrift verbietet sich dabei. § 275 II, III hat vielmehr die Aufgabe, einen Ausgleich zwischen der Leistungspflicht des Schuldners einerseits und der Begrenzung dieser Leistungspflicht andererseits unter Berücksichtigung der wohlverstandenen Gläubigerinteressen und dem Gesichtspunkt des Rechtsmissbrauchs herzustellen.

3. Die Bedeutung des Grundsatzes von Treu und Glauben

Bei der Bestimmung des groben Missverhältnisses sind die Gebote von Treu und Glauben zu berücksichtigen. Es ist fraglich, welcher eigenständige Regelungsbereich diesem Tatbestandsmerkmal zukommt. Nach *Lorenz/Riehm*[260] soll hier insbesondere die Frage zu verorten sein, ob auch ein Affektionsinteresse des Gläubigers zu berücksichtigen ist. Dem kann nicht gefolgt werden, da – wie bereits dargelegt wurde – die Berücksichtigungsfähigkeit der Affektionsinteressen nicht erst aus dem Merkmal Treu und Glauben, sondern aus der grammatikalischen, systematischen und teleologischen Auslegung des Begriffs des *Leistungsinteresses* selbst folgt[261]. Vielmehr kommt dem Tatbestandsmerkmal eine Auffangfunktion zu, unter welche insbesondere folgende Aspekte gefasst werden können:

Zunächst lässt sich hier in systematischer Hinsicht die bereits diskutierte Frage nach der Berücksichtigungsfähigkeit des vom Gläubiger angebotenen Zuschusses verorten. Danach kann der Schuldner – sofern es um einen wirtschaftlichen Aufwand geht – nach Treu und Glauben die Leistung dann nicht verweigern, wenn der Gläubiger einen entsprechenden Ausgleich anbietet.

Auch die Relevanz des Angebotes eines entsprechenden Geldausgleichs durch den *Schuldner* anstelle der Erbringung der Leistung, lässt sich hier verorten. Dass diese Möglichkeit zwar noch in § 275 II S.2 KonDiskE[262] vorgesehen, dann aber in den geltenden § 275 II nicht übernommen wurde, hindert die Parteien aufgrund der *Vertragsfreiheit* nicht, im Falle eines Leistungshindernisses die Pflicht des Schuldners zur Erbringung der Leistung durch einen angemessenen Geldausgleich zu ersetzen. Allerdings kann allein das *Angebot* eines Geldausgleichs durch den Schuldner dessen Leistungspflicht nicht beseitigen; d.h. der Gläubiger kann zwar, muss sich aber nicht auf ein solches Geschäft einlassen. Andernfalls würde der auch in § 275 II enthaltener Regelungszweck – Wahrung des Gläubigerinteresses an der Naturalerfüllung – auf den Kopf gestellt und der Grundsatz *pacta sunt servanda* auf ein kaum noch erkennbares Minimum reduziert.

Durch das Angebot eines Ausgleichs durch den Schuldner, lässt sich aber jedenfalls eine Ungereimtheit des § 275 II korrigieren:

---

[260] Vgl. *Lorenz/Riehm*, Rdnr. 307.
[261] Vgl. oben 2. Teil, 3. Kapitel, II., 5.
[262] Konsolidierte Fassung des Diskussionsentwurfs.

Aus § 275 II S.2 folgt, dass der Schuldner höhere Anstrengungen auf sich nehmen muss, wenn er das Leistungshindernis zu vertreten hat. Dies wird nach dem Gesetzeswortlaut im Rahmen der Frage relevant, ob ein grobes „Missverhältnis" vorliegt, hat aber keine Auswirkungen auf das Leistungsinteresse, da das Interesse am Leistungserfolg – wie bereits erörtert – nicht dadurch ansteigt, dass der Schuldner das Leistungshindernis zu vertreten hat.

Dagegen führt ein fehlendes Vertretenmüssen dazu, dass der Gläubiger gem. §§ 275 IV, 280 I S.2 keinen Anspruch auf Schadensersatz hat und daher auf Sekundärebene leer ausgehen würde. Auch dieser Umstand ist im Rahmen der Beurteilung des groben Missverhältnisses zu berücksichtigen. Denn dem Gesetzeswortlaut ist nicht zu entnehmen, dass das Vertretenmüssen nur dann berücksichtigt wird, wenn es auch vorliegt, da § 275 II S.2 ausdrücklich davon spricht, dass zu berücksichtigen sei, „[..]ob der Schuldner das Leistungshindernis zu vertreten hat." Danach ist es nur folgerichtig, die Schwelle, ab der ein grobes Missverhältnis vorliegt, bei fehlendem Vertretenmüssen niedriger anzusetzen, da der Gläubiger ansonsten leer ausgehen würde[263].

Die Konsequenz ist, dass sowohl das vorhandene, wie das fehlende Vertretenmüssen zu einer Erhöhung des Schuldneraufwands führt. Dieses Ergebnis ist offensichtlich widersprüchlich. Gelöst werden kann dieser Antagonismus zumindest teilweise, indem der Schuldner besonders in Fällen des fehlenden Vertretenmüssens einen angemessenen Geldausgleich anbietet[264]. Sofern der Gläubiger dieses Angebot annimmt, ist der Schuldner von seiner Pflicht zur Naturalerfüllung befreit. Diese Vorgehensweise macht aber nur Sinn, wenn ohne das Angebot eines Ausgleichs der Schuldner auch unter Berücksichtigung des § 275 II zu leisten verpflichtet wäre. Macht der Gläubiger in dieser Situation die Leistung geltend, ist die Zumutbarkeitsschwelle für den Schuldner herabzusetzen, wenn er einen angemessenen Ausgleich in Geld anbietet.

4. Die Bedeutung des Inhalts des Schuldverhältnisses

Das „grobe Missverhältnis" zwischen dem Aufwand des Schuldners und dem Leistungsinteresse des Gläubigers ist *unter Beachtung des Inhalts des Schuldverhältnisses* zu bestimmen. Der Inhalt des Schuldverhältnisses ergibt sich aus der vertraglichen Vereinbarung und aus den Vorschriften des BGB über das jeweilige vertragliche Schuldverhältnis. Dabei ist vorrangig die im Rahmen des dispositiven Rechts geschlossenen Parteivereinbarung auf die Frage hin zu untersuchen, ob sich aus ihr Gesichtspunkte für die Verhältnismäßigkeitsprüfung nach § 275 II S.1 entnehmen lassen. Zu berücksichtigen sind danach insbesondere Vereinbarungen zwischen den Parteien, die das Risiko der Unerbringbarkeit der Leistung durch den Schuldner betreffen.

---

[263] Wie bereits dargelegt, macht sich dies bei der Bestimmung der Gläubigerinteressen bemerkbar. Die Gläubigerinteressen an der Naturalleistung sind demgemäß bei fehlendem Vertretenmüssen höher.

[264] So auch *Canaris*, JZ 2001, S. 499, 502.

Der *Inhalt eines Schuldverhältnisses* bestimmt sich nach den gesetzlichen Vorschriften, die entweder ergänzend zur Parteivereinbarung oder ausschließlich gelten, wenn die Parteivereinbarung nicht von den Vorschriften des Gesetzes abweicht. Die gesetzliche Regelung ist auf die Frage nach der Verteilung des Risikos der Unerbringbarkeit der Leistung hin zu untersuchen. Maßgeblich sind dabei die Vorschriften, welche die Risikoverteilung zwischen den Parteien zum Gegenstand haben. Typischerweise handelt es sich dabei um Vorschriften, welche die Verteilung der Leistungsgefahr regeln[265]. Die Verteilung der Leistungsgefahr ist in einigen vertraglichen Schuldverhältnissen schon nach den gesetzlichen Regelungen unterschiedlich ausgestaltet, so dass nach den jeweiligen Schuldverhältnissen zu differenzieren ist.

Häufig wird die gesetzliche Risikoverteilung auch von der Parteivereinbarung überlagert sein. Daher ist im Rahmen der Berücksichtigung des Inhalts des Schuldverhältnisses nach § 275 II nicht nur typisierend auf die gesetzliche Risikoverteilung, sondern im Rahmen des dispositiven Rechts zunächst auf die jeweilige vertragliche Vereinbarung abzustellen, wenn aus ihr Anhaltspunkte für die Risikoverteilung folgen. Soweit die gesetzliche Risikoverteilung nicht von der vertraglichen Vereinbarung überlagert wird, ist diese in einem zweiten Schritt entweder allein – oder ergänzend bei nur teilweiser Überlagerung – heranzuziehen.

a. Der Umfang der vertraglichen Risikoübernahme

Die Parteien können innerhalb der Grenzen des dispositiven Rechts[266] gem. §§ 241 I, 311 I frei bestimmen, welche Risiken dem Schuldner aufgebürdet werden. In der Mehrzahl der Fälle wird diese Frage allerdings nicht eigenständig ausdrücklich geregelt sein. Daher sind die dem Schuldner auferlegten Risiken häufig im Wege der Auslegung des Vertrages oder der ergänzenden Vertragsauslegung zu ermitteln[267].

Haben die Parteien vertraglich beispielsweise die Zahlung von Risikoprämien vereinbart, so wird die Übernahme des Risikos nach dem Parteiwillen regelmäßig durch diese Risikoprämie abgegolten[268]. Zu diesem Ergebnis gelangte bereits das Reichsgericht im *Lammzinnfall*, in dem es dem Verkäufer, der gegen die Leistungspflicht kriegsbedingte Erschwerungen einwandte, mit Hinweis auf eine vereinbarte Risikoprämie die Berufung auf den Wegfall der Geschäftsgrundlage versagte und den Verkäufer an der Leistungspflicht festhielt[269]. Das Gleiche gilt, wenn sich die Parteien über den *spekulativen* Charakter eines Rechtsgeschäfts bewusst sind[270]. Diese Aspekte ergeben sich entweder unmittelbar aus der vertraglichen Vereinbarung oder aus deren Auslegung.

---

[265] Ergänzend werden im folgenden aber nicht nur die Regelungen zur Leistungsgefahr dargestellt, sondern auch zur Gegenleistungsgefahr, da diese hiermit in einem engen Zusammenhang stehen und sich die Risikoverteilung letztlich aus beiden ergibt.
[266] Im Rahmen von Allgemeinen Geschäftsbedingungen muss sich die Regelung insbesondere an § 307 II messen lassen.
[267] Vgl. oben 2. Teil, 3. Kapitel, II., 1.
[268] Vgl. Münch.-Komm./*Roth*, § 242 Rdnr. 631.
[269] Vgl. oben 1. Teil, 1. Kapitel, I.; RGZ 94, 40.
[270] Vgl. Münch.-Komm./*Roth*, § 242 Rdnr. 631.

Des Weiteren ist das vom Schuldner übernommene Risiko nach den für die Risikozurechnung maßgeblichen Kriterien, d.h. nach der *Typizität des Risikos*[271], der *Erkennbarkeit* oder *Voraussehbarkeit* des Risikos nach Art und Umfang[272], der *Beherrschbarkeit* und *Beeinflussbarkeit* des Risikos[273] sowie nach der *wirtschaftlichen Belastbarkeit* der Parteien[274] zu beurteilen.

b. Die Bedeutung von § 276 I

Nach § 275 II S.2 ist auch zu berücksichtigen, ob der Schuldner das Leistungshindernis zu vertreten hat. Was der Schuldner zu vertreten hat, folgt aus der Vorschrift des § 276 I, wonach der Schuldner Vorsatz oder Fahrlässigkeit zu vertreten hat, wenn eine strengere oder mildere Haftung weder bestimmt, noch *aus dem Inhalt des Schuldverhältnisses*, insbesondere aus der Übernahme einer *Garantie* oder eines *Beschaffungsrisikos* zu entnehmen ist. Daraus folgt, dass der Inhalt des Schuldverhältnisses sowohl kraft ausdrücklicher Erwähnung im Gesetzeswortlaut von §§ 275 II S.2, 276 I, als auch in §§ 275 II S.1 zu beachten ist. Diese vermeintlich doppelte Regelung lässt sich dahingehend auflösen, dass die in § 275 II S.2 zur Klarstellung ausdrücklich erwähnte Bedeutung des Vertretenmüssens ein Teilaspekt des „Inhalts des Schuldverhältnis" ist. Der Inhalt des Schuldverhältnisses bestimmt u.a. darüber, was der Schuldner nach § 276 I zu vertreten hat, wohingegen § 275 II S.2 darüber Aufschluss gibt, *ob* ein Vertretenmüssen berücksichtigt wird.

c. Die Auswirkungen der gesetzlichen Risikoverteilung

Fehlt eine vertragliche Regelung zur Risikoverteilung, richtet sich diese nach den gesetzlichen Vorschriften. Daher wird zunächst die aus §§ 275, 326 folgende Risikoverteilung untersucht; im Anschluss daran werden die Besonderheiten des Kauf-, Werk-, Miet- und Dienstvertragsrechts aufgezeigt sowie deren Auswirkungen auf die Anwendung von § 275 II S.1 dargestellt.

aa. Die Risikoverteilung nach den §§ 275, 326

§§ 275 und 326 sind Vorschriften, welche die Risikoverteilung zwischen den Parteien regeln. § 275 I betrifft dabei die Leistungsgefahr und § 326 die Gegenleistungsgefahr. Auf § 275 wurde bereits eingehend eingegangen. Hier soll nur noch einmal kurz erwähnt werden, dass nach § 275 I die Leistungspflicht des Schuldners in Fällen der echten Unmöglichkeit[275] entfällt. Nach § 275 II geht die Leistungsgefahr auch in Extremfällen auf den Gläubiger über, wenn dem Schuldner aufgrund des erheblichen Missverhältnisses zwischen seinem Aufwand und den Gläubigerinteressen die Leistung nicht zugemutet werden kann. In diesem Fall verliert der Schuldner nach § 326 I S.1 die Gegenleistung. Er trägt die Vergütungsgefahr beispielsweise hinsichtlich der von ihm bereits vergebens versuchten Leistungserbringung. Dagegen behält er nach § 326 II S.1 den Anspruch auf die Gegenleistung, wenn der Gläubiger

---

[271] Vgl. Münch.-Komm./*Roth*, § 242 Rdnr. 636.
[272] Vgl. Münch.-Komm./*Roth*, § 242 Rdnr. 637; BGH WM 1973, 1793.
[273] Vgl. Münch.-Komm./*Roth*, § 242 Rdnr. 638; BGH ZIP 1993, 234;
[274] Vgl. Münch.-Komm./*Roth*, § 242 Rdnr. 639; *Koller*, Risikozurechnung, Fn. 1670.
[275] Die „echte" Unmöglichkeit erstreckt sich auf die naturgesetzliche und juristische sowie auf die Fälle der Zweckerreichung.

für das Hindernis allein oder weit überwiegend verantwortlich ist oder der vom Schuldner nicht zu vertretende Umstand zu einem Zeitpunkt eingetreten ist, in welchem der Gläubiger im Verzug der Annahme war. § 326 II S.1 ist dabei auch anwendbar, wenn der Gläubiger nach der vertraglichen Risikoverteilung die Gefahr für ein bestimmtes Leistungshindernis übernommen hat[276]. Die dargestellte Systematik der Leistungs- und Gegenleistungsgefahr wird allerdings im Rahmen des Kauf-, Werk-, Miet- und Dienstvertragsrechts von den dort geregelten Spezialvorschriften überlagert, welche im Folgenden erörtert werden.

bb. Die gesetzliche Risikoverteilung im Kaufvertrag

Mit Abschluss des Kaufvertrages ist der Verkäufer gem. § 433 I S.1 verpflichtet, dem Käufer die Sache zu übergeben und diesem das Eigentum an der Sache zu verschaffen. Darüber hinaus hat der Verkäufer dem Käufer die Sache frei von Sach- und Rechtsmängeln zu verschaffen. Der Verkäufer ist von dieser Verpflichtung befreit, wenn die geschuldete Leistung an den Gläubiger bewirkt wird. Zu diesem Zeitpunkt erlischt das Schuldverhältnis gem. § 362 I.

Der Verkäufer übernimmt mit Vertragsschluss ein *Beschaffungsrisiko*. Darunter ist das Risiko zu verstehen, die Verfügungsmacht über die verkaufte Sache zu erlangen, um der Pflicht auf Besitzverschaffung und Übereignung gem. § 433 I S.1 nachkommen zu können. Dabei hat der Verkäufer die Sache so zu erhalten, dass er imstande ist, die Sache sach- und rechtsmängelfrei an den Käufer zu übergeben und diesem zu übereignen. Auch dies gehört zu dem von ihm übernommenen Beschaffungsrisiko, da jenes erst endet, wenn die Leistung erbracht ist. Wie hoch sein konkretes Beschaffungsrisiko ist, kann er mit geringem Aufwand zum Zeitpunkt des Vertragschlusses abschätzen, indem er überprüft, ob er zu diesem Zeitpunkt leistungsfähig ist, oder nicht. Ebenso verhält es sich mit der Mangelfreiheit der Kaufsache, da er auch im Hinblick auf diese Frage alle erdenklichen Möglichkeiten der Überprüfung in Anspruch nehmen kann. Dies spielt im Rahmen der Risikozurechnung eine wichtige Rolle, da sich daraus ableiten lässt, dass dieses Beschaffungsrisiko *leicht beherrschbar* ist. Verkauft er einen Gegenstand, den er sich erst beschaffen muss, sind die daraus folgenden Risiken nach dem bisher Gesagten einzig seiner Risikosphäre zuzurechnen[277].

Hat der Verkäufer zum Zeitpunkt des Vertragsschlusses bereits Verfügungsmacht über die Kaufsache und treten nach Vertragsschluss Leistungshindernisse ein, stellt sich die Frage, wie zwischen den Parteien das Risiko des zufälligen Untergangs und der zufälligen Verschlechterung der Kaufsache bis zur endgültigen Abwicklung des Kaufvertrages aufgeteilt ist. Zu unterscheiden ist dabei zwischen der Leistungs- und der Vergütungsgefahr.

---

[276] Vgl. Palandt/*Heinrichs*, 62. Aufl., § 326 Rdnr. 9; BGH NJW 1980, S. 700; 1998, S. 2284; 2002, S. 595.

[277] Auf Sekundärebene trägt dem § 311a II Rechnung, der folgerichtig darauf abstellt, ob der Schuldner Kenntnis vom Leistungshindernis hatte oder dieses zu vertreten hat. Dem gemäß sind an eine Befreiung des Verkäufers wegen Leistungshindernissen, die bereits bei Vertragsschluss vorgelegen haben, hohe Anforderungen zu stellen.

Anerkannt ist, dass der Käufer grundsätzlich das sog. *Verwendungszweckrisiko* trägt[278]. Diese Fälle können jedoch nicht unter § 275 II subsumiert werden. Zwar ist der Käufer im Hinblick auf seine Pflicht zur Zahlung des Kaufpreises Schuldner. Sein Aufwand liegt in der Zahlung des Kaufpreises und das Interesse des Gläubigers an der Erlangung desselben. Naturgemäß kann dabei aber niemals ein grobes Missverhältnis auftreten, so dass diese Fälle von vorneherein der Störung der Geschäftsgrundlage nach § 313 zuzuordnen sind.

(1) Die Regelung der Leistungsgefahr

Die Leistungsgefahr[279] bezeichnet nach üblicher Definition das Risiko des Sachleistungsschuldners, trotz des Untergangs oder der Verschlechterung des geschuldeten Gegenstands weiterhin leisten zu müssen und das Risiko des Sachleistungsgläubigers, die Leistung nicht mehr zu erhalten[280]. Bei Stückschulden trägt der Gläubiger die Leistungsgefahr, da bei Untergang der Sache der Gläubiger unter keinen Umständen Übergabe und Übereignung einer neuen Sache verlangen kann[281]. Dies folgt aus § 275 I, da der Schuldner bei echter Unmöglichkeit von der Leistungspflicht befreit wird. Dies gilt im Gegensatz zur alten Rechtslage auch, wenn der Verkäufer die Unmöglichkeit zu vertreten hat, da es nach § 275 I nicht mehr auf das Vertretenmüssen des Schuldners ankommt[282]. Gattungsschulden sind mit dem Moment der Konkretisierung gem. § 243 II ebenso zu behandeln, da sich ab diesem Zeitpunkt das Schuldverhältnis auf diese eine konkretisierte Sache beschränkt.

Dagegen trägt bei einer Gattungsschuld grundsätzlich der *Schuldner* die Leistungsgefahr, bis die Gefahr auf den Gläubiger gem. § 446 wegen Übergabe der Sache oder Annahmeverzug übergeht, sofern nicht bereits vorher gem. § 243 II Konkretisierung vorliegt. Dies ist im Hinblick auf die Risikoverteilung nur konsequent, da der Verkäufer durch die Verpflichtung zur Leistung einer Gattungsschuld ein höheres Beschaffungsrisiko übernimmt, als beim Stückkauf. Die Beherrschbarkeit des Beschaffungsrisikos erweist sich im Rahmen einer Gattungsschuld teilweise als schwieriger, wenn man an den z.B. Galizischen Eierfall[283] denkt, in dem der Beschaffung der versprochenen Eier kriegsbedingte Hindernisse entgegenstanden.

Nach der alten Rechtslage folgte aus § 279 a.F. eine sehr weitgehende Pflicht des Schuldners, Anstrengungen zur Verschaffung des geschuldeten Gegenstandes auf sich zu nehmen. Allerdings wurde diese Vorschrift durch die Rechtsprechung mit Hinweis auf § 242 bzw. auf die Grundsätze des Wegfalls der Geschäftsgrundlage eingeschränkt. Nach dem nunmehr gelten-

---

[278] Vgl. hierzu die divergierende BGH Rechtsprechung: BGH MDR 1953, S. 282 einerseits und BGH NJW 1979, S. 1818 andererseits; hierzu eingehend oben 1. Teil., 2. Kapitel, II., 3.

[279] Davon zu unterscheiden ist die Sachgefahr. Bei dieser geht es um das Risiko des Sachverlustes selbst (*periculum rei*). Diese Gefahr trägt der Eigentümer (*casum sentit dominus*). Die Frage, wie sich dies auf das Verhältnis zwischen Verkäufer und Käufer auswirkt, richtet sich nach der Leistungsgefahr.

[280] *Soergel/Huber*, BGB, vor § 446 Rdnr. 4.

[281] Nach Ansicht von *Huber* kann deshalb die Frage der Leistungsgefahr bei der Stückschuld nicht auftreten, da der Schuldner nach dem Inhalt des Schuldverhältnisses nur den einen Gegenstand leisten muss und im Falle seines Verlustes nicht zur Ersatzbeschaffung verpflichtet ist; *Soergel/Huber*, BGB, vor § 446 Rdnr. 4.

[282] Vgl. oben 2. Teil, 2. Kapitel, I., 6.

[283] RGZ 99 1; eingehend 1. Teil, 2. Kapitel, II., 1.

den Recht kann Unmöglichkeit nach § 275 I nur noch angenommen werden, wenn die Leistung naturgesetzlich oder juristisch unmöglich ist. Zweifelsfragen werden auf § 275 II und auf die Störung der Geschäftsgrundlage gem. § 313 verlagert.

Im Rahmen des hier untersuchten § 275 II folgt eine Differenzierung zwischen Stück- und Gattungsschuld aus §§ 275 II S.2, 276. Während § 275 II S.2 die Berücksichtigung des Vertretenmüssens des Schuldners anordnet, richtet sich dessen Umfang nach § 276 I S.1. Hat der Schuldner ein Beschaffungsrisiko übernommen – wie dies bei der Gattungsschuld regelmäßig der Fall ist – hat der Schuldner aufgrund des übernommenen Beschaffungsrisikos weitgehender einzustehen, als bei einem Stückkauf. Ob damit auch ein verschuldensunabhängiges Einstehenmüssen verbunden ist, ist fraglich. Dies wird sich nach richtiger Ansicht nur durch Auslegung des Vertrages ergeben[284]. Ebenso ist durch Auslegung zu ermitteln, welche Beschaffungshindernisse der Schuldner überhaupt übernommen hat. Differenziert werden kann hier zwischen Beschaffungshindernissen, die in seiner Person liegen und sonstigen Beschaffungshindernissen, auf die der Schuldner keinen Einfluss hat. Wie weit die jeweilige Risikoübernahme reicht, ist durch Auslegung des Vertrages oder durch ergänzende Vertragsauslegung zu ermitteln. Ob die Übernahme des Beschaffungsrisikos zur Folge hat, dass der Verkäufer einer Gattungssache auch verschuldensunabhängig das Risiko der Mangelfreiheit der Gattungssache auf sich nimmt, ist zweifelhaft. Mit *Medicus* wird die Auslegung des Vertrages regelmäßig ergeben, dass der Verkäufer einer Gattungssache lediglich das Risiko des „Herbeischaffens" auf sich nimmt und nicht etwa auch das Risiko der Mangelfreiheit der Sache[285].

(2) Die Regelung der Vergütungsgefahr

Unter Vergütungsgefahr versteht man die Gefahr, trotz Ausbleibens der Leistung die Gegenleistung bezahlen zu müssen[286]. Nach römischem und gemeinem Recht trug der Käufer bereits vom Abschluss des Kaufvertrages an die Preisgefahr (*periculum est emptoris*)[287]. Das BGB folgte dagegen dem deutschrechtlichen Grundsatz[288], dass der Verkäufer bis zur Vertragserfüllung gem. §§ 323 a.F., 326 die Vergütungsgefahr zu tragen hat. Kann und muss er nicht leisten, entfällt auch sein Anspruch auf die Gegenleistung. Davon abweichend regeln die §§ 446, 447 den Übergang der Vergütungsgefahr auf den Käufer zum Zeitpunkt des Gefahrübergangs. Danach geht mit der Übergabe der verkauften Sache die Gefahr des zufälligen Untergangs und der zufälligen Verschlechterung auf den Käufer über. Daraus folgt im Umkehrschluss, dass der Verkäufer vor Übergabe der Sache die Gefahr des zufälligen Untergangs und der zufälligen Verschlechterung trägt. Nach § 446 I S.3 steht es sodann der Übergabe gleich, wenn der Käufer im Verzug der Annahme ist. Mit dem Moment des Gefahrübergangs ist die

---

284 So auch *Canaris*, JZ 2001, S. 499, 502.

285 *Medicus*, Schuldrecht AT Rdnr. 348.

286 Dabei ist es zwingend, dass mit der Befreiung von der Gegenleistungsgefahr auf Seiten des Käufers auch die Befreiung von der Leistungsgefahr einher geht. Denn nur bei Verlagerung der Leistungsgefahr auf den Gläubiger stellt sich die Frage, ob dieser dennoch – obwohl die Leistung durch den Schuldner ausbleibt – zur Gegenleistung verpflichtet ist.

287 Vgl. *Mommsen*, Die Unmöglichkeit der Leistung, S. 329 ff.

288 Vgl. Münch.-Komm./*Emmerich*, § 323 Rdnr. 2.

allgemeine Regel des *„casum sentit dominus"* umgekehrt, da der zufällige Untergang die Gegenleistung nicht entfallen lässt. Gleichzeitig folgt aber daraus, dass sich die Vergütungsgefahr bei Vertretenmüssen durch eine der Parteien nach der Regel des § 326 richtet.

(3) Das Risiko der Mangelfreiheit der Kaufsache

Zu den Hauptleistungspflichten des Verkäufers gehört gem. § 433 I S.2 auch die Mangelfreiheit der verkauften Sache. Der Käufer hat bis zum Gefahrübergang einen Primäranspruch auf Lieferung einer mangelfreien Sache. Nach Gefahrübergang steht dem Käufer ein modifizierter Erfüllungsanspruch, der sog. *Nacherfüllungsanspruch* gem. §§ 437 Nr.1, 439 zu. Dadurch ist der Verkäufer sowohl beim Stück - als auch beim Gattungskauf einem – im Vergleich zur alten Rechtslage – wesentlich längeren Erfüllungszeitraum ausgesetzt. Nach der alten Rechtslage war – abgesehen vom Gattungskauf gem. § 480 I a.F. – mit dem Moment der Übergabe und Übereignung der Kaufsache die Hauptleistungspflicht erfüllt, da nach der damals herrschenden *Gewährschaftstheorie* die Mangelfreiheit der Kaufsache nicht Hauptleistungspflicht war. Der Käufer war mit Primäransprüchen ausgeschlossen, wenn die Kaufsache lediglich mangelhaft war, d.h., ihm verblieben nur Wandelung und Minderung sowie unter engen Voraussetzungen der Schadensersatz wegen Nichterfüllung gem. § 463 a.F. Diese im Vergleich zur alten Rechtslage deutlich erweiterte Erfüllungspflicht ist lediglich durch das Vorliegen von „echter" Unmöglichkeit gem. § 275 I (sog. „qualitative Unmöglichkeit"[289]), durch die Einrede des § 275 II, III und die Unverhältnismäßigkeit der für die Nacherfüllung aufzuwendenden Kosten gem. § 439 III eingeschränkt.

Zudem wurde die Erheblichkeitsschwelle für relevante Mängel des § 459 I S.2 a.F. in § 281 I S.3 verlagert, was zur Folge hat, dass der Verkäufer nun auch bei unerheblichen Beschaffenheitsabweichungen mit den Mängelrechten belastet ist und es nur im Rahmen des *Schadensersatzes statt der Leistung* auf die Erheblichkeit des Mangels ankommt. Abgrenzungsprobleme ergeben sich auch bei der Frage, ob die nach § 434 I vorgenommene Beschaffenheitsvereinbarung eine Eigenschaftszusicherung wie nach dem alten Recht gem. § 463 S.1 darstellt, da schon bei zu vertretender negativer Abweichung der tatsächlichen von der vertraglich versprochenen Beschaffenheit dem Käufer der Schadensersatzanspruch nach §§ 434, 437 Nr. 3, 440, 281, 280 III, 280 I zusteht. Dabei wird man allerdings durch Auslegung der Erklärungen regelmäßig davon ausgehen müssen, dass der Verkäufer mit reinen Beschaffenheitsvereinbarungen nicht soweit haften will wie bei einer Eigenschaftszusicherung, da mit der Vereinbarung der Beschaffenheit kein verschuldensunabhängiges Einstehenwollen zum Ausdruck gebracht wird. Hierfür besteht auch kein Bedürfnis. Während nach der alten Rechtslage der verschuldensunabhängige Schadensersatzanspruch nach § 463 S.1 vom Vorliegen der Eigenschaftszusicherung abhängig war, genügt jetzt die reine Beschaffenheitsvereinbarung. Ob der Verkäufer auch verschuldensunbabhängig für die Beschaffenheit einstehen will, ist eine Frage von § 276 I S.1 und richtet sich danach, ob der Verkäufer bei der Abgabe der Beschaffenheitserklärung einen Garantiewillen zum Ausdruck brachte.

---

[289] Vgl. *Lorenz/Riehm*, a.a.O., Rdnr. 327.

cc. Die gesetzliche Risikoverteilung im Werkvertrag

Aufgrund des Werkvertrags schuldet der Unternehmer die Herstellung des versprochenen Werkes. Der Unternehmer hat dem Besteller das versprochene Werk zudem frei von Sach- und Rechtsmängeln zu verschaffen.

Im Gegensatz zum Regelfall im Kaufrecht liegt das Werk zum Zeitpunkt des Vertragsschlusses noch nicht vor, so dass der Unternehmer zu diesem Zeitpunkt ein höheres Risiko als der Verkäufer eingeht, wenn er die mangelfreie Herstellung des Werkes verspricht. Im Gegensatz zum Verkauf einer bereits bestehenden Sache, bei welchem sich der Verkäufer vor Vertragsschluss von deren Existenz und Beschaffenheit überzeugen und die Sache entsprechend bis zur Übergabe und Übereignung vor Beeinträchtigungen und Verlust schützen kann, kann der Unternehmer zum Zeitpunkt des Vertragsschlusses nur eine Prognose abgeben, ob er bei Abruf der Leistung leistungsfähig ist, oder nicht. Gerade diese Unsicherheit, die der Unternehmer letztlich schwerer in den Griff bekommen kann, als z.B. der Verkäufer, stellt einen entscheidenden Unterschied zwischen der Risikoübernahme bei Kauf- und Werkvertrag dar.

Im Gegensatz zum Kaufrecht geht es auch nicht um eine reine Güterbeschaffung, sondern um die Herbeiführung eines bestimmten Werkerfolges[290], der auf die Herstellung eines gegenständlichen Werkes, wie auch einer geistigen Leistung gerichtet sein kann. Der Werkunternehmer übernimmt kein *Beschaffungsrisiko*, sondern das – schwerer beherrschbarere – *Herstellungsrisiko*. Aufgrund dieser weitergehenden Risikoübernahme ist es nur folgerichtig, dass an seine Befreiung von der – erschwerten – Herstellungspflicht, auch höhere Maßstäbe gesetzt werden.

(1) Die Regelung der Leistungsgefahr

Die Leistungsgefahr richtet sich im Werkvertragsrecht nach den allgemeinen Grundsätzen. Daraus folgt, dass der Unternehmer das versprochene Werk bis zur Abnahme herzustellen hat, sofern ihm dies nicht nach § 275 I naturgesetzlich oder juristisch unmöglich ist. Da er durch das Versprechen des werkvertraglichen Erfolges das unternehmerische *Herstellungsrisiko* übernommen hat, sind hohe Maßstäbe an eine sonstige Befreiung von der Leistungspflicht zu stellen[291].

Nach § 644 I S.3 ist der Unternehmer für den zufälligen Untergang und die zufällige Verschlechterung des vom Besteller gelieferten Stoffes nicht verantwortlich. Dies bestätigt wiederum die Regel des „*casum sentit dominus*", da die Qualität der vom Besteller gelieferten Stoffe aus dessen Risikosphäre stammt[292]. Aus dem Umkehrschluss zu dieser Vorschrift folgt, dass andere Gründe nicht zu einer Befreiung des Schuldners führen.

---

[290] Münch.-Komm./*Soergel*, § 631 Rdnr. 4.
[291] Vgl. *Brox*, a.a.O., Rdnr. 277.
[292] Vgl. *Brox*, a.a.O., Rdnr. 277.

Die Leistungsgefahr teilt nicht stets das Schicksal der Vergütungsgefahr. Beim Besteller fallen zwar Leistungs- und Vergütungsgefahr[293] zusammen, denn immer dann, wenn dieser trotz zufälligen Untergangs oder zufälliger Verschlechterung des Werkes die Vergütungsgefahr trägt, wird er auch mit der Leistungsgefahr belastet, weil in einem solchen Fall das werkvertragliche Verhältnis so behandelt wird, als habe der Unternehmer ordnungsgemäß erfüllt. Anders verhält es sich jedoch beim Unternehmer. Hier brauchen Vergütungs- und Leistungsgefahr nicht unbedingt zusammenfallen. Bewirkt der zufällige Untergang des Werkes zugleich auch die objektive Unmöglichkeit der Leistung nach § 275, trifft den Unternehmer zwar die Vergütungsgefahr, nicht aber die Leistungsgefahr; er verliert seinen Vergütungsanspruch und wird von seiner Leistungsverpflichtung frei. Führt der zufällige Untergang oder die zufällige Verschlechterung der Werkleistung nicht zugleich auch zur Unmöglichkeit der Leistung, fallen auch beim Unternehmer Vergütungs- und Leistungsgefahr zusammen. Ihm entgeht die Vergütung für die untergegangene oder verschlechterte Leistung. Er ist aber verpflichtet, die Leistung erneut zu erbringen[294].

(2) Die Regelung der Vergütungsgefahr

Auch hinsichtlich der Vergütungsgefahr bleibt es im Werkvertragsrecht bei der allgemeinen Regel des § 326 I, wenn das Werk infolge eines Umstandes untergeht, verschlechtert oder unmöglich wird, den eine Vertragspartei zu vertreten hat. Ähnlich wie im Kaufrecht ergeben sich aber Besonderheiten, wenn die Sache zufällig untergeht oder verschlechtert wird. Hier greifen die Vorschriften der §§ 644, 645. Die Vergütungsgefahr des Unternehmers geht gem. § 644 I S.1 mit der Abnahme auf den Besteller über. Der Unternehmer kann danach seine Vergütung verlangen, wenn das Werk nach der Abnahme untergeht. Dabei enthält § 644 I S.1 auch die Regelung der Leistungsgefahr. Da § 644 I S.1 dem Unternehmer für das untergegangene Werk die Vergütung belässt, folgt hieraus zugleich, dass er das Werk selbst dann nicht erneut herzustellen braucht, wenn dies möglich wäre[295]. Nach § 644 I S.2 geht die Preisgefahr sodann auf den Besteller über, wenn dieser mit der Annahme in Verzug ist. Dies gilt auch dann, wenn eine erneute Herstellung des Werkes möglich wäre.

Nach § 645 I kann der Unternehmer trotz des Untergangs oder der Verschlechterung des Werks einen seiner Arbeit entsprechenden Teil der Vergütung und Ersatz seiner Auslagen verlangen, wenn das Werk vor der Abnahme infolge eines Mangels des vom Besteller gelieferten Stoffes oder infolge einer vom Besteller erteilten Anweisung untergegangen, verschlechtert oder unausführbar geworden ist. Diese Regelung beruht darauf, dass der Besteller auf die Herstellung des Werkes Einfluss genommen und damit für sein Gelingen Mitverant-

[293] Diese richtet sich nach den Vorschriften der §§ 644, 645. Wenn § 644 I S.3 hervorhebt, dass der Unternehmer nicht für den zufälligen Untergang und die zufällige Verschlechterung des vom Besteller gelieferten Stoffes verantwortlich ist, so wird damit nur die allgemeine regel *„casum sentit dominus“* bestätigt; *Brox*, Besonderes Schuldrecht, 10. Auflage, Rdnr. 277.

[294] Vgl. Münch.-Komm./*Soergel*, § 644, Rdnr. 3.

[295] Vgl. *Brox*, a.a.O., Rdnr. 277.

wortung trägt[296]. Im Umkehrschluss folgt daraus, dass andere als die in § 645 genannten Umstände nicht zu einer Umkehr der Vergütungsgefahr führen.

(3) Das Risiko der Mangelfreiheit des Werkes

Der Unternehmer hat gem. § 633 I das Werk sach- und rechtsmängelfrei herzustellen. Dies gehört zu den Hauptleistungspflichten des Unternehmers. Über den Zeitpunkt der Abnahme hinaus ist der Unternehmer bei Vorliegen eines Mangels gem. §§ 634 I Nr.1, 635 zur Nacherfüllung verpflichtet. Bei diesem Anspruch handelt es sich ebenso wie nach der alten Rechtslage um einen sog. modifizierten Erfüllungsanspruch. Dem Anspruch auf Nacherfüllung kann gem. § 635 III die Unverhältnismäßigkeit der Kosten entgegengehalten werden. Daneben besteht die Möglichkeit der Einrede des § 275 II.

dd. Die gesetzliche Risikoverteilung im Mietvertrag

(1) Die Leistungsgefahr

Durch den Mietvertrag wird der Vermieter gem. § 535 I S.1 verpflichtet, den Gebrauch der Mietsache während der Mietzeit zu gewähren. Dabei hat der Vermieter dem Mieter gem. § 535 I S.2 die Mietsache in einem zu dem vertragsgemäßen Gebrauch geeigneten Zustand zu überlassen und sie während der Mietzeit zu erhalten. Der Vermieter trägt dabei die Leistungsgefahr nach den allgemeinen Vorschriften. Danach wird er von der Leistungspflicht gem. § 275 I befreit, wenn die Gebrauchsüberlassung an der Mietsache naturgesetzlich oder juristisch unmöglich ist. Anders als im Kauf- und Werkvertragsrecht gibt es aber keinen Zeitpunkt, ab welchem von einem Übergang der Leistungs- und/oder Preisgefahr gesprochen werden kann. Der Grund hierfür liegt darin, dass die Schuld aus dem Mietvertrag keine Beschaffungsschuld ist, sondern der Gegenstand nur vorübergehend zum Gebrauch überlassen wird (sog. Überlassungsschuld). Geht die Mietsache durch Zufall unter, würde zunächst nach den allgemeinen Vorschriften einiges dafür sprechen, dass der Vermieter die Mietsache wiederherstellen oder wieder beschaffen muss, da er nur auf diese Weise seiner vertraglich übernommenen Pflicht zur Gebrauchsüberlassung nachkommen kann. Aus der Vorschrift des § 535 I S.2 wird aber gefolgert, dass die vom Vermieter geschuldete Pflicht zur Instandsetzung nicht auch die Wiederherstellung oder Wiederbeschaffung einer völlig zerstörten Mietsache umfasst.[297] Dies ist auch im Rahmen von § 275 II S.1 zu berücksichtigen. Kommt bei einer Beschädigung der Mietsache die Instandsetzung einer Neuherstellung fast gleich, ist daher unter Berücksichtigung der Mietzeit und der beiderseitigen Interessen nach Treu und Glauben zu entscheiden, ob die Sache als untergegangen anzusehen oder ob den Vertragsparteien die Instandsetzung zuzumuten ist[298]. Dieses Ergebnis ist auch im Hinblick auf eine ausgewogene Verteilung der vertraglichen Risiken angemessen. Das Risiko des Vermieters am Erhalt der Mietsache ist aufgrund der regelmäßig auf Dauer angelegten Mietverträge ungleich größer und von deutlich

---

[296] Vgl. *Brox*, a.a.O., Rdnr. 277.

[297] Vgl. *Mugdan* II S.812, 813.

[298] Vgl. hierzu („*Muldenkipper-Fall*") eingehend oben 1. Teil, 2. Kapitel, V., 2.; NJW-RR 1991, S. 204; NJW 1995, 850; BGH NJW 1976, 1506;BGHZ 116, 334.

mehr Einflüssen abhängig, als beispielsweise das Risiko des Verkäufers, die Kaufsache im Zeitraum zwischen Vertragsschluss und Gefahrübergang sorgsam aufzubewahren und vor negativen Einflüssen zu schützen. Auch hier tritt wieder der Gesichtspunkt der *Beherrschbarkeit* des Risikos in den Vordergrund. Das Risiko der Beschädigung oder des Untergangs der Mietsache ist wesentlich schwerer zu beherrschen, als das Beschaffungsrisiko beim Kaufvertrag. Aus diesem Grund ist auch im Rahmen von § 275 II S.1 die Vorschrift des § 535 S.2 zu beachten und dem gemäß die Grenze der Leistungspflicht nach unterschiedlichen Maßstäben zu bestimmen.

(2) Die Vergütungsgefahr

Sofern bei Beschädigung oder Untergang der Mietsache die Opfergrenze nach Maßgabe des § 275 II S.1 überschritten oder die Leistungspflicht wegen Unmöglichkeit gem. § 275 I erloschen ist, kommt § 326 I zur Anwendung, wodurch auch der Anspruch des Vermieters auf die Gegenleistung entfällt[299]. Ist die Mietsache beispielsweise gestohlen und kann sich aufgrund von § 275 II – wegen der Unverhältnismäßigkeit der bei einer Suche nach der Mietsache erforderlichen Kosten – der Schuldner befreien, ist § 326 I ebenso anwendbar[300].

ee. Die gesetzliche Risikoverteilung im Dienstvertrag

Mit Abschluss des Dienstvertrages wird derjenige, der einem anderen Dienste verspricht, zur Leistung der versprochenen Dienste, der andere Teil zur Gewährung der vereinbarten Vergütung verpflichtet. Der Dienstverpflichtete hat gem. § 613 seine Leistung im Zweifel in Person zu erbringen. Der Dienstverpflichtete übernimmt mit Abschluss des Vertrages das Risiko, dass er – und gerade er – imstande ist, die versprochenen Dienste zu erbringen. Nach den allgemeinen Regeln hat der eine Teil eines gegenseitigen Vertrages die Gegenleistung nicht zu erbringen, wenn die Leistung des anderen ausbleibt. Im Dienstvertragsrecht folgt daraus der Grundsatz des § 614 „ohne Arbeit kein Lohn".

Bei Dienstverträgen handelt es sich – ähnlich wie bei Mietverträgen – um sog. *Dauerschuldverhältnisse.* Der Schuldner übernimmt häufig für eine längere Zeitspanne hinweg das Risiko seiner Leistungsfähigkeit. Dieses Risiko wird im Dienstvertragsrecht zwischen den Vertragspartnern gem. § 615 verteilt. Nimmt der Dienstberechtigte die ihm ordnungsgemäß angebotene Dienstleistung nicht an und gerät er deshalb in Annahmeverzug, muss er gem. § 615 dem Dienstverpflichteten die vereinbarte Vergütung gewähren, ohne von ihm die Nachleistung der Dienste verlangen zu können. Danach regelt § 615 und nicht § 275 die Leistungsgefahr, sofern die Leistung nachholbar ist. Anderenfalls ergibt sich der Übergang der Leistungsgefahr auf den Dienstberechtigten aufgrund des Fixcharakters der nicht nachholbaren Leistung aus § 275[301]. Gleichzeitig regelt § 615 und nicht § 326 das Schicksal der Gegenleistung, da letztere

---

[299] Vgl. Palandt/*Heinrichs*, § 326 Rdnr. 3; zum alten Recht: BGH NJW-RR 1991, S. 204.
[300] Vgl. Palandt/*Heinrichs*, § 326 Rdnr. 3; OLG Köln NJW 1993, S. 1273; OLG Düsseldorf NJW 1997, S. 2528.
[301] Vgl. Palandt/*Heinrichs*, § 615 Rdnr. 4.

Vorschrift mangels Unmöglichkeit nicht einschlägig ist[302]. Der Gläubigerverzug führt zur Befreiung des Schuldners von seiner Leistungspflicht. Der Gläubiger trägt danach die Leistungsgefahr und die Gegenleistungsgefahr, da er den Lohn gleichwohl bezahlen muss.

Ferner muss der Dienstberechtigte – in Abweichung von der allgemeinen Regel – bei einer von *keiner* Seite zu vertretenden Betriebsstörung die vereinbarte Vergütung auch dann zahlen, wenn die Dienstleistung aus betrieblichen Gründen nicht erbracht werden kann[303].

Eine weitere Ausnahme ergibt sich aus § 616 I. Danach behält der Dienstverpflichtete seinen Vergütungsanspruch, wenn er für eine verhältnismäßig nicht erhebliche Zeit durch einen in seiner Person liegenden Grund ohne sein Verschulden an der Dienstleistung verhindert wird. Die Bestimmung beruht auf fürsorgerischen Erwägungen und soll gewährleisten, dass der Dienstverpflichtete nicht in Not gerät, wenn er für einige Zeit seiner Arbeit nicht nachgehen kann[304]. Dies gilt jedoch nur für eine Dienstverhinderung, die in seinen persönlichen Verhältnissen begründet ist[305]. Zudem darf die Verhinderung nicht auf einem Verschulden des Dienstverpflichteten beruhen. Schuldhaft ist eine Dienstverhinderung nach dem Sinn und Zweck des § 616 nur bei einem groben Abweichen von einer Verhaltensweise, die ein vernünftiger Dienstverpflichteter in seinem eigenen Interesse einzuhalten pflegt[306]. Nach § 616 I trägt der Dienstberechtigte die Leistungs- und die Vergütungsgefahr.

d. Zwischenergebnisse

- Im Rahmen der Bestimmung des Inhalts des Schuldverhältnisses ist vorrangig auf die vertragliche Vereinbarung abzustellen. Sofern sich aus der vertraglichen Vereinbarung Anhaltspunkte für die Risikoverteilung zwischen den Parteien entnehmen lassen, sind diese im Rahmen von § 275 II S.1 zu berücksichtigen.

- Folgt aus ihr eine weitgehende Risikoübernahme, so sind dem Schuldner besonders hohe Anstrengungen im Rahmen von § 275 II S.1 zuzumuten.

- Während § 275 II S.2 regelt, *ob* ein Vertretenmüssen berücksichtigt wird, folgt aus § 276 I, welche Auswirkungen das Vertretenmüssen hat.

---

[302] Liegt jedoch Unmöglichkeit mit der Folge des § 326 I vor, so ist hier weiter zu prüfen, welche Verantwortlichkeit der Gläubiger nach § 326 II S.1 übernommen hat. Unter Verantwortlichkeit ist wie nach der alten Rechtslage zu § 324 I a.F. „Vertretenmüssen" zu verstehen, so dass es hier u.a. auf die vertragliche Risikoübernahme ankommt, die durchaus auch dazu führen kann, dass der Vergütungsanspruch erhalten bleibt; vgl. hierzu BGH NJW 2002, S. 595.

[303] Sog. Sphärentheorie; RGZ 106, 272; Das BAG unterscheidet dabei zwischen dem Betriebs- und Arbeitskampfrisiko. Zum Betriebsrisiko gehört danach das Unternehmer- und Lohnrisiko. Er bleibt damit zur Zahlung der Vergütung auch dann verpflichtet, wenn die Dienstleistung infolge Auftragsmangel, Ausfall von Betriebsstoffen ausbleibt; BAG NJW 1971, 342; NZA 1991, S. 67; NZA 1999, S. 1166; a.A. für eine strikte Lösung nach den Vorgaben des BGB: *Bletz*, JR 1985, 228.

[304] Vgl. *Brox*, Besonderes Schuldrecht, 10. Auflage, Rdnr. 247.

[305] Hierzu gehören vor allem Unfälle und außerordentliche Vorkommnisse in der Familie; nach BAG NJW 1983, S. 1078 f. gehört hierzu nicht, wenn der Arbeitnehmer wegen Glatteis zur Arbeit zu spät kommt.

[306] Vgl. *Brox*, Besonderes Schuldrecht, 10. Auflage, Rdnr. 247; Palandt/*Putzo*, § 616 Rdnr. 10.

- Nach § 275 I trägt der Gläubiger die Leistungsgefahr, wenn die Leistung unmöglich wird. Das Gleiche gilt für § 275 II, wenn dessen Voraussetzungen vorliegen, also ein grobes Missverhältnis zwischen Schuldneraufwand und Leistungsinteresse des Gläubigers vorliegt. Nach § 326 I trägt der Schuldner die Gegenleistungsgefahr. Ausnahmen: *alleinige oder weit überwiegende Verantwortlichkeit des Gläubigers, Annahmeverzug und die vertragliche Risikoverteilung.*

- Diese allgemeinen Regeln werden – im Hinblick auf die Anwendung von § 275 II S.1 – wie folgt durch die besonderen Vorschriften korrigiert:

  - Im Rahmen des Kaufrechts übernimmt der Verkäufer ein *Beschaffungsrisiko,* welches sich auch auf die Mangelfreiheit der Kaufsache erstreckt. Dies gilt für den Stückkauf sowie besonders für den Gattungskauf. Aufgrund der leichten *Beherrschbarkeit* dieses Risikos können vom Verkäufer hohe Anstrengungen im Rahmen von § 275 II S.1 verlangt werden. Dies gilt besonders für den Gattungskauf. Dabei ist durch Auslegung zu ermitteln, welche Risiken der Verkäufer mit Abschluss des Kaufvertrages übernommen hat. Weiterhin ist zwischen dem Zeitraum vor und nach Gefahrübergang zu unterscheiden. Auf §§ 446, 447 kommt es dabei aber nicht an, da diese Vorschriften die Gegenleistungsgefahr regeln und Sondervorschriften zu § 326 I darstellen.

  - Im Rahmen des Werkvertrags übernimmt der Unternehmer das *Herstellungsrisiko.* Zu beachten sind im Rahmen von § 275 II S.1 die Vorschriften der §§ 644, 645. Hiernach sind vom Unternehmer keine Anstrengungen zu verlangen, wenn der Umstand der Leistungserschwerung aus der Risikosphäre des Bestellers stammt. Im Werkvertrag hat er aufgrund der Übernahme seines Herstellungsrisikos grundsätzlich höhere Anstrengungen auf sich zu nehmen, als der Verkäufer, da er bei Untergang des Werkes nicht frei wird, dagegen der Verkäufer einer Stückschuld nach § 275 I schon. Diese Differenzierung muss sich auch im Rahmen von § 275 II S.1 niederschlagen, da der Gesetzgeber das – schwer beherrschbare Herstellungsrisiko – ausdrücklich dem Unternehmer auferlegt.

  - Im Rahmen des Mietvertrags übernimmt der Vermieter ein *Überlassungsrisiko.* Der Mietvertrag ist ein Dauerschuldverhältnis. Die schwere Beherrschbarkeit des Überlassungsrisikos wird nach § 535 I S.2 dahingehend gelöst, dass den Vermieter keine Pflicht zur Wiederherstellung oder Wiederbeschaffung einer völlig zerstörten Mietsache, sondern nur eine Instandsetzungspflicht trifft. Dies ist im Rahmen von § 275 II S.1 angemessen zu berücksichtigen.

  - Im Dienstvertragsrecht sind die §§ 615, 616 zu beachten. Bei Gläubigerverzug können vom Schuldner keine Anstrengungen verlangt werden. Das Gleiche gilt für die Überwindung zeitlich beschränkter, unverschuldeter Hindernisse (§ 616).

5. Die Bedeutung des Vertretenmüssens des Schuldners

§ 275 II S.2 sieht vor, dass bei der Bestimmung der dem Schuldner zuzumutenden Anstrengungen auch zu berücksichtigen ist, ob der Schuldner das Leistungshindernis zu vertreten hat. Dabei ist zunächst zu klären, welche Bedeutung das Vertretenmüssen im Rahmen von § 275 II hat (a.) und wie sich die Berücksichtigung des Vertretenmüssens auf Primärleistungsebene rechtfertigen lässt (b.). Ferner ist zu untersuchen, welche Folgen das schuldlose (c.) und schuldhafte Vertretenmüssen (d.) hat und wie der Grad des Vertretenmüssens sowie das fehlende Vertretenmüssen berücksichtigt werden kann (e.).

a. Das Vertretenmüssen als Kriterium zur Bestimmung des „groben Missverhältnisses"

Aus der Formulierung „auch" in § 275 II S.2 lässt sich folgern, dass die Frage des Vertretenmüssens des Leistungshindernisses nicht allein für die Bestimmung des groben Missverhältnisses ausschlaggebend ist, sondern *neben anderen Aspekten* Auswirkungen auf die Höhe der dem Schuldner zumutbaren Anstrengungen hat. Aus der systematischen Stellung der Vorschrift als ergänzender und klarstellender Zusatz zu § 275 II S.1 ist ferner der Schluss zu ziehen, dass das Vertretenmüssen nur eine untergeordnete Rolle spielt. Maßgeblich bleibt das Vorliegen des „groben Missverhältnisses" welches durch § 275 II S.2 lediglich modifiziert wird. Das Vertretenmüssen ist daher ein Teilaspekt, der neben anderen Kriterien im Rahmen von § 275 II zu berücksichtigen ist. Aus der ausdrücklichen Erwähnung in § 275 II S.2 kann der Schluss gezogen werden, dass der Schuldner bei einem von ihm zu vertretenden Leistungshindernis höhere Anstrengungen zur Überwindung desselben auf sich zu nehmen hat, als bei fehlendem Vertretenmüssen[307].

b. Die Rechtfertigung für die Berücksichtigung des Vertretenmüssens

aa. Die Berücksichtigungsfähigkeit des Vertretenmüssens auf Primärleistungsebene

Dass nach § 275 II das Kriterium des Vertretenmüssens über die Durchsetzbarkeit des Primäranspruchs entscheidet, ist keineswegs selbstverständlich[308]. Das Vertretenmüssen ist im Schuldrecht regelmäßig für die Frage entscheidend, ob der Schuldner, der die Primärleistung nicht oder nicht wie geschuldet erbringt, Schadensersatz zu leisten hat. Die Frage des Vertretenmüssens spielt nun *de lege lata* sowohl für das Schicksal des Primäranspruchs, als auch für den Sekundäranspruch eine Rolle. Letzteres erklärt sich aus dem *Verschuldensprinzip*, wonach Schadensersatz grundsätzlich[309] nur derjenige zu leisten hat, der den schadensersatzbegründenden Umstand zu vertreten hat. Dieser Gesichtspunkt lässt sich offensichtlich nicht auf

---

[307] Vgl. *Canaris* JZ 2001, 499, 502; BT-Drucks. 14/6040, S. 133.
[308] Vgl. *Faust*, in: Huber/Faust, Rdnr. 65.
[309] Eine Ausnahme hierzu bildet für den deliktischen Bereich nur die Gefährdungshaftung und für den vertraglichen Bereich die Garantiehaftung.

§ 275 II S.2 übertragen, da es nicht um den Sekundäranspruch geht, so dass die Berücksichtigung des Vertretenmüssens hier einer *eigenen Rechtfertigung* bedarf.

Was der Schuldner zu vertreten hat, folgt aus § 276 I. Danach hat der Schuldner Vorsatz und Fahrlässigkeit zu vertreten, wenn eine strengere oder mildere Haftung weder bestimmt noch aus dem sonstigen Inhalt des Schuldverhältnisses, insbesondere aus der Übernahme einer Garantie oder eines Beschaffungsrisikos zu entnehmen ist. Hiernach kann sich das Vertretenmüssen aus einem schuldhaften oder aus einem schuldlosen Handeln ergeben. Teilt man das Vertretenmüssen in die nach § 276 I vorgegebenen Kategorien des nicht schuldhaften Vertretenmüssens (Garantie, Übernahme eines Beschaffungsrisikos) und das schuldhafte Vertretenmüssens (Vorsatz und Fahrlässigkeit) auf, lässt sich jedenfalls für erste Kategorie des Vertretenmüssens, die auf der besonderen vertraglichen Vereinbarung beruht und aus der sich die vom Schuldner übernommenen Risiken ergeben, die Berücksichtigung im Rahmen des Primäranspruchs rechtfertigen. Mit der Übernahme einer Garantie oder eines Beschaffungsrisikos (z.B. Gattungsschuld) übernimmt der Schuldner weitgehendere Risiken betreffend seine eigene Leistungsfähigkeit. Daher ist es nur folgerichtig, dies bereits im Rahmen des Primäranspruchs zu berücksichtigen.

Schwieriger fällt die Rechtfertigung für die Berücksichtigung des Vertretenmüssens aufgrund *schuldhaften* Handelns des Schuldners. Es ist bereits erörtert worden, dass sich durch eine schuldhafte Herbeiführung des Leistungshindernisses das Gläubigerinteresse *per se* nicht erhöht[310]. Man könnte daher auf dem Standpunkt stehen, dass mit der Berücksichtigung des schuldhaften Handelns des Schuldners pönalisierende Elemente in die Frage nach der Reichweite des Primäranspruchs eingestellt würden, die es so bisher nicht gegeben hat und die – im Rahmen des Primäranspruchs nach geltendem Recht – einer Rechtfertigung entbehren. Dieser Einwand übersieht jedoch die Hintergründe der Vorschrift des § 275 II, die als eine Konkretisierung des Rechtsmissbrauchsprinzips unter Berücksichtigung des Verhältnismäßigkeitsprinzips anzusehen ist[311]. Dass das Kriterium des Vertretenmüssens im Rahmen von § 275 II zu berücksichtigen ist, entspricht weiterhin der Rechtsprechung des BGH[312] zu § 633 II S.3 a.F. und dem aus den §§ 251 II, 633 II S.3 a.F. entwickelten allgemeinen Rechtsgedanken und muss folgerichtig auch für § 275 II gelten[313]. Dabei wird jedoch die Einordnung als Konkretisierung des *Rechtsmissbrauchsprinzips* vorwiegend auf das Verhalten des Gläubigers bezogen, der die Leistung fordert, obwohl seinem Leistungsinteresse ein grob unverhältnismäßiger

---

[310] Vgl. oben 2. Teil, 3. Kapitel, II.

[311] Vgl. *Canaris* JZ 2001, S. 499.

[312] BGH NJW 1995, S. 1836; 1996, S. 3269.

[313] BT-Drucks. 14/6040, S. 129; Hinsichtlich § 251 II ist allerdings umstritten, ob der Grad des Verschuldens berücksichtigt werden soll. Dagegen wird angeführt, dass die Schadensabwicklung in den §§ 249-255 von moralisierenden und pönalisierenden Momenten bewusst frei gehalten worden sei und es daher der Systemanlage des Gesetzes widerspreche, diese mit als Kriterium für die Art des Schadensersatzes zu wählen; *Staudinger-Medicus* § 251 Rdnr. 22; Münch.-Komm./*Grunsky* § 251 Rdnr. 12; dagegen spricht allerdings, dass durch das Abstellen auf die Verhältnismäßigkeit im Rahmen von § 251 II zum Ausdruck komme, dass es sich um eine Ausprägung des Grundsatzes von Treu und Glauben handle, so dass auch der Grad des Verschuldens berücksichtigungsfähig sei; so *Lange*, Schadensersatz § 5 VII 1.

Aufwand auf Seiten des Schuldners gegenübersteht. Es stellt sich daher die Frage, ob der Gedanke des Rechtsmissbrauchs auch für das Verhalten des Schuldners fruchtbar gemacht werden kann, wenn er sich auf sein Leistungsverweigerungsrecht beruft, obwohl er den eigentlichen Grund dafür schuldhaft herbeigeführt hat. Dem Wortlaut kann dies jedenfalls nicht entnommen werden, zumal aufgrund der ausdrücklichen Bezugnahme auf die Gläubigerinteressen klar wird, dass der Schuldneraufwand ohnehin nicht die maßgebliche Bezugsgröße und demnach falsche Platz ist, an dem ein rechtsmissbräuchliches Verhalten *des Schuldners* fest gemacht werden kann. Allerdings folgt dessen Berücksichtigung aus dem allgemeinen – aus §§ 162, 242 – folgenden Rechtgedanken[314], wonach niemand aus einem von ihm treuwidrig herbeigeführten Ereignis Vorteile herleiten darf. Beruft sich der Schuldner dennoch auf die Unzumutbarkeit der zu überwindenden Anstrengungen, so macht er Rechte geltend, die mit einem früheren vertragswidrigen Verhalten in Zusammenhang stehen. Die spätere Rechtsausübung, d.h. die Geltendmachung des § 275 II, ist rechtsmissbräuchlich[315], da das missbilligte Verhalten die Rechtsstellung geschaffen hat, deren Ausnutzung dem Berechtigten verwehrt wird[316]. Dem gemäß ist das schuldhafte Verhalten des Schuldners in § 275 II S.1 zu berücksichtigen.

bb. Rechtfertigung für eine Differenzierung nach dem Grad des Verschuldens

Nach dem Gesetzeswortlaut des § 275 II S.2 spricht einiges dafür, die Vorschrift dahingehend auszulegen, dass es lediglich darauf ankommt „ob" der Schuldner das Leistungshindernis zu vertreten hat und der Verschuldensgrad unberücksichtigt bleibt. Man könnte argumentieren, dass der Gesetzgeber weiter formuliert hätte: „..und inwieweit..", wenn er den Grad des schuldhaften Vertretenmüssens hätte berücksichtigen wollen. Eine solche Auslegung hätte jedenfalls eine einfachere Rechtsanwendung für sich, da sich die schwierige Frage nach der Differenzierung zwischen leichter, einfacher, grober Fahrlässigkeit und Vorsatz danach erübrigen würde. Hinzu kommt, dass im Rahmen von verschuldensabhängigen Schadensersatzansprüchen auch nicht zwischen einfacher, leichter oder grober Fahrlässigkeit differenziert wird. Zwar folgt aus §§ 277, 690, 599, 708, 1359, 1664, 2131; § 4 LPartG[317] eine Privilegierung der leichten und einfachen Fahrlässigkeit, jedoch entspricht es der Ansicht der ständigen Rechtsprechung und des überwiegenden Teils der Literatur, dass daraus kein allgemeiner Rechtsgrundsatz abgeleitet werden kann. Insoweit ist eine Differenzierung zwischen den unterschiedlichen Fahrlässigkeitsvorwürfen untypisch[318]. Hinzu kommt, dass eine zu hohe Ausdif-

---

[314] Danach gilt die Bedingung bei treuwidriger Verhinderung ihres Eintritts als eingetreten. Daraus folgert die herrschende Meinung in analoger Anwendung von § 162 einen allgemeinen Rechtsgedanken, wonach niemand aus einem treuwidrigen Verhalten soll Vorteile ziehen dürfen; Vgl. Palandt/*Heinrichs*, § 162, Rdnr. 6; Dies entspricht im angloamerikanischen Rechtskreis dem etwas plakativer ausgelegten Einwand der „*unclean hands*".
[315] Münch.-Komm./*Roth*, § 242, Rdnr. 286.
[316] Es liegt somit ein Fall der *exceptio doli praeteriti* (sog. Missbilligung früheren Verhaltens als einem Unterfall der unzulässigen Rechtsausübung) vor.
[317] Hintergrund dieser Vorschriften ist die Privilegierung aufgrund der engen persönlichen Bindung der Parteien.
[318] Das Maß des Verschuldens hat Auswirkungen auf die Bemessung des Schmerzensgeldes gem. § 847. Das Element der Genugtuungsfunktion wirkt sich auf die Höhe des Schmerzendgeldes aus. Im Rahmen der Genugtuungsfunktion spielt vorwiegend das Maß des Verschuldens eine Rolle.

ferenzierung der unterschiedlichen Fallgestaltungen die Anwendung der Vorschrift des § 275 II erschwert.

Führt man jedoch den aus §§ 162, 242 folgenden Rechtsgedanken, wonach niemand aus einem treuwidrigen Verhalten Vorteile herleiten darf, in die Vorschrift des § 275 II ein, ist es nur konsequent, auch danach zu differenzieren, wie schwer der Sorgfaltspflichtverstoß wiegt, der die Treuwidrigkeit der Geltendmachung des Rechts herbeiführt. Denn je schwerer der zur Einrede des § 275 II S.1 führende Sorgfaltsverstoß ist, desto eher muss sich der Schuldner selbst den Einwand des Rechtsmissbrauchs entgegenhalten lassen und desto höher sind folglich die Anstrengungen, die von ihm verlangt werden können.

Wenn § 275 II S.2 das Vertretenmüssen als berücksichtigungsfähigen Gesichtspunkt anführt, muss zwischen unterschiedlichen Sachverhalten auch differenziert werden. Das Ergebnis, dass vom Schuldner mehr Aufwand verlangt werden kann, wenn er beispielsweise das Leistungshindernis vorsätzlich herbeigeführt hat, als bei leicht fahrlässigem Verhalten entspricht dem Grundsatz, dass ungleiche Sachverhalte auch differenziert betrachtet werden müssen, es sei denn, sachliche Gründe würden für eine Gleichbehandlung sprechen. Solche Gründe sind indes nicht ersichtlich.

Auch in Anlehnung an § 633 II S.3 a.F., als einer derjenigen Vorschriften in welchen die Gesetzesverfasser eine Parallele zu § 275 II sehen[319] - ist nach ständiger Rechtsprechung des BGH zu § 633 II S.3 a.F. im Rahmen der Abwägung auch zu berücksichtigen, *ob und in welchem Ausmaß* der Unternehmer den Mangel verschuldet hat[320]. Daher ist auch bei § 275 II S.1 danach zu unterscheiden, ob einfache, grobe Fahrlässigkeit oder Vorsatz vorliegt. Dass im Rahmen von § 275 II S.1 keine andere Maßstäbe gelten sollen, als nach § 633 II S.3 a.F., ist im Hinblick auf die größere Schutzwürdigkeit des Gläubigers bei § 275 II S.1 im Gegensatz zu § 633 II S.3 a.F. nur folgerichtig. Denn bei letzterer Vorschrift erhält der Gläubiger immerhin eine – wenn auch mangelhafte – Leistung, während er bei § 275 II S.1 auf Primärleistungsebene vollständig leer ausgeht. Daher muss im Rahmen von § 275 II S.1 – wenn man den Gedanken konsequent weiterführt – *erst recht* das Ausmaß des Verschuldens berücksichtigt werden.

c. Die Auswirkungen des schuldlosen Vertretenmüssens

aa. Die Garantieübernahme

Eine Garantieübernahme kann im Abschluss eines *selbstständigen* oder *unselbstständigen* Garantievertrags sowie in der *Abgabe des Leistungsversprechens* selbst liegen.

Die Garantiehaftung aufgrund eines *selbstständigen Garantievertrags* gem. § 311 ist regelmäßig erfolgsbezogen und begründet einen eigenständigen vertraglichen Anspruch des Ga-

---

[319] BT-Drucks. 14/6040, S. 131.
[320] BGH NJW 2002, 663; NJW 1995, 1936; NJW 1996, 3269.

rantiegebers. Der konkrete Inhalt der Garantieerklärung ist Gegenstand der vertraglichen Vereinbarung und häufig nur durch Auslegung gem. §§ 133, 157 zu ermitteln. Eine gesetzliche Vorgabe, was von einer Garantie regelmäßig umfasst ist, gibt es nicht. Insbesondere § 443 I ist nur deklaratorisch[321]. Mit der Garantie bringt der Garantiegeber regelmäßig zum Ausdruck, dass er weitgehender als ohne Abgabe der Garantie einstehen will und wird. Für die vorliegende Frage der Auswirkungen der Garantieübernahme bei § 275 II ist entscheidend, dass mit der Übernahme einer Garantie das Vertrauen des Gläubigers in die Leistungsfähigkeit des Schuldners – soweit diese Gegenstand der Garantie ist – erheblich steigt. Dies wirkt sich im Rahmen des Verkaufs von Verbrauchsgütern z.B. dahingehend aus, dass sich diese mit Übernahme einer Garantie in der Regel leichter absetzen lassen. Dem gemäß muss sich der Garantiegeber auch im Rahmen von § 275 II S.1 daran festhalten lassen und bei Leistungshindernissen, die einen Garantiefall darstellen, mehr Aufwand auf sich nehmen, als bei fehlender Garantieübernahme.

Weiter von Bedeutung ist in diesem Zusammenhang die Beschaffenheitsgarantie. Ob es sich dabei um eine selbstständige oder unselbstständige Garantie handelt, ist durch Auslegung gem. §§ 133, 157 zu ermitteln, hier jedoch nicht von Bedeutung. Nach dem bisherigen Verständnis ist damit die Zusicherung von Eigenschaften gemeint, als eine Erklärung, mit der der Schuldner zum Ausdruck bringt, er werde für das Fehlen der Eigenschaften verschuldensunabhängig einstehen. Die Frage nach den Auswirkungen einer Beschaffenheitsgarantie hat in erster Linie Relevanz in den Fällen der *qualitativen Unmöglichkeit*, wenn der Leistungsgegenstand nicht die Beschaffenheit hat, wie vertraglich vorgesehen und nur mit erheblichem finanziellen Aufwand in den vertraglichen Zustand gebracht werden kann.

Eine wichtige Rolle spielt weiter die Übernahme des Beschaffungs- oder Produktionsrisikos. Dieses kann sich auf Gattungsschulden ebenso erstrecken wie auf Stückschulden[322]. Bei der Übernahme eines Beschaffungs- oder Produktionsrisikos haftet der Schuldner verschuldensunabhängig für seine Leistungsfähigkeit. Dabei handelt es sich nicht etwa um eine Verschuldenshaftung insofern, als der Schuldner seine Leistungspflicht schuldhaft verletzt, indem er es unterlässt, das Leistungshindernis zu beheben. Vielmehr handelt es sich dabei um eine verschuldensunabhängige Risiko- oder Garantiehaftung[323]. Ebenso soll sich nunmehr aus der Übernahme eines Beschaffungsrisikos ergeben, dass der Schuldner das Risiko dafür übernimmt, dass er sich die zur Erfüllung erforderlichen Mittel beschaffen kann. Dieses sog. *kapitalistische Prinzip* ist letztlich eine Ausprägung des Grundsatzes *pacta sunt servanda*[324].

Fraglich ist schließlich, wie die Übernahme des Leistungsversprechens im Rahmen von § 275 II S.1 zu berücksichtigen ist. Aus der Übernahme eines Leistungsversprechens folgt regelmäßig eine – wenn auch eingeschränkte – Garantiehaftung. Die Folge davon ist, dass der

[321] Vgl. *Lorenz/Riehm*, Rdnr. 565.
[322] Vgl. *Lorenz/Riehm*, S. 93.
[323] Vgl. *Canaris*, JZ 2001, S. 499, 518.
[324] Vgl. *Ehmann/Sutschet*, Modernisiertes Schuldrecht, S. 95.

Schuldner bei Eintritt des Garantiefalls verschuldensunabhängig *haftet*. So heißt es z.B. in den Motiven zum Fall der subjektiven Unmöglichkeit: „*Im Falle der Begründung des Schuldverhältnisses durch Rechtsgeschäfte unter Lebenden ist im Versprechen die Übernahme einer Garantie für die Leistungsfähigkeit zu finden.*“[325] Die Annahme einer solchen Garantiehaftung erlaubt es, in Fällen der Nichterfüllung, der Leistungsverzögerung und der Schlechterfüllung ohne ein Verschulden des Schuldners den Erfüllungsanspruch des Gläubigers auf Schadensersatz wegen Nichterfüllung umzustellen. Eine solche Garantie für das gegebene Leistungsversprechen reicht bis in den Nacherfüllungsanspruch mit der Folge, dass der Schuldner die Nichterfüllung der möglichen Nacherfüllung auch ohne Verschulden zu vertreten hat, weil er eine mangelfreie Leistung versprochen hat und deswegen zur Nacherfüllung verpflichtet ist, selbst wenn diese aus finanziellen oder ideellen Gründen gem. § 275 II, III; §§ 439 III, 635 III nicht durchsetzbar ist[326]. Damit ist aber noch nichts darüber gesagt, wie diese konkludente Übernahme der Garantie auf Primärleistungsebene zu berücksichtigen ist und welche Folgen es hat, dass – wie bereits ausgeführt wurde – jedem Leistungsversprechen die Garantie innewohnt, das Geschuldete auch leisten zu können. Aus der Abgabe des Leistungsversprechens folgt dabei alleine noch nicht, dass erhöhten Anforderungen gem. § 275 II S.2 an den Schuldner zu stellen sind. Dass der Schuldner sich bei Abgabe eines Leistungsversprechens nicht ohne weiteres von der Leistungspflicht soll befreien können, zeigt sich schon an der hohen Schwelle des § 275 II S.1. Nur dort, wo entweder durch Gesetz oder durch eine entsprechende vertragliche Vereinbarung eine weitergehende, als die mit dem Leistungsversprechen verbundene Garantie vorliegt, kann diese im Rahmen des § 275 II S.2 dazu führen, dass die dem Schuldner zumutbaren Anforderungen zur Überwindung des Hindernisses steigen.

bb. Die Übernahme eines Beschaffungsrisikos

Bei der Frage nach der Bedeutung der Übernahme eines Beschaffungsrisikos – welche sich auch bei dem Tatbestandsmerkmal „Inhalt des Schuldverhältnisses“ verorten lässt – wurde bereits eingehend darauf hingewiesen[327], dass der Schuldner weitgehender – im Rahmen des von ihm übernommenen Risikos – einzustehen hat. Dabei folgt aus §§ 275 II S.2, 276 I S.1, dass die Übernahme des Beschaffungsrisikos zu einem höheren zumutbaren Aufwand führt; durch Auslegung des Vertrages ist dann in einem zweiten Schritt zu prüfen, wie weit die Risikoübernahme geht und wie sich diese auf die Primärleistungspflicht auswirkt.

d. Die Folgen schuldhaft herbeigeführter Leistungshindernisse

aa. Fahrlässig herbeigeführte Hindernisse

Fahrlässig handelt gem. § 276 II, wer die im Verkehr erforderliche Sorgfalt außer Acht lässt. Die Rechtsprechung[328] vertritt, ebenso wie der überwiegende Teil der Lehre, einen objektivier-

---

[325] Vgl. Motive II, 46 = *Mugdan* II, 25.
[326] Vgl. *Ehmann/Sutschet*, Modernisiertes Schuldrecht, S. 89.
[327] Vgl. oben 2. Teil, 3. Kapitel, IV.,4.
[328] RGZ 95, 17; 127, 315; 152, 240; BGHZ 24, 27; 39, 281.

ten oder typisierten Fahrlässigkeitsmaßstab[329]. Danach kommt es für die zivilrechtliche Verantwortlichkeit auf die typischen Kenntnisse und Fähigkeiten eines Angehörigen dieses Berufes oder dieser Gruppe von Verkehrsteilnehmern oder auch dieser Altersgruppe an, darüber hinaus – insofern bleibt ein „subjektives“ Moment erhalten – auf die erhöhten Fähigkeiten gerade des Betroffenen.

Bei einfacher und leichter Fahrlässigkeit lässt sich deren Berücksichtigung in § 275 II S.2 – im Anschluss an die oben angeführte Begründung über §§ 162, 242 – mit der geringeren Schutzwürdigkeit des Schuldners erklären[330]. Derjenige Schuldner, der fahrlässig das Leistungshindernis herbeigeführt hat, soll sich weniger leicht auf die mit dem Leistungshindernis verbundenen erhöhten Anstrengungen berufen können, als der schuldlos Handelnde.

Nachdem die Gesetzesbegründung[331] auf die Parallele zwischen § 275 II und die Vorschriften der §§ 251 II, 633 II S.3 a.F. verweist, liegt es nahe, die hierzu von der Rechtsprechung herausgebildeten Grundsätze auf § 275 II S.2 zu übertragen. Daraus ergibt sich, dass ein fahrlässig herbeigeführtes Leistungshindernis dazu führt, dass die Unzumutbarkeitsschwelle des § 275 II S.1 nach oben hin angehoben wird. Gleichermaßen ist danach zwischen einfacher und grober Fahrlässigkeit zu unterscheiden. Grob fahrlässig handelt, wer die im Verkehr erforderliche Sorgfalt in besonders grober Weise außer Acht lässt. Hier ist davon auszugehen, dass sich der Schuldner bei der von ihm zu fordernden ordnungsgemäßen Verfolgung der Gläubigerinteressen besonders grob über diese hinwegsetzt. Daher kann nicht angezweifelt werden, dass dies dazu führen muss, dass der Schuldner dementsprechend höhere Anstrengungen auf sich nehmen muss.

Weiterhin bleibt die Frage zu beantworten, ob und wie das Gewicht des Fahrlässigkeitsvorwurfs im Rahmen von § 275 II S.2 differenzierend umzusetzen ist.

Faust spricht sich für eine prozentuale Unterteilung der verschiedenen Varianten aus: 110 % falls der Schuldner das Leistungshindernis nicht zu vertreten hat, 120 % bei Vertretenmüssen ohne Verschulden, 130 % bei einfacher, 140 % bei grober Fahrlässigkeit und 150 % bei Vorsatz[332]. Eine solche Unterteilung hat zwar die einfache Rechtsanwendung auf ihrer Seite, lässt jedoch unberücksichtigt, dass das Vertretenmüssen lediglich ein Teilaspekt des § 275 II S.1 ist. So kann sich im Einzelfall bereits aus den Vorgaben des § 275 II S.1 ergeben, dass die Grenze zum groben Missverhältnis bei 130 % liegt, so dass der hinzukommende Aspekt des Vertretenmüssens genau an dieser Stelle ansetzt und das Verhältnis nochmals zu Lasten des Schuldners verschiebt. Hinzu kommt, dass sich die von *Faust* vorgegebenen Prozentbeträge weder durch bestimmte Erfahrungssätze empirisch noch methodologisch nachvollziehen lassen. Daher verbietet sich eine solche wie von *Faust* vorgeschlagene Kategorisierung, da sie

---

[329] Vgl. *Larenz*, § 20 III, S. 285.
[330] So auch *Huber/Faust*, Rdnr.65.
[331] Vgl. BT-Drucks. 14/6040 S. 129.
[332] Vgl. *Faust* in: Huber/Faust, Schuldrechtsmodernisierung, S.50.

die Frage des Vertretenmüssens zum allein maßgeblichen Kriterium des § 275 II machen würde[333].

Aus diesem Grund soll hier festgehalten werden, dass sich keine einheitlichen Maßstäbe für die Berücksichtigung des jeweiligen Verschuldensgrades finden lassen; zu weit ausdifferenziert und von zu vielen unbestimmten Rechtsbegriffen ist die Vorschrift des § 275 II besetzt. Darin mag auch ihr Schwachpunkt liegen. Es kann festgehalten werden, dass der Grad des Verschuldens als ein Teilaspekt in die Verhältnismäßigkeitsprüfung einzustellen ist. Was bereits zu den Auswirkungen der Risikoübernahme gesagt worden ist, gilt auch hier. Die Grenze des vom Schuldner zu fordernden Aufwands muss immer dort liegen, wo den Schuldner völlig unökonomische oder ihn wirtschaftlich ruinierende Leistungsanforderungen treffen würden.

bb. Vorsätzlich herbeigeführte Hindernisse

Vorsatz besteht im Wissen und Wollen der nach dem gesetzlichen Tatbestand maßgeblichen Umstände[334]. Ein typischer Fall vorsätzlichen Handelns liegt z.B. vor, wenn der Verkäufer eines Grundstücks dieses einem Dritten gegenüber auflässt und an diesen übereignet. Der so handelnde Verkäufer macht sich vorsätzlich leistungsunfähig, denn er weiß, dass er als Nichteigentümer seiner Pflicht aus dem Kaufvertrag zur Eigentumsübertragung und Besitzverschaffung nicht mehr nachkommen kann. Beruft sich der Schuldner nunmehr auf die Unzumutbarkeit der zu überwindenden Anstrengungen, so ist dies als der Paradefall einer Rechtsausübung zu betrachten, die mit einem früheren missbilligten Verhalten in Zusammenhang steht. Die spätere Rechtsausübung, d.h. die Geltendmachung des § 275 II, ist danach gem. §§ 162, 242 rechtsmissbräuchlich[335]. Denn das missbilligte Verhalten hat die Rechtstellung geschaffen, deren Ausnutzung dem Berechtigten verwehrt wird.

Danach besteht kein Zweifel an der Richtigkeit der Entscheidung, dem Schuldner den Einwand unzumutbarer Anstrengungen weitestgehend abzuschneiden, wenn er die hierfür kausale Ursache *vorsätzlich* herbeigeführt hat. Es fragt sich lediglich, wo die Grenze des dem Schuldner zumutbaren Aufwands liegt. Wie bereits erörtert, wird sich auch bei vorsätzlichem Schuldnerhandeln das Interesse des Gläubigers an der Leistung nicht erhöhen. Der Dreh- und Angelpunkt wird auch hier wiederum die Frage sein, ob das Missverhältnis als ein „grobes" bezeichnet werden kann. Dabei wird es nicht die ratio des § 275 II sein, volkswirtschaftlich völlig unwirtschaftliche Anstrengungen zu fördern, ebenso wenig wie den Schuldner durch hohe Leistungsanforderungen in den finanziellen Ruin zu treiben. Was vom Schuldner letztlich gefordert werden kann, muss daher unterhalb dessen liegen, was zu den aufgezeigten Konsequenzen führen würde. Vom Schuldner ist daher zu fordern, gegebenenfalls alle An-

---

333 So im Ergebnis auch *Ehmann/Sutschet*, Modernisiertes Schuldrecht, S. 53, Fn. 49, die diese Prozentrechnungen zu Recht als „aus der Luft gegriffen" bezeichnen; vgl. auch *Canaris* in: Egon Lorenz (Hrsg.), Karlsruher Forum: Schuldrechtsmodernisierung.

334 Mot. I 280 = *Mugdan* I 507; *Medicus*, Schuldrecht I, § 29 III 1.

335 Vgl. Münch.-Komm./*Roth*, § 242, Rdnr. 286.

strengungen zu unternehmen, die unter diesen Gesichtspunkten ökonomisch noch vertretbar sind.

e. Die Behandlung nicht zu vertretender Leistungshindernisse

aa. Die gesetzliche Regelung

Die zentrale Frage bei der Behandlung nicht zu vertretender Leistungshindernisse ist, ob Zufall – hier der zufällige Eintritt des Leistungshindernis - generell befreit, oder ob der Schuldner trotz Zufalls weiterhin zur Leistung verpflichtet ist. Unter Zufall ist ein *weder vom Schuldner noch vom Gläubiger zu vertretender Umstand* zu verstehen, der Auswirkungen auf die Leistungsfähigkeit des Schuldners hat[336].

Die Formulierung von § 275 II lässt auf den ersten Blick sowohl eine Auslegung zu, nach der bei zufälligem Eintritt des Leistungshindernisses der Schuldner generell befreit wird, als auch dahingehend, dass auch in diesem Fall der Schuldner Anstrengungen zur Erbringung der Leistung auf sich nehmen muss[337]. Bei näherer Betrachtung spricht jedoch einiges dafür, dass auch bei fehlendem Vertretenmüssen der Schuldner unter gewissen Anstrengungen seiner Leistungspflicht nachkommen und das Leistungshindernis überwinden muss. Denn sieht das Gesetz vor, dass bei der Bestimmung der dem Schuldner zuzumutenden Anstrengungen *auch* zu berücksichtigen ist, ob der Schuldner das Leistungshindernis zu vertreten hat, setzt es offenbar auch bei fehlendem Vertretenmüssen Anstrengungen voraus, was letztlich nur Sinn macht, wenn eine Pflicht zur Überwindung des Leistungshindernisses überhaupt besteht.

Auch nach dem Willen der Gesetzesverfasser soll es keineswegs so sein, dass bei fehlendem Vertretenmüssen der Schuldner *gar keine Anstrengungen* auf sich zu nehmen braucht[338]. Ein solches Ergebnis wäre auch mit dem Zweck der Norm nicht vereinbar. § 275 II S.1 soll in Extremfällen verhindern, dass der Gläubiger dem Schuldner eine Leistung abverlangt, die der Schuldner – aufgrund der Leistungserschwerung – mit realistischen Mitteln nicht erfüllen kann. Das Maß der Dinge soll dabei – konsequenterweise – das Interesse des Gläubigers an der Leistung sein. Dessen Interessen würden jedoch überhaupt nicht beachtet, wenn der Schuldner bei zufällig eingetretenen Hindernissen nicht einmal den Aufwand erbringen müsste, zu dem er sich vertraglich verpflichtet hat. Daher ist davon auszugehen, dass bei Eintritt eines Leistungshindernisses vom Schuldner immerhin so viel Aufwand verlangt werden kann, wie er bei der ungehinderten Erbringung der Leistung hätte aufwenden müssen. Der Eintritt des Leistungshindernisses darf den Schuldner im Ergebnis nicht besser stellen.

bb. Der Grundsatz *casus a nullo praestatur*

Nach dem Grundsatz *casus a nullo praestatur* führt Zufall als unabwendbares Ereignis grundsätzlich zu einer Befreiung des Schuldners sowohl von seiner Leistungspflicht, als auch von

---

336 Vgl. Münch.-Komm./*Janßen*, § 350, Rdnr. 6.

337 Vgl. *Dauner-Lieb/Heidel/Lepa/Ring*, Schuldrecht, § 275 Rdnr. 16; *Canaris* JZ 2001, S. 499, 502; a.A. U. *Huber* in *Ernst/Zimmermann* (Hrsg.), Zivilrechtswissenschaft und Schuldrechtsreform, 2001, S. 75.

338 BT-Drucks. 14/6040, S. 131, linke Spalte.

seiner Haftung auf Geldersatz wegen Nichtleistung[339], da die Leistung möglich geworden ist und man Unmögliches nicht zu leisten imstande ist. Dies entspricht der Vorschrift des § 275 I a.F..

Im Gegensatz dazu geht es bei § 275 II S.1 nicht darum, dass die Leistung unmöglich geworden ist. Vielmehr stehen hier der vom Schuldner aufgrund des Vertrages übernommenen Leistungspflicht Umstände entgegen, die unter bestimmten persönlichen oder sonstigen Anstrengungen theoretisch überwunden werden können. Die Regel bleibt somit die Erfüllung der vom Schuldner übernommenen Leistungspflicht, die Einrede nach § 275 II S.1 die Ausnahme. Der Grundsatz *casus a nullo praestatur* hilft in diesem Zusammenhang nicht weiter, da es zum einen nicht um die Unmöglichkeit der Leistung geht, zum anderen hier die Sekundärebene nicht in Frage steht.

cc. Die Haftung für Zufall nach den besonderen Gefahrtragungsvorschriften

Diese allgemeine Regel wird weiterhin durch die besonderen Gefahrtragungsvorschriften der §§ 446, 447; 644, 645 ; 615, 616 modifiziert.

Aus § 446 I folgt im Umkehrschluss, dass vor Übergabe der Kaufsache die Gefahr des *zufälligen Untergangs* und der zufälligen Verschlechterung beim Verkäufer liegt. Daraus lässt sich ableiten, dass der Schuldner im Zeitraum bis zur Übergabe sehr wohl weiterhin zur Leistung verpflichtet ist, beim Gattungskauf eine Ersatzsache herbeizuschaffen und beim Stückkauf - sofern die Sache reparabel verschlechtert ist - diese zu reparieren. Beim Gattungskauf folgt dieses Ergebnis schon aus § 276 I, wonach der Schuldner aufgrund der Übernahme des Beschaffungsrisikos in der Regel auch das Risiko des zufälligen Untergangs übernommen hat. In den übrigen Fällen des zufälligen Untergangs der Sache beim Stückkauf wird es sich in der Regel um einen Fall der echten Unmöglichkeit gem. § 275 I handeln.

Im Werkvertragsrecht folgt aus §§ 644 I S.1, S.2, 645 dass der Unternehmer bis zur Abnahme die Gefahr des zufälligen Untergangs trägt, außer das Werk geht aus Gründen unter oder wird beeinträchtigt, die der Sphäre des Bestellers zuzurechnen sind. Geht daher das Werk vor Abnahme durch Zufall unter, so ist der Werkunternehmer aufgrund seiner von ihm übernommenen Herstellungspflicht in den Grenzen des § 275 II S.1 verpflichtet, das Werk gegebenenfalls nochmals herzustellen. Der Grundsatz, dass Zufall den Werkunternehmer befreit, ist hier von den Vorschriften der §§ 644, 645 überlagert.

Ebenso lassen sich im Dienstvertragsrecht Anhaltspunkte für eine Haftung des Dienstberechtigten wegen Zufalls ableiten. Nach § 614 erhält der vorleistungspflichtige Dienstverpflichtete die Vergütung nur, wenn er die Dienste tatsächlich geleistet hat. Kann er die Dienste nicht erfüllen, da er an der Dienstleistung wegen Umständen gehindert war, die von ihm nicht zu vertreten sind, ist er – sofern diese Umstände nicht nach der Sphärentheorie in die Risikosphäre des Dienstberechtigten fallen oder die Leistung wegen Vorliegens eines absoluten Fix-

---

[339] D 50, 17, 23 (Ulpian).

geschäfts nicht nach § 275 I unmöglich geworden ist – zur Nachleistung verpflichtet, um sich die Vergütung zu verdienen.

f. Zwischenergebnisse

Die Frage des Vertretenmüssens durch den Schuldner ist eines von mehreren Kriterien, die bei der Bestimmung des groben Missverhältnisses zu berücksichtigen sind.

Die Berücksichtigung des schuldlosen sowie des schuldhaften Vertretenmüssens entspricht dem Wortlaut, Zweck und der systematischen Einordnung der Vorschrift, als Konkretisierung des Verhältnismäßigkeitsprinzips. Ebenso ist auch nach dem Grad des Verschuldens zu differenzieren. Dabei wirkt sich das Verschulden je nach der Schwere des Sorgfaltsverstoßes, als eines von mehreren Kriterien, auf die Leistungspflicht des Schuldners aus.

Ferner ist die Übernahme einer selbstständigen und unselbstständigen Garantie zu berücksichtigen. Der dem Schuldner zumutbare Aufwand ist in diesen Fällen höher anzusetzen, als in Fällen, in denen keine Garantie erklärt wurde. Dem gemäß wirkt sich die jedem Leistversprechen immanente Garantie der eigenen Leistungsfähigkeit im Rahmen von § 275 II S.1 nicht aus, da dem schon mit der hohen Schwelle des „groben Missverhältnisses" Rechnung getragen wird.

Die Grenze der Zumutbarkeit bei grob fahrlässig oder vorsätzlich herbeigeführten Hindernissen liegt in der Grenze des ökonomisch Sinnvollen. § 275 II S.1 darf nicht dazu führen, dass der Schuldner zur Durchsetzung der Leistungsinteressen des Gläubigers, wirtschaftlich ruiniert wird.

Tritt ein Leistungshindernis zufällig ein, muss der Schuldner mindestens soviel Aufwand auf sich nehmen, wie er bei ungehinderter Leistungserbringung hätte aufwenden müssen.

6. Die Bedeutung zahlenmäßiger Richtgrößen

a. Grundsatz

Für die Anwendung von § 275 II und § 439 III werden Vorschläge gemacht, zahlenmäßige Richtgrößen festzusetzen, nach denen regelmäßig ein „grobes Missverhältnis" oder „Unverhältnismäßigkeit" vorliegen sollen. Der Versuch, generalklauselartige Tatbestände durch Prozentangaben zu konkretisieren, ist ein probates Mittel, für Vorschriften, deren Tatbestandsvoraussetzungen geringe Differenzierungsmöglichkeiten bieten, verallgemeinerungsfähige Kriterien zu entwickeln, welche die Anwendbarkeit der Norm erleichtern sollen. Anzuführen ist hier beispielsweise die Rechtsprechung zur 130 % Grenze für die Wiederherstellungskosten des beschädigten KFZ im Rahmen von §§ 249 S.2 bzw. 251 II[340] oder die Rechtsprechung zur Sittenwidrigkeit von Kreditverträgen nach § 138 I[341]. Wenn auch grundsätzlich Skepsis bei

---

[340] Vgl. BGH NJW 1992, S. 1619.

[341] Danach soll ein auffälliges Missverhältnis zu bejahen sein, wenn der Vertragszins den marktüblichen Effektivzins relativ um 100 % oder absolut 12 % übersteigt, vgl. BGHZ 110, 105; 110, 338; Folge davon ist das Vorliegen eines wucherähnlichen Rechtsgeschäfts gem. § 138 I. Ähnliches wurde beispielsweise für die Frage des Mietwuchers (BGHZ 135, 269), für Leasingverträge (BGHZ 128, 259) angenommen.

solchen Konstruktionen im Hinblick auf die fragwürdige Einzelfallgerechtigkeit berechtigt sein mag, wird jedenfalls in den vorbezeichneten Fallgestaltungen eine rechtssichere Anwendung der Vorschriften ermöglicht.

b. Vorschläge der Literatur

Da eine ebenso rechtssichere Anwendung der Vorschriften des § 275 II und § 439 III ein erstrebenswertes Ziel ist, plädieren einige Autoren für eine Orientierung an zahlenmäßigen Richtgrößen. *Bitter/Meidt* schlagen für § 439 III folgendes Modell vor: Absolute Unverhältnismäßigkeit liege im Fall des vom Verkäufer nicht zu vertretenden Mangels bei 150 % des Wertes der mangelfreien Sache oder mehr als 200 % des mangelbedingten Minderwerts. Ist die Nacherfüllung nach diesen Kriterien nicht absolut unverhältnismäßig, komme es auf einen internen Kostenvergleich der beiden Nacherfüllungsalternativen an. Hier sei bereits dann von einer Unverhältnismäßigkeit auszugehen, wenn die vom Käufer gewählte Art der Nacherfüllung mehr als 10 % teurer sei als die andere Art[342]. Dagegen tritt *Huber* für eine absolute Grenze unter 150 % beim schuldlosen Verkäufer ein. Nach seiner Ansicht seien dem schuldlos handelnden Verkäufer nur Nachbesserungskosten bis 100 % des Werts der mangelfreien Sache zuzumuten, zudem solle er nicht über die zu § 251 II entwickelte Grenze von 130 % Grenze hinaus haften[343].

c. Gegenargumente

Die bisher durch die Rechtsprechung entwickelten zahlenmäßigen Richtgrößen lassen sich allesamt nicht auf § 275 II übertragen. Bei §§ 249 S.2, 251 II geht es zum einen schon nicht um ein „grobes" Missverhältnis, sondern lediglich um „Unverhältnismäßigkeit". Daraus folgt, dass die Schwelle des § 275 II höher liegen muss, als bei § 251 II. Aber auch aus teleologischen Gründen lässt sich § 251 II nicht auf § 275 II übertragen: Der Gläubiger erhält bei § 251 II immerhin noch Wertersatz, wenn Unverhältnismäßigkeit der Wiederherstellung vorliegt. Dagegen geht der Gläubiger im Rahmen von § 275 II – bei fehlendem Vertretenmüssen – leer aus[344]. Auch die Rechtsprechung zum wucherähnlichen Rechtsgeschäft nach § 138 I lässt sich nicht auf § 275 II übertragen. Bei § 275 II geht es weder um die Nichtigkeit einer rechtsgeschäftlichen Verpflichtung, sondern um eine einredeweise geltend zu machende Ausprägung des allgemeinen Rechtsmissbrauchsgedankens. Auch ist § 275 II nicht in einem mit § 138 I vergleichbaren Ausmaß ausfüllungsbedürftig. Bei § 138 I handelt es sich um eine nicht näher konkretisierte Generalklausel. Die Rechtsprechung machte es sich daher zur lohnenswerten Aufgabe, für bestimmte Sachverhalte generalisierende Regelungen zu treffen, die aber – wie die Rechtsprechung gezeigt hat – auch nur eine Richtschnur abgeben und eine einzel-

---

[342] Vgl. *Bitter/Meidt* ZIP 2001, S. 2114; a.A. LG Ellwangen, NJW 2003, S. 517, welches in Fällen völliger Beseitigung der Sachmängel durch Nachbesserung eine Grenze von 20 % ansetzen will.

[343] Vgl. *Huber* NJW 2002, S. 1004 [1008]; Westermann, in Schulze/Schulte-Nölke, Die Schuldrechtsreform vor dem Hintergrund des Gemeinschaftsrechts, 2001, S. 109; *Faust*, in: Huber /Faust, Lehrbuch zum neuen Schuldrecht, Kap. 2 Rdnr. 67.

[344] Vgl. *Canaris*, in: Egon Lorenz (Hrsg.), Karlsruher Forum 2002: Schuldrechtsmodernisierung, S. 22; Daher lässt sich dieser Gedanke allenfalls auf § 439 III übertragen, da dort der Gläubiger immerhin schon eine – wenn auch mangelhafte – Sache erhalten hat; so LG Ellwangen, NJW 2003, S. 517.

fallbezogene Entscheidung jederzeit ermöglichen. Davon kann bei § 275 II keine Rede sein. Zwar haben Begriffe wie das „grobe Missverhältnis" zweifellos generalklauselartigen Charakter. Der Differenzierungsgrad, den die Vorschrift des § 275 II selbst vorsieht, ist jedoch ungleich größer. Bei § 138 I geht es im Fall des Wucherzinses lediglich um das Verhältnis zwischen Vertragszins und Marktzins. Beide Größen lassen sich eindeutig und zweifelsfrei ermitteln. Durch die zahlenmäßige Bestimmung wird nur ein einziger Aspekt, nämlich der des Verhältnisses dieser beiden Größen zueinander geregelt. Sowohl § 275 II, als auch § 439 III sind dagegen wesentlich stärker ausdifferenziert. In den Vorschriften finden sich zahlreiche Anhaltspunkte dafür, dass die Frage des Vertretenmüssens und die vertragliche oder gesetzliche Risikoverteilung zu berücksichtigen sind. Dabei handelt es sich um konkretisierende Merkmale, die einzelfallgerechte Entscheidungen ermöglichen sollen. Um die Besonderheiten des jeweiligen Einzelfalls aufzufangen, verbietet es sich daher, die hinter der Vorschrift stehende Problematik der Leistungserschwerung auf eine zahlenmäßige Definition zu reduzieren und alle Aspekte, die nach der Vorschrift ausdrücklich zu berücksichtigen sind, über einen Kamm zu scheren. Auch ist eine, den jeweiligen Umständen des Einzelfalls angepasste zahlenmäßige Einordnung nicht sachgerecht, da – wie bereits erörtert wurde – zwischen den einzelnen Vertragsarten zu unterscheiden ist. Sodann wären bei einer Anwendung zahlenmäßiger Richtgrößen die jeweiligen Interessen des Gläubigers generalisierend darzustellen, was – wie gezeigt wurde – mit dem Wortlaut und Zweck der Vorschrift kaum zu vereinbaren ist. Schließlich müsste auch je nach Grad des Verschuldens und Art des Vertretenmüssens differenziert werden, woran sich ebenso zeigt, dass eine Generalisierung dieser Aspekte nicht durchzuführen ist[345]. Zudem sind weder dem Wortlaut, noch – wie gezeigt wurde – dem inneren System der Vorschrift Anhaltspunkte zu entnehmen, die eine Erfassung der Problematik mit zahlenmäßigen Richtgrößen rechtfertigen würde. Letztlich würde eine zahlenmäßige Einordnung – und das gilt grundsätzlich und im vorliegenden Fall besonders – auch auf fehlende Akzeptanz stoßen, da gerade hierdurch der vom Gesetzgeber intendierte Zweck einer möglichst einzelfallgerechten Lösung konterkariert werden würde.

V. Zwischenergebnis / Zusammenfassung

Das Ergebnis der Untersuchung – wie sich Fälle der wirtschaftlichen Leistungserschwerung unter § 275 II einordnen lassen und welche Besonderheiten bei der Anwendung der Vorschrift zu beachten sind, lässt sich wie folgt zusammenfassend darstellen:

1. Das Gläubigerinteresse an der Leistung des Schuldners

a. Darlegung- und Beweislast

Die Darlegungs- und Beweislast hinsichtlich des Gläubigerinteresses trägt grundsätzlich der Schuldner. Legt er im Rahmen seiner Erkenntnismöglichkeiten das Gläubigerinteresse schlüssig dar, hat nach den Grundsätzen der sekundären Beweislast sodann der Gläubiger sein tatsächliches Interesse vorzutragen.

---

[345] So auch *Canaris*, in: Egon Lorenz (Hrsg.), Karlsruher Forum 2002: Schuldrechtsmodernisierung, S. 22.

b. Ermittlung der Gläubigerinteressen

Soweit man die ergänzende Vertragsauslegung anhand *objektiver* Kriterien vornimmt, lassen sich die Interessen des Gläubigers an der Leistung im Wege der ergänzenden Vertragsauslegung ermitteln. Es ist danach zu fragen, welche Regelung die Parteien vernünftigerweise vorgesehen hätten, wenn sie die Interessen des Gläubigers gemeinsam bedacht und damit gerechnet hätten, dass ein Leistungshindernis eintreten würde.

c. Umfang und Bestimmung des Gläubigerinteresses

Das Leistungsinteresse des Gläubigers bezieht sich auf den vom Schuldner herbeizuführenden Leistungserfolg und hat mindestens die Höhe der Gegenleistung. Das Leistungsinteresse des Gläubigers kann materieller und immaterieller Natur sein.

§ 252 S.2 ist analog auf die Bestimmung des entgangenen Gewinns des Gläubigers im Rahmen von § 275 II anwendbar.

Bei der Beurteilung, welche Interessen des Gläubiger in § 275 II Berücksichtigung finden, ist vergleichend der Schutz der Gläubigerinteressen auf Sekundärebene nach § 249 S.1 zu betrachten. Interessen, die auf Sekundärebene geschützt werden, sind erst Recht auch im Rahmen von § 275 II berücksichtigungsfähig. Daher werden im Rahmen von § 275 II auch immaterielle Interessen sowie Affektionsinteressen des Gläubigers berücksichtigt.

§ 287 ZPO ist bei der Bestimmung der immateriellen Interessen im Rahmen von § 275 II nicht anwendbar.

d. Berücksichtigung eines Schadensersatzanspruchs des Gläubigers

Bei der Bestimmung der Gläubigerinteressen bleibt ein etwa bestehender Schadensersatzanspruch gegen den Schuldner unberücksichtigt. Geht der Gläubiger dagegen wegen fehlendem Vertretenmüssen des Schuldners auf Sekundärebene leer aus, steigt sein Interesse an der Naturalerfüllung.

e. Zeitpunkt der Beurteilung

Maßgeblicher Zeitpunkt für die Beurteilung der Gläubigerinteressen ist in prozessualer und materiellrechtlicher Hinsicht der Schluss der letzten mündlichen Tatsachenverhandlung.

2. Der Schuldneraufwand

a. Umfang und Bestimmung des Schuldneraufwands

Bei der Bestimmung des Schuldneraufwands im Rahmen von § 275 II ist der gesamte Aufwand des Schuldners zur Erbringung seiner Leistung zu berücksichtigen und nicht nur der durch das Leistungshindernis verursachte erhöhte Aufwand.

Bei § 275 II S.1 sind sowohl wirtschaftliche, als auch persönliche Aspekte bei der Bestimmung des Schuldneraufwands zu berücksichtigen.

Bei der Bestimmung des Schuldneraufwands ist eine finanzielle Beteiligung durch den Gläubiger zu berücksichtigen.

b. Zeitpunkt der Beurteilung

Der maßgebliche Zeitpunkt für die Bestimmung des Schuldneraufwands ist derjenige der letzten mündlichen Verhandlung.

3. Verhältnis zu § 275 III

§ 275 II ist auch auf Schuldverhältnisse anwendbar, die eine persönliche Leistungspflicht zum Inhalt haben. § 275 III ist hierzu *lex specialis*, soweit in persönlicher Hinsicht ein Hindernis vorliegt.

4. Bestimmung des groben Missverhältnisses nach dem Inhalt des Schuldverhältnisses – Berücksichtigung der vertraglichen und gesetzlichen Risikoverteilung

a. Grundsatz

Im Rahmen der Bestimmung des Inhalts des Schuldverhältnisses ist vorrangig auf die vertragliche Vereinbarung abzustellen. Sofern sich aus der vertraglichen Vereinbarung Anhaltspunkte für die Risikoverteilung zwischen den Parteien entnehmen lassen, sind diese im Rahmen von § 275 II S.1 zu berücksichtigen.

Folgt aus ihr eine weitgehende Risikoübernahme, so sind dem Schuldner besonders hohe Anstrengungen im Rahmen von § 275 II S.1 zuzumuten.

Während § 275 II S.2 regelt, *ob* ein Vertretenmüssen berücksichtigt wird, folgt aus § 276 I, welche Auswirkungen das Vertretenmüssen hat.

b. Gesetzliche Risikoverteilung

Nach § 275 I trägt der Gläubiger die Leistungsgefahr, wenn die Leistung für den Schuldner unmöglich wird. Das Gleiche gilt für § 275 II, wenn dessen Voraussetzungen vorliegen, also ein grobes Missverhältnis zwischen Schuldneraufwand und Leistungsinteresse des Gläubigers vorliegt. Nach § 326 I trägt der Schuldner die Gegenleistungsgefahr. Ausnahmen: *alleinige oder weit überwiegende Verantwortlichkeit des Gläubigers, Annahmeverzug und die vertragliche Risikoverteilung.*

Diese allgemeinen Regeln werden – im Hinblick auf die Anwendung von § 275 II S.1 – wie folgt durch die besonderen Vorschriften korrigiert:

aa. Kaufrecht

Im Rahmen des Kaufrechts übernimmt der Verkäufer ein *Beschaffungsrisiko*, welches sich auch auf die Mangelfreiheit der Kaufsache erstreckt. Dies gilt für den Stückkauf sowie besonders für den Gattungskauf. Aufgrund der leichten *Beherrschbarkeit* dieses Risikos können vom Verkäufer hohe Anstrengungen im Rahmen von § 275 II S.1 verlangt werden. Dies gilt besonders für den Gattungskauf. Dabei ist durch Auslegung zu ermitteln, welche Risiken der Verkäufer mit Abschluss des Kaufvertrages übernommen hat. Weiterhin ist zwischen den Zeitraum vor und nach Gefahrübergang zu unterscheiden. Auf §§ 446, 447 kommt es dabei aber nicht an, da diese Vorschriften die Gegenleistungsgefahr regeln und eine zu § 326 I Sondervorschriften sind.

bb. Werkvertragsrecht

Im Rahmen des Werkvertrags übernimmt der Unternehmer das *Herstellungsrisiko*. Zu beachten sind im Rahmen von § 275 II S.1 die Vorschriften der §§ 644, 645. Hiernach sind vom Unternehmer keine Anstrengungen zu verlangen, wenn der Umstand der Leistungserschwerung aus der Risikosphäre des Bestellers stammt. Im Werkvertrag hat er aufgrund der Übernahme seines Herstellungsrisikos grundsätzlich höhere Anstrengungen auf sich zu nehmen, als der Verkäufer, da er bei Untergang des Werkes nicht frei wird, dagegen der Verkäufer einer Stückschuld nach § 275 I schon. Diese Differenzierung muss sich auch im Rahmen von § 275 II S.1 niederschlagen, da der Gesetzgeber das – schwer beherrschbare Herstellungsrisiko – ausdrücklich dem Unternehmer auferlegt.

cc. Mietvertragsrecht

Im Rahmen des Mietvertrags übernimmt der Vermieter ein *Überlassungsrisiko*. Der Mietvertrag ist ein Dauerschuldverhältnis. Die schwere Beherrschbarkeit des Überlassungsrisikos wird nach § 535 I S.2 dahingehend gelöst, dass den Vermieter keine Pflicht zur Wiederherstellung oder Wiederbeschaffung einer völlig zerstörten Mietsache, sondern nur eine Instandsetzungspflicht trifft. Dies ist im Rahmen von § 275 II S.1 angemessen zu berücksichtigen.

dd. Dienstvertragsrecht

Im Dienstvertragsrecht sind die §§ 615, 616 zu beachten. Bei Gläubigerverzug können vom Schuldner keine Anstrengungen verlangt werden. Das Gleiche gilt für die Überwindung zeitlich beschränkter, unverschuldeter Hindernisse (§ 616).

c. Die Bedeutung des Vertretenmüssens

aa. Grund der Berücksichtigung

Die Berücksichtigung des schuldlosen sowie des schuldhaften Vertretenmüssens entspricht dem Wortlaut, Zweck und der systematischen Einordnung der Vorschrift, als Konkretisierung des Verhältnismäßigkeitsprinzips. Ebenso ist auch nach dem Grad des Verschuldens zu differenzieren. Dabei wirkt sich das Verschulden je nach der Schwere des Sorgfaltsverstoßes, als eines von mehreren Kriterien, auf die Leistungspflicht des Schuldners aus.

bb. Schuldloses Vertretenmüssen

Ferner ist die Übernahme einer selbstständigen und unselbstständigen Garantie zu berücksichtigen. Der dem Schuldner zumutbare Aufwand ist in diesen Fällen höher anzusetzen, als in Fällen, in denen keine Garantie erklärt wurde. Dem gemäß wirkt sich die jedem Leistversprechen immanente Garantie der eigenen Leistungsfähigkeit im Rahmen von § 275 II S.1 nicht aus, da dem schon mit der hohen Schwelle des „groben Missverhältnisses“ Rechnung getragen wurde.

cc. Schuldhaftes Vertretenmüssen

Bei einfacher und leichter Fahrlässigkeit lässt sich deren Berücksichtigung in § 275 II S.2 über den aus §§ 162, 242 folgenden Rechtsgedanken mit der geringeren Schutzwürdigkeit des Schuldners erklären. Daher hat der Schuldner bei leicht oder einfach fahrlässiger Herbeiführung des Leistungshindernisses erhöhte Anstrengungen auf sich zu nehmen.

Die Grenze der Zumutbarkeit bei grob fahrlässig oder vorsätzlich herbeigeführten Hindernissen ergibt sich aus dem ökonomisch noch Sinnvollen. § 275 II S.1 darf nicht dazu führen, dass der Schuldner zur Durchsetzung der Leistungsinteressen des Gläubigers, wirtschaftlich ruiniert wird.

dd. Zufälliger Eintritt des Leistungshindernisses

Tritt ein Leistungshindernis zufällig ein, muss der Schuldner mindestens soviel Aufwand auf sich nehmen, wie er bei ungehinderter Leistungserbringung hätte aufwenden müssen.

5. Zahlenmäßige Richtgrößen

Die Heranziehung zahlenmäßiger Richtgrößen bei der Beurteilung des „groben Missverhältnisses“ ist abzulehnen, da ansonsten den Besonderheiten des Einzelfalls, für die die Vorschrift des § 275 II – aufgrund der zahlreichen wertenden Element bewusst offen gehalten ist – nicht berücksichtigt werden könnten.

Viertes Kapitel: Das Verhältnis von § 275 I und II zu § 439 III

I. Die Regelung des § 439 III

Nach § 439 III S.1 kann der Verkäufer die vom Käufer gewählte Art der Nacherfüllung unbeschadet des § 275 II und III verweigern, wenn sie nur mit unverhältnismäßigen Kosten verbunden ist. S.2 gibt als Auslegungshilfe vor, dass dabei insbesondere der Wert der Sache in mangelfreiem Zustand, die Bedeutung des Mangels und die Frage zu berücksichtigen ist, ob auf die andere Art der Nacherfüllung ohne erhebliche Nachteile für den Käufer zurückgegriffen werden könnte. Aus S.3 folgt letztlich, dass sich der Anspruch des Käufers nur auf die andere Art der Nacherfüllung beschränkt, woraus sich ergibt, dass das Leistungsverweigerungsrecht nach § 439 III jeweils konkret für die einzelne Variante des Nacherfüllungsanspruchs zu prüfen ist[346].

Im Folgenden soll der Frage nachgegangen werden, in welchem Verhältnis § 439 III zu § 275 I und § 275 II steht, welche Unterschiede zwischen den Vorschriften bestehen und wie diese gegebenenfalls zu rechtfertigen sind. Erforderlich ist daher, zunächst die Grundlagen des Nacherfüllungsanspruchs zu bestimmen.

II. Die dogmatische Einordnung des Nacherfüllungsanspruchs

Dass der Nacherfüllungsanspruch ein *gewährleistungsrechtlicher* Anspruch ist, folgt bereits daraus, dass er gem. § 438 I in die Verjährung der Mängelrechte einbezogen und in § 437 Nr. 1 neben den traditionellen Mängelrechten (Rücktritt, Minderung, Schadensersatz) genannt ist[347]. Entscheidend ist weiter, dass zum Zeitpunkt der Geltendmachung der Nacherfüllung durch den Käufer gem. §§ 437 I, 439 I der Anspruch aus § 433 I noch nicht durch Erfüllung gem. § 362 I erloschen ist, da der Leistungserfolg – Übergabe und Übereignung einer *mangelfreien* Sache – noch nicht eingetreten ist. Der noch bestehende Erfüllungsanspruch gem. § 433 I setzt sich in § 439 I fort, so dass der Nacherfüllungsanspruch eine modifizierte Form des ursprünglichen Erfüllungsanspruchs ist[348]. Dies entspricht auch der h.L.[349] zum Nachlieferungsanspruch gem. § 480 I a.F. und zum Mangelbeseitigungsanspruch aus § 633 II a.F[350]. Nach der Gesetzesbegründung stellt § 439 III eine kaufrechtsspezifische, auf niedrigerer Schwelle angesiedelte Konkretisierung des bereits in § 275 II enthaltenen allgemeinen Rechtsmissbrauchsprinzips dar[351].

III. Das Verhältnis von § 439 III zu § 275 I

Einigkeit herrscht insoweit, als nach § 275 I bei *tatsächlicher* oder *rechtlicher* Unmöglichkeit der Anspruch des Käufers auf Nacherfüllung ausgeschlossen ist. Dabei kann sich die Unmöglichkeit jeweils auf die eine oder die andere Art der Nacherfüllung, gegebenenfalls auch auf beide Varianten erstrecken. Ersteres folgt aus dem Wortlaut der Vorschrift des § 275 I „..insoweit..“ und aus § 265 S.1 womit klargestellt ist, dass sich die Unmöglichkeit auch nur auf den einen Teil der Nacherfüllung erstrecken kann[352]; dass sich die Unmöglichkeit auch auf beide Arten der Nacherfüllung erstrecken kann, ist eine logische Konsequenz.

Umstritten ist, ob der Nacherfüllungsanspruch gem. § 439 I auch beim Stückkauf auf Ersatzlieferung gerichtet sein kann, oder ob hier nur der Anspruch auf Nachbesserung in Betracht

---

[346] Vgl. *Dauner-Lieb/Heidel/Lepa/Ring*, Schuldrecht, § 439 Rdnr. 2.
[347] Vgl. *Canaris*, a.a.O., S. 22.
[348] Vgl. *Canaris*, a.a.O., S. 22; so z.B. auch *Lorenz/Riehm*, Rdnr. 504; *Schubel* JuS 2002, S. 316; *Petersen* JURA 2002, S. 461; *P. Huber* NJW 2002, S. 1005.
[349] Vgl. z.B. BGHZ 142, 36; *Larenz*, S. 78; MünchKomm.-*Westermann*, § 480 Rdnr. 1.
[350] Vgl. *Larenz*, S. 350; Staudinger/*Peters*, 2000, § 633 Rdnr. 166; Soergel/*Teichmann*, 12. Aufl. 1998, Vor § 633 Rdnr. 1; Palandt/*Sprau*, 61. Aufl. 2002, Vor § 633 Rdnr. 4.
[351] Vgl. BT-Drucks. 14/6040 S. 232; Vgl. auch Dauner-Lieb/Heidel/Lepa/Ring, *Büdenbender*, § 439 Rdnr. 7.
[352] Vgl. *Bitter/Meidt* ZIP 2001, S. 2119.

kommt. Ersatzlieferung scheidet aus, wenn sich beim Stückkauf der Vertrag auf eine individualisierte Sache bezieht, so dass die Erfüllung mit einer anderen Sache ausgeschlossen ist[353].

Der Wortlaut der Vorschrift des § 439 I gibt für eine Beschränkung des Nacherfüllungsanspruchs auf Nachbesserung beim Kauf einer Speziessache nichts her, da das Gesetz in § 439 I nur von „einer" und nicht von „der" Sache spricht, was der Formulierung in § 480 I a.F. entspricht[354]. Nach der Ansicht der Gesetzesverfasser soll die Nacherfüllung nicht bei jedem Stückkauf möglich sein und beim Kauf einer bestimmten gebrauchten Sache zumeist von vornherein ausscheiden[355]. Gleiches folgt auch aus der Richtlinie über den Verbrauchsgüterkauf. Deren 16. Erwägungsgrund lautet wie folgt: „Gebrauchte Güter können aufgrund ihrer Eigenart im allgemeinen nicht ersetzt werden. Bei diesen Gütern hat der Verbraucher deshalb in der Regel keinen Anspruch auf Ersatzlieferung". Daraus lässt sich im Umkehrschluss folgern, dass – falls die Sache ersetzt werden kann – die Nacherfüllung, insbesondere bei neuen Sachen – sehr wohl möglich ist[356]. Nach Ansicht von *Canaris* lässt dies den Schluss zu, dass in richtlinienkonformer Auslegung[357] die verkaufte Sache durch eine andere ersetzt werden kann, was zwar, wie *Canaris* zugibt, „gewöhnungsbedürftig"[358], aber im Hinblick auf die soeben dargelegte Auslegung nur folgerichtig sei. Dagegen soll nach Ansicht von *P. Huber* die Ersatzlieferung nur bei einem „Identitäts-Aliud" möglich sein[359]. Die Erweiterung auf das „Qualifikations-Aliud" widerspreche der von den Parteien getroffenen Vereinbarung, die sich nur auf das konkret individualisierte Stück beziehe[360]. Schließlich wird auch noch die These vertreten, die Ersatzlieferung sei immer bei *vertretbaren* Sachen möglich[361]. Aber auch dies würde auf eine Änderung des Vertragsinhalts hinauslaufen, der sich nur auf das von den Parteien individualisierte Stück bezieht. Dies ist nach den Vorgaben der Verbrauchgüterkaufrichtlinie nur dann richtig, wenn es sich um einen Kauf einer Sache z. B. in Warenhäusern

---

[353] Bei einer gebrauchten Speziessache, wie z.B. einem Gemälde, wird sich das Problem in der Schärfe allerdings selten stellen, da es sich hier regelmäßig um „einmalige" Sachen handelt, bei denen die Ersatzlieferung naturgemäß schon nach § 275 I unmöglich ist.

[354] So auch *Ackermann* JZ 2002, S. 380.

[355] Vgl. BT.-Druchs. 14/6040 S. 209.

[356] So *Canaris* in: Egon Lorenz (Hrsg.), Karlsruher Forum: Schuldrechtsmodernisierung, S. 80.

[357] Zu deren Bedeutung vgl. oben 2. Teil, 1. Kapitel, III.

[358] Vgl. *Canaris*, a.a.O., S. 80.

[359] Vgl. *P. Huber* NJW 2002, S. 1004 [1006]; dabei handelt es sich nach richtiger Ansicht konsequenterweise auch um einen Anspruch, der sich nach dem Sachmängelrecht beurteilt, da schon gem. § 434 III das aliud einem Sachmangel gleichgestellt wird; so auch Westermann NJW 2002, S. 241; a.A. offenbar die Gesetzesverfasser, vgl. BT-Drucks. 14/6040 S. 216.

[360] Vgl. *P. Huber*, a.a.O.

[361] *Bitter/Meidt*, ZIP 2001, S. 2114; kritisch hierzu zu Recht *Ehmann/Sutschet*, Modernisiertes Schuldrecht, S. 201; das Begriffspaar zwischen Stück- und Gattungskauf dürfe nicht durch das von vertretbaren und nichtvertretbaren Sachen ersetzt werden. Ebenso wenig dürfe dem Käufer eine ganz andere Sache aufgedrängt werden. Daraus folgt, dass sie die Ersatzlieferung nur soweit zulassen, als es um Kaufsachen geht, die in der Massenproduktion hergestellt werden.

handelt, bei dem zwar kein Gattungskauf vorliegt, die Kaufsache jedoch ohne weiteres durch eine gleiche Sache ersetzt werden kann[362].

Vorzugswürdig ist, die Ersatzlieferung bei einer Speziessache nur in den Fällen des „Identitäts-Aliud“ zuzulassen. Da gem. § 434 III die aliud-Lieferung einem Sachmangel gleichgestellt ist, wandelt sich der ursprüngliche Erfüllungsanspruch (der eigentlich noch nicht erfüllt ist), in den Nacherfüllungsanspruch gem. § 439 I auf Ersatzlieferung um[363]. In anderen Fällen kommt hingegen eine Ersatzlieferung nicht in Betracht. Alles andere würde zu einer Änderung der vertraglichen Vereinbarung führen, die sich nur auf das eine, individualisierte Stück bezieht. Vertragsanpassungen sind jedoch nur über die Störung der Geschäftsgrundlage gem. § 313 I möglich. Diese Vorschrift würde ausgehöhlt, wenn der Verkäufer einer mangelhaften Stücksache zu einer geänderten Leistung verpflichtet wäre. Gleichwohl bleibt es den Parteien unbenommen, einen neuen Kaufvertrag über eine andere mangelfreie Sache abzuschließen[364] und den ursprünglichen Vertrag aufzuheben oder den ursprünglichen Vertrag dahingehend abzuändern, dass der Verkäufer auch mit einer anderen Speziessache gem. §§ 433 I, 362 I erfüllen kann[365].

IV. Das Verhältnis von § 439 III zu § 275 II

Weiterhin wird der Frage nachgegangen, in welchem Verhältnis § 439 III und § 275 II zueinander stehen. Beide Vorschriften gewähren dem Schuldner ein Leistungsverweigerungsrecht; beide Vorschriften betreffen Sachverhalte, in denen die Leistungserbringung – im Rahmen von § 439 III die Nacherfüllung – für den Schuldner mit Hindernissen verbunden ist. Aus dem Wortlaut von § 439 III folgt, dass dieser „..unbeschadet..“ der § 275 II, III anwendbar ist. Daraus folgt zum einen, dass § 275 II *neben* § 439 III anwendbar ist. Zum anderen lässt sich die Vorschrift so interpretieren, dass § 439 III dann eingreift, wenn nicht schon § 275 II zu einer Befreiung des Schuldners geführt hat, was den Schluss zulässt, dass die Schwelle der Unverhältnismäßigkeit bei § 439 III niedriger anzusetzen ist, als bei § 275 II[366]. Dem gemäß

---

[362] LG Ellwangen, NJW 2003, S. 517 im Anschluss an *Bitter/Meidt* ZIP 2001, S. 2119; was nur dann richtig sein kann, wenn in diesen Fällen die Kaufsache nicht individualisiert und diese Individualisierungsmerkmale zum Inhalt des Kaufvertrages gemacht worden sind. Dies ist gegebenenfalls durch Auslegung des Vertrages zu ermitteln

[363] Vgl. *Huber*, NJW 2002, S. 1006.

[364] So auch *P. Huber*, a.a.O.

[365] In diese Richtung argumentiert auch *P. Huber*, a.a.O.

[366] Daraus folgt, dass § 275 II neben § 439 III aufgrund dieser Tatsache keinen eigenständigen Anwendungsbereich mehr hat, sofern es nur um Nacherfüllung geht; so *Bitter/Meidt* ZIP 2001, S. 2120; BT-Drucks. 14/6040, S. 209; a.A.: *Ackermann* JZ 2002, S. 382, der darauf abstellt, dass § 275 II gerade beim Stückverkäufer eine entscheidende Rolle spielt, da aus § 275 II folge, dass zur Behebung eines nicht zu vertretenden Mangels der Verkäufer nie mehr als den Minderungsbetrag aufwenden müsse. Als Begründung führt er an, dass ansonsten ein Wertungswiderspruch bestünde, wenn der Schuldner bei einem zufälligerweise überwindbaren Leistungshindernis mehr aufwenden müsste, als bei einem unüberwindbaren. In letzterem Fall wird er nämlich von der Leistungsverpflichtung frei und verliert die Gegenleistung. Dem ist jedoch nicht zu folgen. Zum einen ist es schon nicht richtig, zu sagen, dass es keinen Unterschied mache, auf welchem Umstand das Leistungshindernis beruht. Im konkreten Fall ist immer zu prüfen, welche Risiken der Schuldner vertraglich oder gesetzlich übernommen hat. Fällt das eine Hindernis unter die von ihm übernommenen Risiken, so muss er es eher überwinden als ein Risiko, welches er nicht übernommen hat. Auch im Hinblick auf den Grundsatz der Vertragsstrenge hält die

kommt es nach § 275 II auf ein „grobes Missverhältnis" an, woraus die Gesetzesverfasser den Schluss ziehen, dass hiermit besonders gelagerte Ausnahmefälle gemeint seien[367]. Die „Unverhältnismäßigkeit" in § 439 III ist zwar ebenso eine ausfüllungsbedürftige Generalklausel. Allerdings gibt § 439 III S.2 - im Gegensatz zu § 275 II – einige Anhaltspunkte, welche Aspekte bei der Bestimmung der Unverhältnismäßigkeit eine Rolle spielen. Diese Aufzählung ist jedoch nicht abschließend, was aus der Gesetzesformulierung „[..]insbesondere[..]" folgt. Maßgeblich ist, dass schon nach dem allgemeinen Sprachgebrauch durch das Adjektiv „grob" in § 275 II eine besonders krasse Unverhältnismäßigkeit zwischen Aufwand und Interesse gemeint sein muss, während der Wortlaut des § 439 III, der auf die „Unverhältnismäßigkeit" abstellt, den Schluss zulässt, dass hier auch ein Auseinanderfallen der gegenüberstehenden Interessen auf *niedrigerer Schwelle* ausreicht[368].

Auch die Unverhältnismäßigkeit der Nacherfüllung nach § 439 III setzt voraus, dass es zwei Interessen gibt, die sich gegenüberstehen. Im Rahmen von § 439 III sind dies zum einen die Kosten der gewählten Art der Nacherfüllung. Zum anderen ergibt sich aus der beispielhaften Aufzählung in S.2, dass auch hier Umstände zu berücksichtigen sind, die vorwiegend *Gläubigerinteressen* betreffen. Das Gläubigerinteresse ist somit auch bei § 439 III der maßgebliche Bezugspunkt für die Verhältnismäßigkeitsprüfung[369]. Hat daher die Sache in mangelfreiem Zustand einen besonders hohen Wert oder hat der Mangel eine besondere Bedeutung im Hinblick auf die Funktionsfähigkeit der Gesamtsache oder hätte beispielsweise die Mangelbeseitigung einen erheblichen Nachteil für den Käufer zur Folge, so ist dies besonders im Rahmen der Verhältnismäßigkeitsprüfung zu berücksichtigen. Ebenso wird der Käufer eines Billigartikels regelmäßig kein schutzwürdiges Interesse an einer Mangelbeseitigung haben.

In § 439 III wird im Gegensatz zu § 275 II S.2 die Frage des Vertretenmüssens auf Seiten des Schuldners nicht ausdrücklich erwähnt. Im Umkehrschluss zu § 275 II S.2 ließe sich vertreten, dass im Rahmen des § 439 III das Vertretenmüssen keine Rolle spielt. Auch nach dem Wortlaut richtet sich die Verhältnismäßigkeitsprüfung vornehmlich an den Kosten der Nacherfüllung für den Schuldner aus, was auch dafür sprechen würde, die Frage der Verhältnismäßigkeit maßgeblich nach diesem Kriterium auszurichten. Da § 439 III – wie bereits gezeigt wurde – in den gleichen teleologischen Kontext einzuordnen ist, wie § 275 II, ist zweifelhaft, ob dem so gefolgt werden kann. Schon daraus lässt sich ableiten, dass auch im Rahmen von § 439 III – wenn auch insgesamt auf niedrigerer Schwelle als bei § 275 II – das Vertretenmüssen zu berücksichtigen ist. Nichts anderes ergibt sich aus der viel zitierten Parallele zu § 633 II S.3 a.F. und der diesbezüglich ergangenen Rechtsprechung[370]. Aber auch das Merkmal der

---

Argumentation nicht stand. Es ist auch keineswegs unrichtig, danach zu differenzieren, ob das Leistungshindernis überwunden werden kann oder nicht. Kann es nicht überwunden werden, wird der Schuldner aufgrund des faktischen Umstandes der fehlenden Überwindbarkeit frei und nicht etwa aufgrund verallgemeinerungsfähiger Gerechtigkeitserwägungen. Ebenso kann von ihm mehr Aufwand verlangt werden, wenn er das Hindernis überwinden kann, wenn dieses in das von ihm übernommene Risiko – etwa in sein Beschaffungsrisiko – fällt.

[367] Vgl. BT-Drucks. 14/6040 S. 232.

[368] Vgl. BT-Drucks. 14/6040 S. 232.

[369] So auch *P. Huber* a.a.O.

[370] BT-Drucks. 14/6040, S. 232.

„Unverhältnismäßigkeit" ermöglicht die Berücksichtigung des Vertretenmüssens, was indirekt durch § 439 III S.2 unterstützt wird, indem die dort angeführte Aufzählung gerade nicht abschließend ist und damit Aspekte, wie das Vertretenmüssen gerade nicht ausschließt. Beide Vorschriften sind als *Konkretisierung des allgemeinen Rechtsmissbrauchsgedankens* anzusehen, woraus sich - wie bereits erörtert wurde - die Berücksichtigungsfähigkeit des Vertretenmüssens des Schuldners ableiten lässt[371].

V. Rechtfertigung der Unterschiede zwischen § 275 II und § 439 III

Die unterschiedlichen Maßstäbe zwischen § 275 II und § 439 III folgen zum einen aus der Einführung der *Erfüllungstheorie* im Rahmen der kaufrechtlichen Gewährleistung. Danach hat der Verkäufer seine Pflichten gem. § 433 I S.2 erst mit der Übergabe und Übereignung einer *mangelfreien* Kaufsache erfüllt. Erst mit Eintritt dieses Leistungserfolges tritt gem. § 362 I Erfüllung ein. Kommt der Verkäufer der Übergabe einer *mangelfreien* Sache nicht nach, so wandelt sich sein Erfüllungsanspruch mit der Übergabe der Kaufsache in einen modifizierten Erfüllungsanspruch, den Nacherfüllungsanspruch um und setzt sich in diesem fort. Der Erfüllungszeitraum ist somit nach dem neuen Recht deutlich länger, als nach der alten Rechtslage. Nach § 433 I a.F. konnte der Verkäufer einer Speziessache auch mit einer mangelhaften Sache erfüllen. Außerhalb des Gattungskaufs sollte der Käufer die mangelhafte Sache nur bis zum Gefahrübergang nach § 320 I zurückweisen können[372]. Diese strukturelle Veränderung des Kaufrechts, die dem Verkäufer höhere Risiken durch den längeren Erfüllungszeitraum zumutet, als nach der früheren Rechtslage, wird durch die Regelung des § 439 III teilweise aufgefangen. Im Vergleich zum alten kaufrechtlichen Gewährleistungsrecht schützt die Vorschrift die Interessen des Käufers, da dieser nach dem alten Recht zum einen überhaupt keinen Anspruch auf Nachbesserung, zum anderen nur unter den engen Voraussetzungen des § 463 a.F. einen Anspruch auf Schadensersatz hatte. Daneben schützt die Vorschrift auch die Interessen des Verkäufers. Denn bei Mangelhaftigkeit der Kaufsache macht sich der Verkäufer nach §§ 437 Nr.3, 281 I, 280 I schadensersatzpflichtig, wenn er nicht sein fehlendes Vertretenmüssen beweisen kann (§ 280 I S.2). Hier gewährt §§ 437 Nr.1, 439 I dem Verkäufer das Recht „zum zweiten Andienen", wodurch er durch Lieferung einer mangelfreien Sache oder durch Nachbesserung u.a. die Schadenersatzpflicht abwenden kann[373].

Hinzu kommt, dass die Auswirkungen der wirksamen Erhebung der Einrede bei § 439 III und § 275 II grundlegend verschieden sind. Während im Rahmen von § 275 II der Gläubiger auch auf Sekundärebene nach §§ 275 IV, 283, 280 III, 280 I bei fehlendem Vertretenmüssen des Schuldners leer ausgeht, steht dem Käufer bei § 439 III immer noch die andere Art der Nacherfüllung offen. Lässt sich auch diese nicht durchsetzen, so verbleibt dem Käufer immer noch – auch bei fehlendem Vertretenmüssen des Verkäufers – die Möglichkeit des Rücktritts und der Minderung des Kaufpreises. Dabei geht es für den Käufer – im Gegensatz zur Situation,

---

[371] Im Ergebnis auch *P. Huber* a.a.O.;
[372] Palandt/*Heinrichs*, vor § 320 Rdnr. 18, 19; beim Gattungskauf stand dem Käufer dieses Recht auch nach Gefahrübergang zu, wenn einen Nachlieferungsanspruch nach § 480 I a.F. hatte.
[373] Vgl. *Lorenz/Riehm*, Lehrbuch zum neuen Schuldrecht, S. 270.

wenn der Schuldner die Einrede des § 275 II erhebt – nicht um Alles-oder-Nichts, da er – neben den vorbezeichneten Mängelrechten - die Kaufsache immerhin schon erhalten hat. Daher ist es nur folgerichtig, die Interessen des Gläubigers im Rahmen von § 439 III weniger stark zu schützen, als bei der Frage nach der Durchsetzbarkeit des Primäranspruchs nach § 275 II und die Zumutbarkeitsschwelle bei § 439 III niedriger anzusetzen[374].

VI. Zusammenfassung des vierten Kapitels

- Der Nacherfüllungsanspruch ist ein gewährleistungsrechtlicher Anspruch; das Leistungsverweigerungsrecht stellt eine auf niedrigerer Stufe als § 275 II ansetzende Konkretisierung des allgemeinen Rechtsmissbrauchsgedankens dar. Der sachliche Grund hierfür liegt darin, dass der Käufer bei § 439 III immerhin eine – wenn auch mangelhafte – Sache erlangt hat, während er bei § 275 II leer ausgehen würde.

- Die Ersatzlieferung einer Speziessache ist außer in den Fällen des „Identitäts-aliuds" gem. § 275 I auszuschließen, da sie zu einer Änderung der vertraglichen Grundlagen führen würde, welche § 313 I vorbehalten bleibt.

Fünftes Kapitel: Das Verhältnis von § 275 zu § 635 III

I. Das Verhältnis von § 635 III zu § 275 I

Sofern die Nacherfüllung gem. § 275 I *tatsächlich* oder *rechtlich* unmöglich ist, besteht auch keine Verpflichtung des Unternehmers[375]. Hier ergeben sich keine Abgrenzungsprobleme.

II. Unterschiede zu § 439 III

Einer der maßgeblichen Unterschiede zwischen § 439 III und § 635 III besteht darin, dass sich das Leistungsverweigerungsrecht des Werkunternehmers auf die Nacherfüllung an sich und nicht – wie bei § 439 III – auf die einzelne Art der Nacherfüllung beschränkt. Der Grund hierfür liegt darin, dass auch der Anspruch des Bestellers gem. § 635 I nur auf die Nacherfüllung insgesamt und nicht wie im Kaufrecht auf eine bestimmte Art der Nacherfüllung konkretisiert wird. Das Wahlrecht, welche Art der Nacherfüllung durchzuführen ist, hat der Werkunter-

---

[374] Ähnlich *Canaris* in: Egon Lorenz (Hrsg.), Karlsruher Forum: Schuldrechtsmodernisierung, S. 80.
[375] BT-Drucks. 14/6040, S.265.

nehmer. Der Gesetzgeber führt als Begründung hierfür an, dass es beim Werkvertrag nicht um den bloßen Austausch von Leistungen ginge, sondern um eine Herstellungsverpflichtung des Unternehmers, die dieser aufgrund seiner Nähe zum Produktionsprozess für gewöhnlich besser einschätzen könne, als der Besteller[376]. Dem gemäß stellt auch § 635 III folgerichtig nicht auf die Unverhältnismäßigkeit der Gesamtherstellungskosten ab, sondern nur auf die Unverhältnismäßigkeit der Nacherfüllung, da der Werkunternehmer allein aufgrund seines Herstellungsrisikos auch das wirtschaftliche Risiko der Nachbesserung trägt[377] und dieses bei seiner Preiskalkulation entsprechend berücksichtigen kann. Dem gemäß ist lediglich der Aufwand der Nacherfüllung mit den Vorteilen der Nacherfüllung auf Seiten des Gläubigers ins Verhältnis zu setzen[378]. Allerdings sollte im Anschluss an die bisherige Rechtsprechung und Literatur davon ausgegangen werden, dass es maßgeblich auf das objektive Interesse des Gläubigers an der Herstellung ankommt.

Fraglich ist ferner, ob im Rahmen von § 635 III andere Anforderungen an die Unverhältnismäßigkeit zu stellen sind, als bei § 439 III. Es ist zu untersuchen, ob sich die Unterschiede zwischen der kaufrechtlichen Beschaffungsverpflichtung gem. § 433 I S.1 und der werkvertraglichen Herstellungsverpflichtung gem. § 631 I S.1 auf die Frage der Unverhältnismäßigkeit der Nacherfüllung nach § 439 III und § 635 III auswirken.

Dabei spielt es eine entscheidende Rolle, dass die Gewährleistungsregeln des Kaufrechts an die des Werkvertragsrechts angeglichen worden sind. Der schon nach der alten Rechtslage bestehende Nachbesserungsanspruch gem. § 633 II a.F. sowie der verschuldensabhängige Schadensersatzanspruch wegen Nichterfüllung gem. § 635 a.F. beruhen darauf, dass den Werkunternehmer eine *Herstellungspflicht* trifft, bezüglich derer er mit Abschluss des Vertrages das Herstellungsrisiko übernommen hat[379]. Untrennbar mit dieser Pflicht ist auch die Pflicht zur *mangelfreien* Herstellung verbunden, die im Kleid des Nachbesserungsanspruchs bis ins Gewährleistungsstadium hineinreicht. Im alten Kaufrecht gab es jedoch keine Primärpflicht, eine *mangelfreie* Sache zu leisten. Anders als im Werkvertragsrecht gem. § 635 a.F. genügte die zu vertretende Schlechterfüllung zur Begründung des Schadensersatzes nicht. Der Schadensersatz gem. § 463 a.F. bedurfte den besonderen Anforderungen des Fehlens einer zugesicherten Eigenschaft gem. § 463 S.1 a.F. oder des arglistigen Verschweigens des Mangels gem. § 463 S.2 a.F. Nach dem neuen Kaufrecht ist jedoch die Systematik des Mängelrechts an die des Werkvertragsrechts angeglichen worden. Daher ist eine undifferenzierte Anwendung der Mängelrechte in Kauf- und Werkvertragsrecht nur richtig, wenn nicht zwischen den beiden Vertragsarten derartige Unterschiede bestehen, die eine differenzierte Anwendung erfordern. Dabei ist zu beachten, dass die Erweiterung der kaufrechtlichen Leis-

---

[376] BT-Drucks. 14/6040, S.265.
[377] *Busche*, DB 1999, S. 1250.; BGH NJW 1963, S. 805; *Staudinger/Peters*, § 633 Rdnr. 160.
[378] RGZ 66, 167; BGHZ 59, 365; BGH NJW 1995, S. 1836; *Erman/Seiler*, § 633 Rdnr. 26; *Münch-Komm./Soergel*, § 633 Rdnr. 136; *Palandt/Sprau*, § 633 Rdnr. 7; *Soergel/Teichmann* § 633 Rdnr. 10; *Staudinger/Peters* § 633 Rdnr. 186.
[379] Vgl. oben 2. Teil, 3. Kapitel, IV., 4., c., cc.

tungspflicht auf die Mangelfreiheit keineswegs selbstverständlich ist, da die kaufrechtliche Pflicht lediglich eine *Beschaffungspflicht* darstellt. Dem gemäß gingen die Gesetzesverfasser des BGB offensichtlich davon aus, dass es zum Schutz des Käufers ausreiche, wenn der Verkäufer wenigstens die Gewähr für die Mangelfreiheit übernehme. Dagegen folgt im Werkvertragrecht die Pflicht zur mangelfreien Leistung bereits aus der vertraglich übernommenen Herstellungspflicht und dem Herstellungsrisiko bezogen auf das *versprochene* Werk. Das auf Herstellung des Werkes gerichtete Leistungsversprechen bezieht auch die Modalität der Beschaffenheit des Werkes ein, da nicht die Herstellung irgendeines, sondern eines Werkes mit einer bestimmten Beschaffenheit geschuldet ist. Gerade die Beschaffenheit des Werkes ist von der erfolgsbezogenen Herstellungspflicht umfasst und mit ihr untrennbar verbunden, da der Unternehmer aufgrund seiner eigenverantwortlichen Herstellungspflicht mit den Eigenschaften des Werks vertraut ist und auf diese unmittelbaren Einfluss hat. Dagegen beschafft der Verkäufer eine – in der Regel – bereits existierende Sache, auf deren Eigenschaften er keinen Einfluss mehr hat. *De lege lata* werden somit nach der neuen Rechtslage dem Verkäufer weitgehendere Risiken überbürdet, als nach dem alten Recht. Gerade dieser Gesichtspunkt ist daher auch bei der Auslegung der Grenzen der Nacherfüllung nach § 439 III zu beachten.

Im Rahmen des Werkvertragsrechts zeigt sich hingegen, dass weder die Pflicht zur Mangelbeseitigung, noch zur Neuherstellung vom Unternehmer etwas fordern, was er nicht ohnehin kraft der Reichweite seiner übernommenen Primärleistungspflicht - gerichtet auf Herstellung des Werkes – schuldet. Vom Verkäufer, den nach dem alten Recht lediglich eine reine Beschaffungspflicht traf, wird indes im Rahmen der Mangelbeseitigung, insbesondere mit dem Anspruch auf Nachbesserung, etwas verlangt, was regelmäßig nicht Gegenstand seines genuinen Leistungsversprechens ist. Die ursprüngliche Beschaffungspflicht wandelt sich mit der Mangelbeseitigungspflicht in eine Pflicht zur gestaltenden und/oder verbessernden Einflussnahme auf die Kaufsache. Oft wird der Verkäufer hierauf nicht vorbereitet sein. Auch kann er nicht, wie es im Werkvertragsrecht vorgesehen ist, Einfluss auf die Wahl der Art der Nacherfüllung ausüben. Dem – insoweit systemfremden – Nachbesserungsanspruch kann er nur §§ 275 II und 439 III entgegenzusetzen. Aus diesem Grund ist es gerechtfertigt, die Anforderungen an die Unverhältnismäßigkeit der Mängelbeseitigung im Rahmen von § 439 III niedriger anzusetzen, als bei § 635 III[380]. Dies gilt umso mehr vor dem Hintergrund, dass § 439 III gerade die Härten ausgleichen soll, die den Verkäufer nach dem neuen Recht im Hinblick auf die Reichweite des von ihm übernommenen Beschaffungsrisikos gem. § 433 I S.2 treffen. Im Ergebnis entspricht dies dem Gebot der Konsequenz, da schon darauf hingewiesen wurde, dass auch auf Primärebene die erfolgsbezogene Herstellungspflicht und das damit übernommene Herstellungsrisiko des Unternehmers weiter geht, als die Beschaffungspflicht des Verkäufers. Entsprechendes muss daher auch auf der Ebene der Nacherfüllung gelten, was dazu

---

[380] So im Ansatz auch P. Huber NJW 2002, S. 1004 F. 38, der diesen Gedanken im Ansatz bei der Frage aufgreift, ob die Rechtsprechung des BGH zu § 633 II S.3 a.F. im Rahmen von § 439 III fruchtbar gemacht werden kann.

führt, dass bei § 635 III strengere Anforderungen an die Befreiung gestellt werden müssen, als bei § 439 III.

III. Das Verhältnis von § 635 III zu § 275 II

Ausweislich der Gesetzesbegründung soll der Werkunternehmer die Nacherfüllung – und damit ist bei § 635 III im Gegensatz zu § 439 III die Nacherfüllung im Ganzen gemeint – auch dann verweigern können, wenn ihm die Leistung nach § 275 II zumutbar ist[381]. Es stellt sich jedoch folgendes Problem: Im Rahmen von § 275 II sind die Besonderheiten des Werkvertragsrechts im Hinblick auf das vom Unternehmer übernommene Herstellungsrisiko bereits bei der Voraussetzung des „Inhalts des Schuldverhältnisses" zu berücksichtigen. Damit erfolgt – wie es auch der Wille der Gesetzesverfasser war – eine Angleichung der Zumutbarkeitsschwelle an die nach der Rechtsprechung zu § 633 II S.3 a.F. entwickelten Grundsätze[382]. Es fragt sich daher, ob daneben die Vorschrift des § 635 III einen eigenständigen Anwendungsbereich hat. Dies würde nur Sinn machen, wenn § 635 III in den Fällen eingreift, in denen die Schwelle des § 275 II nicht erreicht ist.

Im Gegensatz zu § 275 II stellt § 635 III nur auf die Unverhältnismäßigkeit der zur Nacherfüllung erforderlichen Kosten ab. Weder der Bezugspunkt, noch der Maßstab der Unverhältnismäßigkeitsprüfung werden in der Vorschrift genannt. In bewusster Abgrenzung zu § 313 I und in Anlehnung an § 439 III und § 275 II ist aber davon auszugehen, dass die Kosten der Nacherfüllung mit den Gläubigerinteressen ins Verhältnis zu setzten sind. Zwar sind diese nicht ausdrücklich genannt, jedoch entspricht es der Dogmatik zu § 633 II S.3 a.F., dass es auf das Leistungsinteresse des Bestellers ankommt[383].

Die Gesetzesbegründung geht davon aus, dass § 635 III dann einschlägig sein soll, wenn der Unternehmer die Mangelhaftigkeit nicht zu vertreten hat, etwa weil der Mangel auf dem Fehlverhalten eines Lieferanten beruht. In diesen Fällen soll dem Unternehmer eine Nacherfüllung regelmäßig nicht zumutbar sein[384]. Dem kann jedoch nicht gefolgt werden. Zum einen widerspricht dies grundlegend der Rechtsprechung zu § 633 II S.3 a.F., wonach das Vertretenmüssen des Unternehmers erschwerend, nicht jedoch das fehlende Vertretenmüssen befreiend auf die Nachbesserungspflicht wirkte. Zum anderen verkennt die Gesetzesbegründung die Reichweite des vom Unternehmer mit Abschluss des Werkvertrags übernommenen Herstellungsrisikos[385]. Daraus folgt, dass vom Unternehmer – unabhängig von einem etwaigen Verschulden – die Herstellung als Primärpflicht auch in Form der Nacherfüllung verlangt werden kann. Hinzu kommt, dass auf den Nacherfüllungsanspruch ohnehin auch § 275 II anwendbar ist. Da der Inhalt des Primäranspruchs nach dem Eintritt in das Nacherfüllungsstadium nicht etwa wie im Kaufrecht (von der Beschaffungspflicht zur Herstellungspflicht) seinen Inhalt

---

[381] BT-Drucks. 14/6040 S. 265.
[382] BT-Drucks. 14/6040 S. 265.
[383] A.A.: Palandt/*Sprau*, § 635 Rdnr. 12; mit dem Hinweis darauf, dass es nur auf den objektiven Wert des Werks ankäme.
[384] BT-Drucks. 14/6040 S. 265.
[385] Vgl. oben 2. Teil, 2. Kapitel, IV, 4., c., cc.

ändert, sondern es sich um den identischen Anspruchsinhalt handelt, liegen keine Anhaltspunkte vor, aus denen sich zwingend ableiten ließe, dass im Rahmen von § 635 III deutlich geringere Anforderungen an die Befreiung zu stellen sind, als bei § 275 II. Zwar kann eingewandt werden, dass der Besteller immerhin schon ein – wenn auch mangelhaftes – Werk erhalten hat. Allerdings folgt aus dem vom Unternehmer übernommenen Herstellungsrisiko, dass er das Werk auch *mangelfrei* herzustellen hat. Zudem kann nicht pauschal davon ausgegangen werden, dass die Interessen des Bestellers, der ein mangelhaftes Werk erhalten hat, weniger schützenswert sind, wie wenn die Leistung vollständig ausgeblieben wäre. Insbesondere bei der Abwicklung von Bauverträgen ist es aus Sicht des Bestellers häufig interessengerechter, das Werk durch einen Ersatzunternehmer ausführen zu lassen, als auf dem mangelhaften Werk des Vorunternehmers aufzubauen, was häufig zu Behinderungen in den Folgegewerken führt. Daher ist nicht ersichtlich, dass im Nacherfüllungsstadium an die Befreiung des Schuldners geringere Anforderungen gestellt werden sollen, als im Rahmen von § 275 II.

IV. Zusammenfassung des fünften Kapitels

- Soweit die Nacherfüllung rechtlich oder tatsächlich unmöglich ist, geht § 275 I vor.

- Der maßgebliche Unterschied zwischen § 635 III und § 439 III liegt darin, dass im Werkvertragsrecht im Rahmen der Nacherfüllung nur das geschuldet ist, was dem übernommenen Herstellungsrisiko entspricht. Dagegen führt die Nacherfüllung im Kaufrecht zu einer Belastung des Verkäufers, die über die mit Abschluss des Vertrages übernommene Beschaffungspflicht hinausgeht.

- Da im Werkvertragsrecht die primäre Herstellungspflicht und die Nacherfüllungspflicht - im Hinblick auf das vom Schuldner mit dem Vertrag übernommene Herstellungsrisiko - identisch sind, ist nicht ersichtlich, warum die beiden Ansprüche, was die Schwelle der Befreiung des Schuldners von seiner Pflicht angeht, unterschiedlich behandelt werden sollen. § 635 III hat daher neben § 275 II keinen eigenständigen Anwendungsbereich.

SECHSTES KAPITEL: DIE RECHTSFOLGEN AUS § 275 I UND II

I. Die rechtsvernichtende Einwendung gem. § 275 I

Für die Fälle, in denen die Erbringung der Leistung tatsächlich oder rechtlich[386] unmöglich ist, bestimmt § 275 I, dass der Anspruch des Gläubigers auf die Leistung ausgeschlossen ist, *soweit* die Unmöglichkeit reicht[387]. Daraus folgt, dass der Gläubiger die Leistung in Natur nicht verlangen kann[388]. § 275 I stellt eine rechtsvernichtende Einwendung dar, die im Prozess durch das Gericht von Amts wegen geprüft wird.

---

[386] Nach der hier vertretenen Ansicht fällt unter die „echte" Unmöglichkeit auch die sog. rechtliche oder juristische Unmöglichkeit; vgl. oben 2. Teil, 2. Kapitel, I, 2.

[387] BT-Drucks. 14/6040, S.129.

[388] Dies folgt aus dem Grundsatz „impossibilium nulla est obligatio", wonach eine auf eine menschenunmögliche Leistung gerichtete Pflicht sinnlos wäre.

Nach § 275 I a.F. befreite den Schuldner nur die nicht zu vertretende Unmöglichkeit. Gegen den Schuldner erging ein Urteil auf Erfüllung, wenn er die Unmöglichkeit der Leistung vorgetragen hat, gleichzeitig aber nach seinem Vortrag die Unmöglichkeit zu vertreten hatte und der Gegner die Unmöglichkeit bestritt[389].

Nach dem geltenden Recht wird in einem gleich gelagerten Fall der Anspruch auf Erfüllung als unbegründet abgewiesen, da die Befreiung nach § 275 I nicht mehr davon abhängig ist, dass der Schuldner die Unmöglichkeit nicht zu vertreten hat. Die praktischen Auswirkungen dieser Änderung sind in der Sache jedoch gering und haben nicht das Gewicht, welches ihnen in mancher Darlegung zugesprochen wird. Von einigen Autoren wird das Argument stark strapaziert, dass der Gläubiger nach der jetzigen Rechtslage, bei zu vertretender Unmöglichkeit mangels Erfüllungsurteil nicht mehr die Möglichkeit hat, den Gerichtsvollzieher nach der Sache suchen lassen. Dabei überschätzen sie jedoch zum einen die Effektivität der Suche durch den Gerichtsvollzieher, zum anderen muss nach dem geltenden Recht der Schuldner ohnehin zunächst den Vollbeweis für die Unmöglichkeit der Leistung gem. § 275 I führen, sofern diese vom Gläubiger bestritten wird. Danach bleiben nur wenige Fälle übrig, in denen der Gläubiger den Gerichtsvollzieher nach der Sache suchen lassen muss und diese dann tatsächlich vom Gerichtsvollzieher auch gefunden wird[390].

II. Die rechtshemmende Einwendung gem. § 275 II S.1

1. Leistungsverweigerungsrecht

Aus dem Wortlaut „[..]kann[..]verweigern[..]" folgt, dass es sich bei § 275 II S.1 um eine Einrede handelt. Im Prozess wird daher die Einrede des § 275 II S.1 nur berücksichtigt, wenn der Schuldner sich darauf beruft. Im Folgenden werden die prozessualen und zwangsvollstreckungsrechtlichen Probleme aufgezeigt, die sich aus der neuen Vorschrift des § 275 II S.1 ergeben.

Der hinter § 275 II S.1 stehende Gedanke des Rechtsmissbrauchs wird grundsätzlich als Einwendung verstanden[391], da es sich bei rechtsmissbräuchlichem Verhalten um eine den Rechtsinhalt bzw. der Rechtslage immanente Modifikation handelt[392]. Die Einwendung des Rechtsmissbrauchs braucht daher im Prozess nicht eigens erhoben werden, sondern wird vom Richter von Amts wegen geprüft. § 275 II ordnet jedoch ausweislich seines Wortlauts das Bestehen einer Einrede[393], d.h. einer rechtshemmenden Einwendung an[394]. Daher fragt sich, welche sachlichen Gründe eine solche Abweichung von der grundlegenden Systematik rechtfertigen.

Angeführt wird hier zunächst das praktische Argument, dass es *der Schuldner* in der Hand haben soll, zu entscheiden, ob er trotz des „groben Missverhältnisses" zwischen seinem Auf-

---

[389] Vgl. oben 2. Teil, 2. Kapitel, I., 6.
[390] Anders *Knütel*, JZ 2001, S. 353 ff., der darin das Hauptargument gegen den geltenden § 275 I erblickt.
[391] BGHZ 2, 94; vgl. oben 2. Teil, 6. Kapitel, II.
[392] Vgl. oben 2. Teil, 6. Kapitel, II.
[393] A.A. *Teichmann*, DB 2001, S. 1485.
[394] Vgl. oben 2. Teil, 6. Kapitel, II.

wand und den Gläubigerinteressen, die Leistung etwa aus akquisitorischen Gründen, erbringen möchte[395]. Ob es tatsächlich Fälle geben wird, in denen bei einem „groben Missverhältnis" der Schuldner gleichwohl geneigt sein wird, das Leistungshindernis zu überwinden, ist dabei allerdings zweifelhaft. Denn die Grenze, ab der § 275 II überhaupt erst einschlägig ist, wird – um den Ausnahmecharakter der Vorschrift zu bewahren – regelmäßig jenseits dessen liegen, was sich noch im Rahmen des „normalen", vom Schuldner in Kauf zu nehmenden Aufwands bewegt. Umgekehrt finden im Rahmen der „Beachtung des Inhalts des Schuldverhältnisses" auch diejenigen Umstände Berücksichtigung, die das Leistungshindernis insbesondere aufgrund der gesetzlichen oder vertraglichen Risikoverteilung als überwindbar erscheinen lassen. Der „Vorteil" der Einredekonstruktion wird sich daher nur in den eng begrenzten Fällen niederschlagen, in denen zwar ein grobes Missverhältnis zwischen Schuldneraufwand und Leistungsinteresse vorliegt, dieses jedoch den Schuldner gerade *noch nicht* davon abhält, die Leistung gleichwohl zu erbringen. Unter diesem Blickwinkel relativiert sich das Argument, die Einrede habe den Zweck, dem Schuldner die Möglichkeit überobligatorischer Leistung einzuräumen[396]. Zudem wirft die Einredekonstruktion die schwierige Frage auf, ob § 813 S.2 anwendbar ist[397].

Der eigentlich hinter § 275 II S.1 stehende und die Rechtsfolge der Einrede insoweit auch rechtfertigende Grund ist vielmehr darin zu sehen, dass Eingriffe in den Grundsatz *pacta sunt servanda* auf Extremfälle beschränkt sein sollen. Ausgehend von diesem Postulat zeigt sich, dass die Einredekonstruktion entscheidende Vorteile zur Einwendung bietet. Während das Vorliegen einer Einwendung (ausgehend vom Grundsatz des Rechtsmissbrauchs) das Scheitern des Vertrages und den Übergang vom Primäranspruch auf den Sekundäranspruch determiniert, erfordert die Einrede hingegen noch einen Willensakt des Schuldners, als demjenigen, dessen Interessen durch die Vorschrift – hier als Ausnahme des Grundsatzes *pacta sunt servanda* - geschützt werden sollen. Der Schutz des Schuldners, der als eine Einschränkung des Grundsatzes *pacta sunt servanda* in § 275 II niedergelegt ist, greift somit ausschließlich in denjenigen Fällen ein, in denen dieser – aus seiner subjektiven Einschätzung der Situation heraus – des Schutzes überhaupt bedarf. Dadurch wird vermieden, dass alle Fälle über einen Kamm geschoren werden und die Anwendung der Vorschrift wird von vornherein auf diejenigen Fälle beschränkt, in denen der Schuldner wenigstens aus seiner Sicht schutzbedürftig ist[398].

---

[395] Vgl. oben 2. Teil, 6. Kapitel, II., 2.

[396] Auch erscheint es als nicht sachgerecht, aus der Beurteilung des groben Missverhältnisses Aspekte und Möglichkeiten auszuklammern, die dazu führen können, dass der Schuldner das Leistungshindernis – überobligatorisch – überwinden wird, da es bei der Verhältnismäßigkeitsprüfung gerade auf die Zumutbarkeit *für den Schuldner* ankommt.

[397] Vgl. unten 2. Teil, 6. Kapitel, II., 3.

[398] Ob die subjektive Einschätzung des Schuldners allerdings ein sachgerechtes Korrektiv darstellt, mag bezweifelt werden, lehrt die Praxis (und die allgemeine Lebenserfahrung) doch, dass ein Schuldner eher versucht sein wird, sich aus der Pflicht zu befreien, als vor dem Hintergrund der Gefahr eines grob unverhältnismäßigen Aufwands die Leistung zu erbringen.

Zieht man die Parallele zwischen § 275 II und § 633 II S.3 a.F. heran, so ist erkennbar, dass es auch bei letzterer Vorschrift nur der Unternehmer in der Hand hatte, sich auf die Unverhältnismäßigkeit der Mangelbeseitigungskosten zu berufen. Der Besteller konnte dagegen die Mangelbeseitigung nicht ablehnen[399]. Dies kommt im Ergebnis der in § 275 II gewählten Einredekonstruktion gleich.

Auch der Vergleich mit § 275 I – welcher eine Einwendung zur Folge hat – zeigt, dass zwischen den Vorschriften Unterschiede bestehen, die eine unterschiedliche Behandlung auf Rechtsfolgenseite rechtfertigen. Während § 275 I lediglich in den Fällen Anwendung findet, in denen aus tatsächlichen oder juristischen Gründen die Leistung von niemandem erbracht werden kann, muss die Leistung bei § 275 II zumindest theoretisch erbringbar sein. Im Rahmen von § 275 I würde es daher keinen Sinn machen, die Einwendung von einem Willensakt (Erhebung der Einrede) des Schuldners abhängig zu machen, da schon von vornherein keine Fälle denkbar sind, in denen es zur Disposition des Schuldners steht, die tatsächliche oder juristische Unmöglichkeit zu überwinden. Dagegen liegt der Fall bei § 275 II anders. Der Schuldner kann die Leistung zwar theoretisch erbringen, jedoch nur unter unzumutbarem Aufwand. Nur hier ist denkbar, dass der Schuldner auf den durch das Gesetz in § 275 II niedergelegten Schutz verzichtet und die Leistung dennoch erbringt. Aufgrund dieser unterschiedlichen Ausgangssituation ist eine unterschiedliche Behandlung auf Rechtsfolgenseite konsequent.

Zusammenfassend lässt sich sagen, dass die in § 275 II gewählte Einredekonstruktion mit den hinter der Vorschrift stehenden Strukturprinzipien in Einklang steht. Es ist zwar nicht zwingend notwendig, an § 275 II eine Einrede zu knüpfen, jedoch stellt die Einredekonstruktion eine wirkungsvolle Stabilisierung des Grundsatzes *pacta sunt servanda* dar.

a. Die prozessualen Situation bei der Geltendmachung der Einrede

Im Fall der Geltendmachung der Einrede des § 275 II durch den Schuldner *während* des Prozesses[400] kann der Kläger seine Klage nach § 264 Nr. 3 ZPO auf Schadensersatz nach §§ 275 IV, 283, 280 III, 280 I umstellen, ohne dass es einer Einwilligung auf Seiten des Schuldners bedarf, da der dem Anspruch zu Grunde liegende Lebenssachverhalt identisch bleibt. In der Erhebung der Einrede des § 275 II S.1 liegt eine später eintretende Veränderung im Sinne von § 264 Nr. 3 ZPO[401]. Die Notwendigkeit der (stets zulässigen) Klageänderung ist die Folge des neuen § 275, wonach der Schuldner sowohl bei feststehender (zu vertretender) Unmöglichkeit, als auch bei erfolgreicher Geltendmachung der Einrede nach § 275 II S.1 – unabhängig vom Vertretenmüssen - nicht auf Erfüllung verklagt werden kann.

---

[399] Münch.-Komm./*Soergel*, § 633, Rdnr. 137.
[400] Vorausgesetzt, die Erhebung der Einrede ist nicht nach § 296 I, II zurückzuweisen.
[401] Vgl. *Huber/Faust*, a.a.O., S. 24; *Thomas/Putzo*, ZPO, § 264 Rdnr. 7.

In diesem Fall ist zunächst über die Tatsachen Beweis zu erheben, aus denen sich das Leistungsverweigerungsrecht nach § 275 II S.1 ergibt. Auf die hierbei geltende Darlegungs- und Beweislast betreffend das Gläubigerinteresse, wurde bereits eingehend hingewiesen[402].

Macht der Schuldner das Leistungsverweigerungsrecht geltend, kann er aber die Voraussetzungen des § 275 II S.1 nicht beweisen, so ergeht gegen ihn ein Leistungsurteil auf Erfüllung. Die vielfach diskutierte Frage ist in diesem Fall, welchen Nutzen dem Gläubiger dieser Leistungstitel bringt, wenn er ihn letztlich bei *vertretbaren* Leistungen in den Fällen des § 887 III ZPO nicht vollstrecken kann.

Unabhängig von dieser Frage treten Probleme in dem Fall auf, in dem der Schuldner das Leistungshindernis zwar nicht zu vertreten hat, aber im Prozess nicht erheblich zur Einrede des § 275 II S.1 vortragen kann[403]. In diesem Fall erhält der Gläubiger gleichwohl ein obsiegendes Leistungsurteil gegen den Schuldner. Leistet der Schuldner daraufhin nicht, kann der Gläubiger eine Nachfrist zur Erbringung der Leistung setzen und nach Ablauf der Frist Schadensersatz nach §§ 281 I, 280 III, I verlangen. In diesem Fall wird sich der Schuldner vergeblich darauf berufen, dass er das Leistungshindernis nicht zu vertreten hat, da durch das stattgebende Leistungsurteil feststeht, dass er zu leisten verpflichtet ist. Daher müsste er nun dem Anspruch entgegenhalten, dass ihn kein Verschulden daran trifft, dem Leistungsurteil nicht nachgekommen zu sein oder nachkommen zu können. Den Entlastungsbeweis hierfür wird er auch nur schwer führen können, da ihm in den meisten Fällen, in denen er keine Bemühungen zur Erbringung der Leistung anstellt, sogar Vertretenmüssen im Sinne vorsätzlichen Unterlassens vorgeworfen werden kann. Demzufolge kann dem Gläubiger Schadensersatz auch für ein vom Schuldner nicht zu vertretendes Leistungshindernis zustehen[404]. Dem Schadensersatzanspruch kann er auch nicht etwa § 275 II S.1 entgegenhalten, da bereits durch das Leistungsurteil inzident festgestellt worden ist, dass die Einrede nach § 275 II S.1 nicht besteht. §§ 281 I, 280 III, I; 893 ZPO haben danach die Aufgabe von § 283 a.F. übernommen und die Vorschrift auch auf die Fälle erweitert, in denen der Schuldner das Leistungshindernis nicht zu vertreten hat. Letztere Vorschrift ermöglichte bei einem rechtskräftigen Leistungsurteil unter erleichterten Voraussetzungen, d.h. nach Fristsetzung, sogleich gegen den Schuldner den Schadensersatzanspruch geltend zu machen. Ob die aufgezeigte Rechtsfolge von den Gesetzesverfassern bedacht war, ist zu bezweifeln. *Huber* sieht darin Beweis dafür, dass es unrichtig sei, die Befreiung des Schuldners nach § 275 I von der Frage des Vertretenmüssens zu trennen[405]. Dem kann nicht gefolgt werden. Denn das Ergebnis resultiert lediglich daraus, dass in dem vorerwähnten Fall der Schuldner nicht in der Lage ist, die Voraussetzungen des § 275 II S.1 zu

---

[402] Vgl. oben 2. Teil, 3.Kapitel, I.

[403] Vgl. *Huber*, Das geplante Recht der Leistungsstörungen, in: Ernst/Zimmermann, Zivilrechtswissenschaft und Schuldrechtsreform, S. 76.

[404] Darin manifestiert sich lediglich der Umstand, dass es zu Lasten des Schuldners geht, wenn er die Voraussetzungen des § 275 II S.1 und sein fehlendes Vertretenmüssen nicht beweisen kann, so dass kein Bedarf besteht, diese Rechtsfolge zu korrigieren.

[405] *Huber*, Das geplante Recht der Leistungsstörungen, in: *Ernst/Zimmermann*, Zivilrechtswissenschaft und Schuldrechtsreform, S. 76.

beweisen. Wie bei jeder anderen Einrede auch, manifestiert sich darin das Risiko, dass der Schuldner zur Leistung verurteilt wird, wenn er die Voraussetzungen der Einrede nicht darlegen und beweisen kann. Auch im Hinblick auf den Grundsatz *pacta sunt servanda* ist es nur folgerichtig, dass der Schuldner die Konsequenzen dessen zu tragen hat, dass er die Einredevoraussetzungen nicht beweisen kann. Das Gleiche gilt für den Entlastungsbeweis nach § 280 I S.2, wonach er sein fehlendes Verschuldens beweisen muss, was im Vergleich zur alten Rechtslage im Hinblick auf § 282 a.F. keine für ihn ungünstige Änderung darstellt.

b. Die prozessuale Situation bei fehlender Geltendmachung der Einrede

Sofern die Voraussetzungen für die Einrede nach § 275 II S.1 zwar bestehen, aber der Schuldner die Einrede nicht erhebt, erlangt der Gläubiger zwar ein obsiegendes Urteil, kann dieses aber gem. § 887 III ZPO nicht vollstrecken, wenn es sich um die Erwirkung der Herausgabe von Leistungen und Sachen handelt. Sofern der Schuldner in den Fällen des § 888 ZPO nicht Vollstreckungsgegenklage gem. § 767 I ZPO[406] erhebt, kann der Gläubiger die Erbringung der Leistung mit Hilfe der Zwangsmittel erzwingen. Andernfalls kann er auch die Weigerung des Schuldners hinnehmen und nach Fristablauf gem. §§ 281 I, 280 III, 280 I Schadensersatz fordern. Danach wird die gleiche Rechtsfolge herbeigeführt, wie über § 283 I a.F.

2. Die Möglichkeit der überobligatorischen Leistung

Neben der Möglichkeit der Berufung auf die Einrede des § 275 II S.1 hat der Schuldner auch die Möglichkeit trotz Vorliegens eines groben Missverhältnisses die Leistung – überobligatorisch - zu erbringen. Der Grund hierfür mag z.B. darin liegen, dass er das Verhältnis mit seinem Vertragspartner, z.B. in der Hoffnung, Folgeaufträge erhalten zu können, nicht beeinträchtigen will. Dabei fragt sich, ob der Schuldner für die überobligatorische Ausführung der Arbeiten eine besondere Vergütung geltend machen kann. Mangels ausdrücklicher vertraglicher Einigung über eine solche Zusatzvergütung, ist diese Frage regelmäßig zu verneinen. In Betracht kommt lediglich eine konkludente Einigung über die Vergütung, die im Leistungsverlangen des Gläubigers und in der Ausführung der Leistungen durch den Schuldner gesehen werden kann. Allerdings würde dies auf eine Fiktion hinauslaufen, die regelmäßig dem Willen des Gläubigers nicht entsprechen wird, da er auf der Grundlage der vereinbarten Vergütung das Leistungsversprechen des Schuldners entgegengenommen hat.

Ebenso scheitert ein Aufwendungsersatzanspruch gem. §§ 683 S.1, 670, 677 aus Geschäftsführung ohne Auftrag daran, dass bei Vorliegen der Einrede die vertragliche Primärleistungspflicht dem Grunde nach besteht, so dass ein „Auftrag“ im Sinne von § 662 anzunehmen ist.

Ob auch die Leistungskondiktion gem. § 812 I S.1 Alt.1 scheitert, hängt davon ab, ob in dem der Leistung zugrunde liegenden Vertrag auch der Rechtsgrund für die überobligatorische

[406] Sofern er nicht ohnehin nach § 767 II ZPO präkludiert ist.

Leistung zu sehen ist[407]. Allerdings folgt aus § 813 I S.1, dass der Erfüllung einer Nichtschuld der Fall gleichgestellt ist, in dem der Schuldner einen Anspruch erfüllt, dem eine dauernde Einrede entgegensteht, so dass es auf die Frage nicht mehr ankommt[408]. Zu prüfen ist in diesen Fällen, ob einem etwaigen Anspruch aus § 813 I S.1 die Kenntnis der Nichtschuld aus § 814 entgegensteht. Danach müsste der Schuldner *positive Kenntnis* vom Fehlen der rechtlichen Verpflichtung gehabt haben[409]. Dies ist in einem Fall wie § 275 II S.1 problematisch, da er hierfür die rechtliche Schlussfolgerung gezogen haben musste, dass er nach § 275 II S.1 nicht zu Leistung verpflichtet ist, was – wie sich gezeigt hat – insbesondere für einen juristischen Laien nicht einfach feststellbar ist. Allerdings geht die Rechtsprechung davon aus, dass bloße Zweifel am Bestehen der Nichtschuld ausreichen, wenn die Leistung in der erkennbaren Absicht erfolgt, sie auch für den Fall der Nichtschuld zu bewirken[410]. In diesem Fall liegt ein Verzicht auf den Bereicherungsanspruch vor, wenn der Empfänger aus dem Verhalten des Leistenden nach Treu und Glauben den Schluss ziehen durfte, der Leistende wolle die Leistung gegen sich gelten lassen[411]. Im Rahmen von § 275 II S.1 kommt es daher darauf an, ob der Schuldner bewusst in Kenntnis dessen leistet, dass er die Einrede nach § 275 II S.1 erheben könnte. In diesem Fall ist ein Bereicherungsanspruch aus § 813 S.1 schon nach § 814 ausgeschlossen.

3. Die analoge Anwendung von § 813 I S.2 bei überobligatorischer Leistung

Gem. § 813 I S.1 kann das zum Zwecke der Erfüllung einer Verbindlichkeit Geleistete auch dann zurückgefordert werden, wenn dem Anspruch eine Einrede entgegenstand, durch welche die Geltendmachung des Anspruchs dauernd ausgeschlossen wurde. § 813 I S.1 erweitert dabei die *condictio indebiti*. Sofern der Schuldner Kenntnis von der Nichtschuld hatte, ist er gleichwohl nach § 814 ausgeschlossen[412]. Es verbleibt daher der Fall zu prüfen, in welchem der Schuldner in Unkenntnis der Einrede des § 275 II S.1 überobligatorisch leistet. Der Bereicherungsanspruch könnte in diesen Fällen nach § 813 I S.2 ausgeschlossen sein[413]. § 275 II S.1 ist jedenfalls eine Einrede, durch die der Anspruch dauernd ausgeschlossen wurde. Ferner wird bei einer überobligatorischen Leistung auch auf eine Verbindlichkeit, die dem Grunde nach besteht, geleistet. Eine direkte Anwendung kommt allerdings mangels Vorliegens der Einrede der Verjährung nach § 214 I nicht in Frage, so dass die Voraussetzungen der analogen Anwendung des § 813 I S.2, d.h., das Vorliegen einer *vergleichbaren Interessenlage* und einer *planwidrigen Regelungslücke* zu untersuchen sind[414].

---

[407] Dass der Vertrag auch den Rechtsgrund für die überobligatorischen Leistungen bildet, ist nur folgerichtig, bedenkt man, dass die überobligatorische Leistung ja dem Grunde nach verlangt werden kann und nur aufgrund der Einrede des § 275 II S.1 nicht durchsetzbar ist.

[408] Vgl. Palandt/*Sprau*, § 812 Rdnr. 72.

[409] Vgl. Palandt/*Sprau*, § 812 Rdnr. 72; BGH NJW 1997, S. 2381.

[410] BGH WM 1973, S. 294.

[411] BGHZ 32, 273.

[412] Vgl. *Fikentscher*, a.a.O., § 99 I 2.

[413] Bejahend bisher *Lorenz/Riehm*, Lehrbuch zum neuen Schuldrecht, Rdnr. 322.

[414] Die dem Analogieschluss vorrangige *extensive* Wortlautauslegung führt hier zu keinem Ergebnis, da der Wortlaut des § 813 S.2 sich ausdrücklich nur auf die „Verjährung" bezieht.

a. Vergleichbare Interessenlage

aa. Zweck des § 813 I S.2

Der Grund für den Ausschluss der Rückforderung bei Verjährung des Anspruchs liegt darin, dass die Verjährung für Rechtsfrieden sorgen und daher das trotz Verjährung des Anspruchs Geleistete nicht zurückgefordert werden können soll. Nach der Rechtsprechung wird § 813 I S.2 analog auch auf die Einrede des § 478 a.F. angewandt[415]. Der Grund hierfür ist folgender: Würde man § 813 I S.1 auch bei § 478 I a.F. anwenden, würde man das Leistungsverweigerungsrecht in einen Anspruch auf Wandlung bzw. Minderung umwandeln, der aber im Fall des § 478 I a.F. bereits verjährt ist. Es ist aber nicht Zweck des § 813 I S.1, dem Bereicherungsgläubiger Ansprüche zu verschaffen, die ihm aufgrund der dauernden Einrede des §§ 477, 222 I a.F. gar nicht mehr zustehen, da dies zu einer Verlängerung der Gewährleistungsfrist führen würde. Daraus lässt sich der verallgemeinerungsfähige Rechtsgedanke folgern, dass § 813 I S.1 nicht dazu führen darf, dem Bereicherungsgläubiger Ansprüche zu verschaffen, die ihm nach den gesetzlichen Wertungen, die sich hier *insbesondere* aus dem Verjährungsrecht ergeben, nicht oder nicht mehr zustehen.

bb. Vergleichbare Interessenlage bei der Einrede des § 275 II

Dieser Aspekt lässt sich auch auf die Frage nach der analogen Anwendung von § 813 I S.2 auf § 275 II S.1 übertragen. Auch hier geht es darum, dem Schuldner keine Ansprüche zu verschaffen, die nach dem Gesetz nicht durchsetzbar sind. Der Schuldner verpflichtet sich vertraglich zur Leistung und übernimmt damit ein entsprechendes Leistungsversprechen. Sofern die Leistungserbringung erschwert wird, bleibt der Schuldner *dem Grunde nach* – trotz Vorliegens der Voraussetzungen des § 275 II S.1 - zur Leistung *zu den vertraglich vereinbarten Konditionen* verpflichtet. Hierauf darf der Gläubiger vertrauen, da der Schuldner mit dem Abschluss des Vertrages ein entsprechendes Leistungsversprechen abgegeben hat. Wurde für diese Leistung ein bestimmtes Entgelt vereinbart, darf der Gläubiger auch darauf vertrauen, dass es bei diesem Entgelt verbleibt. Hinzu kommt, dass das Vorliegen eines Leistungshindernisses auf Seiten des Schuldners in der Regel für den Gläubiger gar nicht erkennbar ist. Demzufolge kann der Gläubiger nicht einschätzen und das Risiko der Rückforderung bei Entgegennahme der (nicht erkennbar) überobligatorischen Leistung kalkulieren, wenn er gar nicht weiß, dass der Schuldner überobligatorisch leistet. Andernfalls würde es den Gläubiger immens belasten, wenn z.B. ein Werkunternehmer trotz aufgetretener erheblicher Hindernisse überobligatorsich leistet, der Besteller nach Fertigstellung des Werkes dieses veräußert und der Unternehmer nach Jahr und Tag gem. §§ 813 I S.1, 818 II Wertersatz (das Erlangte ist aufgrund der Veräußerung nicht mehr vorhanden und kann im Übrigen nicht ohne weiteres herausgegeben werden[416]) fordert. Hierdurch würde grundlegend in die vertragliche Vereinbarung eingegriffen werden. Der Schuldner darf auf das Leistungsversprechen des Schuldners

---

[415] RGZ 128, 211; 144, 93; Staudinger/*Lorenz* Rdnr. 13; *Esser*, Schuldrecht BT, § 103 I 2; Münch.-Komm./*Lieb*, § 813 Rdnr. 9.

[416] Man denke an den typischen Fall der Erneuerung der Lackierung eines Parkettbodens, wegen geringer farblicher Abweichungen. Das überobligatorisch Geleistete kann hier nicht herausgegeben werden.

und die vertragsgemäße Erbringung der Leistung vertrauen[417]. Dieses Vertrauen würde bei einer Rückforderung enttäuscht und darüber hinaus eine Fiktion dahingehend begründet, dass dem Gläubiger die überobligatorische Erbringung der Primärleistung den geforderten Geldersatz wert sei[418]. Der Schuldner würde für seine überobligatorische Leistung nun ein Entgelt bekommen, welches ihm nach dem Vertrag nicht zugestanden hätte; vielmehr hätte er sich zunächst nur auf die Einrede des § 275 II S.1 stützen können. Somit stünde er nun besser, als er bei Wahrnehmung der ihm kraft Gesetz zustehenden Rechte aus § 275 II stehen würde. Die Anwendung des § 813 I S.1 liefe auf eine nachträgliche Vertragsanpassung hinaus, die jedoch lediglich unter den engen Voraussetzungen des § 313 I möglich ist. Vergleicht man diese Konstellation mit den in § 813 I S.2 avisierten Fällen der Verjährung, lässt sich sogar erst recht die analoge Anwendung auf § 275 II begründen. Während der Rückforderungsanspruch sogar dann ausgeschlossen ist, wenn dem Schuldner der Anspruch dem Grunde nach zusteht, muss bei überobligatorischer Leistung eine Rückforderung erst recht ausgeschlossen sein, da hier wegen der Unmöglichkeit der Herausgabe des Erlangten die Rückforderung zu einer Vertragsänderung führen und dem Schuldner einen Vergütungsanspruch zusprechen würde, der ihm nach dem Vertrag *nicht einmal dem Grunde nach* zusteht. Dem gemäß kann § 813 I S.2, der in den Gesetzesmaterialien keine Erwähnung fand, auf die Einrede des § 275 II S.1 analog angewendet werden.

b. Planwidrige Regelungslücke

Von einer planwidrigen Regelungslücke kann auch ausgegangen werden, da sich den Gesetzesmaterialien keine Hinweise entnehmen lassen, dass die Frage der Einschränkung der Rückforderung bei überobligatorischer Leistung Gegenstand der Diskussion war.

c. Alternativlösung über die Grundsätze der aufgedrängten Bereicherung

Folgt man dieser Ansicht nicht, so besteht noch die Möglichkeit, im Rahmen des Bereicherungsanspruchs nach §§ 813 I S.1, 818 II nach den Grundsätzen der aufgedrängten Bereicherung auf den tatsächlichen Wert der Leistung für den Gläubiger und nicht auf den objektiven Verkehrswert abzustellen[419].

III. Die Auswirkungen auf die Gegenleistungspflicht gem. § 326

Nach § 326 I entfällt grundsätzlich der Anspruch auf die Gegenleistung, wenn der Schuldner nach § 275 frei wird. Das setzt bei den Leistungshindernissen im Sinne des § 275 II und III voraus, dass der Schuldner sein Leistungsverweigerungsrecht gegenüber dem Gläubiger auch geltend gemacht hat, denn erst dann steht fest, dass der Schuldner nicht zu leisten braucht.

---

[417] Im Rahmen der Erbringung von Bauleistungen sieht § 2 Nr. 6 Abs.1 VOB/B vor, dass der Auftragnehmer nur dann Anspruch auf besondere Vergütung für eine im Vertrag nicht vorgesehene Leistung hat, wenn er den Anspruch dem Auftraggeber ankündigt, bevor er mit der Ausführung der Leistung beginnt. Diese Vorschrift schützt den Auftraggeber. Dieser kann bei der Erbringung der Leistung des Auftragnehmers darauf vertrauen, dass diese zu den vertraglich vereinbarten Konditionen ausgeführt wird.

[418] Dies ist zusätzlich ins Verhältnis zu setzen zu der im Falle von § 275 II gem. §§ 275 IV, 280 I geltenden Pflicht des Schuldners zur Leistung von Schadensersatz.

[419] Vgl. Palandt/*Bassenge*, § 951 Rdnr. 21.

Kann nur ein Teil der Leistung nicht erbracht werden, so mindert sich der Anspruch auf die Gegenleistung nach den Prinzipien der kaufrechtlichen Minderung. Die Regelung des § 326 I gilt unabhängig davon, ob der Schuldner das Leistungshindernis zu vertreten hat. Das war nach dem alten Recht anders. Der Anspruch auf die Gegenleistung entfiel gem. § 323 I a.F. nur, wenn der Schuldner die Unmöglichkeit oder das Unvermögen nicht zu vertreten hatte, wohingegen der Gläubiger bei Vertretenmüssen des Schuldners zwischen Abstandnahme gem. § 323 I a.F., Rücktritt oder Schadensersatz wählen konnte (und musste); dies deshalb, weil nach dem alten Recht die Vorstellung fremd war, dass man trotz Abstandnahme oder Rücktritt sollte Schadensersatz verlangen können. Im neuen Recht bleibt dem Gläubiger neben dem erklärten Rücktritt gem. § 325 ein etwaiger Schadensersatzanspruch erhalten. Gleiches gilt für den automatischen Wegfall des Gegenleistungsanspruchs[420].

IV. Zwangsvollstreckungsrechtliche Fragen

Im Folgenden wird der Frage nachgegangen, wie der Gläubiger – sollten die Voraussetzungen einer Leistungsbefreiung nach § 275 II S.1 nicht vorliegen – die vom Schuldner zu erbringende Leistung im Wege der Zwangsvollstreckung durchsetzen kann. Es wird von Teilen der Literatur[421] behauptet, dass in Bereichen, in denen die vom Schuldner geforderte Leistung letztlich im Rahmen der Zwangsvollstreckung nicht durchgesetzt werden kann, auch kein Bedürfnis nach einer Befreiung von der Primärleistungspflicht bestehe. Im Folgenden wird zunächst untersucht, in welchen Bereichen dies aufgrund der vollstreckungsrechtlichen Vorgaben gelten kann. Im Anschluss daran wird der Frage nachgegangen, ob eine dahingehende Differenzierung richtig ist.

1. Zwangsvollstreckung wegen Geldforderungen und auf Abgabe von Willenserklärungen

Bei der Zwangsvollstreckung wegen Geldforderungen nach §§ 803 ff. ZPO und auf Abgabe von Willenserklärungen gem. § 894 ZPO bestehen geringe Probleme im Hinblick auf § 275 II S.1, da bei Geldforderungen eine Befreiung des Schuldners aufgrund zu hoher Aufwendungen regelmäßig nicht in Betracht kommt. Ebenso besteht im Rahmen der Vollstreckung auf Abgabe einer Willenserklärung gem. § 894 ZPO kein Bedürfnis nach einer Beschränkung des Erfüllungsanspruchs, da durch die Verurteilung keinerlei Aufwand entsteht und solche Fälle aus diesem Grund kaum § 275 II S.1 zugeordnet werden können.

2. Die Zwangsvollstreckung zur Erwirkung der Herausgabe von Sachen

Hat der Gläubiger eine bewegliche Sache herauszugeben, beispielsweise aufgrund der vertraglichen Verpflichtung zur Übereignung und Besitzverschaffung nach § 433 I S.1, hat der Gerichtsvollzieher sie ihm gem. § 883 I ZPO wegzunehmen und dem Gläubiger zu übergeben. Dies gilt für eine individuell bestimmte Sache ebenso wie für eine begrenzte Gattungsschuld[422]. Eine unbegrenzte Gattungsschuld kann nach §§ 884, 883 I ZPO entsprechend voll-

---

[420] Vgl. *Schwarze*, JURA 2002 S.73.
[421] Vgl. *Ehmann/Sutschet*, S. 52 ff.
[422] Vgl. *Zöller*, Zivilprozessordnung, 23. Auflage, § 883 Rdnr. 3.

streckt werden[423]. Ist ein Dritter im Besitz der Sache, so kann sie ihm weggenommen werden, wenn er zur Herausgabe bereit ist[424]. Wird die herauszugebende Sache nicht vorgefunden, so ist der Schuldner verpflichtet, auf Antrag des Gläubigers gem. § 883 II ZPO zu Protokoll an Eides statt zu versichern, dass er die Sache nicht besitze und auch nicht wisse, wo die Sache sich befinde.

Die Zwangsvollstreckung führt jedoch dann nicht zum Erfolg, wenn weder der Schuldner, noch ein zur Herausgabe bereiter Dritter die Sache und der Schuldner auch keinen Herausgabeanspruch gegen den Dritten hat. Eine Beschaffung der Sache auf Kosten des Schuldners kommt dabei – sofern es sich hierbei um eine vertretbare Leistung handelt – gem. § 887 III ZPO nicht in Betracht. *Ehmann/Sutschet* ziehen hieraus den Schluss, dass aus diesem Grund auch kein Bedürfnis nach einer Beschränkung des Erfüllungsanspruchs bestehe[425], da ja von vornherein feststehe, dass der Anspruch ohnehin nicht durchgesetzt werden könne. Dies ist mindestens aus zwei Gründen so nicht richtig.

Zum einen hat der Gläubiger im Rahmen der Zwangsvollstreckung gem. § 893 I ZPO die erleichterte Möglichkeit, die Leistung des Interesses gem. §§ 281, 280 III, 280 I zu verlangen. § 893 ZPO kommt beispielsweise in den Fällen zur Anwendung, in denen der Schuldner die Sache nicht herausgeben kann, weil er sie veräußert hat[426] oder das Urteil nicht erfüllt und die zu leistende Handlung durch Mittel der Zwangsvollstreckung nicht erzwingbar ist. Als materiellrechtlichen Anspruch kann der Gläubiger nach Fristsetzung §§ 281, 280 III, 280 I geltend machen. Der für den Gläubiger bestehende Vorteil besteht dabei zum einen in der einfacheren Möglichkeit der Geltendmachung dieses Anspruchs. Für den Anspruch ist gem. §§ 893, 802 ZPO sachlich und örtlich das Gericht zuständig, welches für die Erfüllungsklage zuständig war[427]. Dem gemäß ist davon auszugehen, dass es keiner erneuten umfangreichen Beweisaufnahme bedarf.

Zudem hat der Gläubiger weiterhin seinen rechtskräftig zuerkannten Anspruch auf Herausgabe der Sache. Verschafft sich der Schuldner daher nach Jahr und Tag z.B. doch noch den Besitz am Gegenstand, kann der Gläubiger – sofern er hiervon Kenntnis erlangt – die Zwangsvollstreckung betreiben. Daran zeigt sich, dass die Erlangung eines Vollstreckungstitels sehr wohl aus Sicht des Gläubigers Sinn macht.

Aber auch auf Seiten des Schuldners erweist sich die Einrede des § 275 II S.1 als nützlich. Verlangt beispielsweise der Besteller vom Unternehmer die werkvertragliche Leistung, die

---

[423] Die Gattungsschuld über eine unvertretbare Sache kann nach §§ 883, 884 ZPO nicht vollstreckt werden. Es verbleibt in diesem Fall bei der Klage nach § 893 ZPO, gerichtet auf Ersatz des Interesses; *Zöller*, a.a.O., 23. Auflage, § 883 Rdnr. 3.

[424] Die Vorschrift des § 809 ZPO ist auch im Rahmen von § 883 ZPO analog anzuwenden.; Münch.-Komm./*Schilken*, ZPO, § 883 Rdnr. 6.

[425] Vgl. *Ehmann/Sutschet*, a.a.O., § 3 I 3.

[426] RGZ 10, 418; *Zöller*, a.a.O., § 893 Rdnr. 2.

[427] RGZ 66, 18.

nur unter unverhältnismäßigem Aufwand erbracht werden kann, kann in der Regel vom Gläubiger der vom Schuldner außerprozessual geltend gemachte Einwand des § 275 II S.1 nicht oder nur schwer verifiziert werden. Aus diesem Grund wird der Gläubiger in der Regel gegen den Schuldner Klage erheben, um im Wege eines vom Gericht angeordneten Sachverständigengutachtens die Frage nach der Unverhältnismäßigkeit gem. § 275 II S.1 prüfen zu lassen. Es wäre lebensfremd anzunehmen, dass der Gläubiger im Hinblick auf die fehlende Vollstreckungsmöglichkeit von einer Klage absehen würde, da er keine andere Wahl hat, als Klage zu erheben. Erhebt der Schuldner schon außerprozessual den Einwand nach § 275 II S.1, kann der Gläubiger nur dann Schadensersatz gem. §§ 275 IV, 283, 280 III, 280 I verlangen, wenn deren Voraussetzungen, insbesondere die des § 275 II S.1 vorliegen. Auch bei der Geltendmachung des Verzugsschadens gem. §§ 286 I, 280 II ist die Einrede des § 275 II S.1 zu prüfen, da schon das *Bestehen der Einrede* des § 275 II S.1 verzugshindernd wirkt[428]. Es bleibt dem Gläubiger also auch bei fehlender Vollstreckungsmöglichkeit zunächst nichts anderes übrig, als auf Erfüllung, hilfsweise auf Schadensersatz zu klagen. Gerade an dieser Stelle zeigt sich der von § 275 II S.1 intendierte Schutz für den Schuldner. Ergeben Beweisaufnahme und rechtliche Beurteilung, dass § 275 II S.1 einschlägig ist, so wird die Klage abgewiesen. Die Kosten des Rechtsstreits trägt in diesem Fall der Gläubiger. Selbst wenn der Gläubiger seine Klage auf Zahlung von Schadensersatz gem. §§ 275 IV, 283, 280 III, 280 I erweitert, hat der Schuldner in den Fällen, in denen er das Leistungshindernis zu vertreten hat, die Möglichkeit des sofortigen Anerkenntnisses gem. § 93 ZPO mit welchem er zumindest die Kosten des Rechtsstreits auf den Gläubiger abwälzen kann. Aus diesem Grund ist *Ehmann/Sutschet* nicht zu folgen. Tritt ein Leistungshindernis auf, so können die Parteien oftmals nicht abschätzen, ob die Erfüllungsklage Aussicht auf Erfolg hat oder nicht. Obsiegt der Gläubiger, ist zwar richtig, dass er aus seinem Urteil nicht vollstrecken kann. Jedoch trägt der Schuldner nach Maßgabe der §§ 91 ff. ZPO die Kosten des Rechtsstreits und der Gläubiger kann im Rahmen der Zwangsvollstreckung unter den erleichterten Voraussetzungen des §§ 893, 802 ZPO das Interesse, also Schadensersatz, geltend machen. Unterliegt der Gläubiger, da ein Leistungsverweigerungsrecht nach § 275 II S.1 besteht, hat er die Kosten zu tragen und der Schuldner hat gem. §§ 275 IV, 283, 280 III, 280 I nur Schadensersatz zu leisten, wenn er das Leistungshindernis zu vertreten hat.

3. Die Zwangsvollstreckung zur Erwirkung von Handlungen und Unterlassungen

a. Vertretbare Handlungen

Keine Friktionen mit § 275 II S.1 entstehen bei der Vollstreckung von vertretbaren Handlungen. Das sind solche, deren Vornahme auch durch einen Dritten erfolgen kann, ohne dass sich aus der Sicht des Gläubigers am wirtschaftlichen Erfolg oder am Charakter der Leistung etwas ändert[429]. Der Schuldner muss sich bei der Vornahme der Leistung vertreten lassen kön-

---

[428] Vgl. *Larenz* Schuldrecht I, § 23 I c; *Huber*, Leistungsstörungen, Bd. 1, § 12; zur neuen Rechtslage: *Lorenz/Riehm*, Lehrbuch zum neuen Schuldrecht, Rdnr. 321.

[429] Vgl. Zöller/*Stöber*, § 887, Rdnr. 1.

nen, ohne dass das Erfüllungsinteresse des Gläubigers hiervon berührt wird[430]. Hierzu gehören typischerweise Mängelbeseitigungsarbeiten am Bau[431]. In diesen Fällen ist der Gläubiger gem. § 887 I ZPO vom Prozessgericht des ersten Rechtszuges auf Antrag zu ermächtigen, auf Kosten des Schuldners die Handlung vornehmen zu lassen. Nach § 887 II ZPO kann der Gläubiger zugleich beantragen, den Schuldner zur Vorauszahlung der Kosten zu verurteilen, die durch die Vornahme der Handlung entstehen werden, unbeschadet des Rechts auf eine Nachforderung, wenn die Vornahme der Handlung einen größeren Aufwand verursacht.

Im Bereich des Sachkaufs ist jedoch zu differenzieren: Hier kommt eine Vollstreckung nach § 887 ZPO nur dann in Betracht, wenn eine Beschaffungspflicht nach § 276 I übernommen wurde[432]. Im Regelfall ist die Vollstreckung der Verpflichtung des Käufers hingegen gem. § 887 ZPO III ausgeschlossen.

b. Unvertretbare Handlungen

Schuldet der Schuldner eine unvertretbare Handlung, so kann diese gegen seinen Willen nicht erzwungen werden. Dies folgt aus der Natur der Sache. Es kann aber gem. § 888 I ZPO mittels Zwangsgeld und Zwangshaft auf seinen Willen eingewirkt werden, die unvertretbare Handlung vorzunehmen. Diese Zwangsmittel treffen den Schuldner empfindlich, so dass davon auszugehen ist, dass sich der Schuldner zumindest in einigen Fällen diesen Zwangsmitteln beugen wird und dass somit der erstrittene Leistungstitel nicht umsonst war. Allerdings sind auch diese Druckmittel in den Fällen des § 888 III ZPO ausgeschlossen. Hierzu gehört u.a. die Übernahme von Diensten aus einem Dienstvertrag[433]. Aber auch hier kann unter dem Gesichtspunkt der Geltendmachung des Schadensersatzanspruchs nach §§ 281 I, 280 III, 280 I; §§ 893, 802 ZPO nicht davon ausgegangen werden, dass es einer Befreiung vom Erfüllungsanspruch nicht bedarf, wenn feststeht, dass die Zwangsvollstreckung keinen Erfolg haben wird.

V. Die Schadensersatz statt der Leistung gem. §§ 275 IV, 283, 280 III, 280 I

Schließlich macht sich der Schuldner trotz Bestehen eines Leistungsverweigerungsrecht nach § 275 IV, 283, 280 III, 280 I schadensersatzpflichtig, wenn er das Leistungshindernis zu vertreten hat. Im Rahmen dieses Schadensersatzanspruchs hat er den Gläubiger so zu stellen, wie wenn dieser die Leistung erhalten hätte.

---

[430] Vgl. *Schuschke/Walker*, Vollstreckung und vorläufiger Rechtsschutz, Band I § 887 Rdnr. 2; OLG Bamberg MDR 1983, S. 499.

[431] *BGHZ* 58, 30 ff.

[432] Nach Stein-Jonas/*Brehm*, ZPO, § 887 Rdnr. 19 auch nur, wenn die Kosten der Beschaffung von vornherein feststehen. Stehen die Kosten nicht fest, so kommt die Vollstreckung nach einer Ansicht (RGZ 31, 415 f.) nicht in Betracht, nach anderer Ansicht in den Grenzen einer vom Gläubigerinteresse losgelösten Zumutbarkeit nach § 888 ZPO, Stein-Jonas/*Brehm*, ZPO, § 887 Rdnr. 13.

[433] Dabei ist allerdings danach zu differenzieren, ob es für den Arbeitgeber gleichgültig ist, wer die Leistung erbringt. In einem solchen Fall kommt § 887 ZPO in Betracht; *Schuschke/Walker*, a.a.O., § 888 Rdnr. 9.

VI. Zusammenfassung des sechsten Kapitels

- Dass § 275 II einen Einredetatbestand darstellt, entspricht dem Grundsatz *pacta sunt servanda*, da der Schuldner die Möglichkeit der überobligatorischen Leistung haben soll.

- Bei Erhebung der Einrede durch den Schuldner, ist der Gläubiger bei Vertretenmüssen des Schuldners gehalten, seine Klage gem. § 264 Nr. 3 ZPO auf Schadensersatz gem. §§ 275 IV, 283 zu erweitern.

- Auch im den Fällen des § 887 III ZPO ist die Erfüllungsklage möglich und sinnvoll, da der Gläubiger, bei der Geltendmachung des Schadensersatzanspruch gem. § 275 IV, 283, 280 III, 280 I, die Voraussetzungen des § 275 II gerichtlich überprüfen lassen können muss. Dementsprechend hat auch der Schuldner ein schutzwürdiges Bedürfnis, die durch eine – möglicherweise unberechtigt erhobene - Erfüllungsklage entstehenden Kosten durch Erhebung der Einrede des § 275 II S.1 abzuwenden.

- Schließlich hat die Untersuchung gezeigt, dass die Vorschrift des § 813 I S.2 auf die Einrede des § 275 II S.1 analog anwendbar ist.

Siebtes Kapitel: Die Einordnung wirtschaftlicher Leistungsstörungen unter die Störung der Geschäftsgrundlage nach § 313

Im Folgenden wird die Störung der Geschäftsgrundlage gem. § 313 besprochen. Der Schwerpunkt der Darstellung soll dabei nicht auf einer historischen Analyse des nunmehr kodifizierten Rechtsinstituts, sondern auf einer Exegese des Wortlauts, des Zweckes und des systematischen Verhältnisses von § 313 zu § 275 II liegen.

I. Die Einordnung der Störung der Geschäftsgrundlage in das System des allgemeinen Leistungsstörungsrechts

1. Grundsätzliches

In einem rechtsgeschäftlich begründeten Rechtsverhältnis legen die Parteien selbst das Gleichgewicht ihrer Interessen fest, indem sie sich auf eine vertragliche Grundlage einigen, die ihre teilweise widerstreitenden Interessen berücksichtigt und in Einklang bringt. Der Grundsatz der Vertragsfreiheit gewährt den Parteien dabei eine weitreichende Gestaltungsfreiheit, die sie aber – quasi als Kehrseite der Medaille – auch entsprechend bindet, indem sich die Parteien an den autonom gewählten vertraglichen Modalitäten festhalten lassen müssen, sofern sich nicht aus der Rechtsordnung selbst Einschränkungen, wie etwa das Anfechtungsrecht bei Willensmängeln gem. §§ 119 ff. ergeben.

Bei der Abwicklung eines Vertrages können Umstände auftreten, welche geeignet sind, die Äquivalenz von Leistung und Gegenleistung nachhaltig zu verändern. Schon nach der im alten Gemeinen Recht entwickelten Lehre von der *clausula rebus sic stantibus* sollte jeder schuldrechtliche Vertrag nur solange bindend sein, als die Verhältnisse, die für seinen Abschluss bestimmend waren, sich nicht von Grund auf geändert haben. Diese Lehre fand auch

Eingang in die Gesetzesbücher der damaligen Zeit[434], wurde aber von der Rechtsprechung[435] und dem Schrifttum[436] des neuen Gemeinen Rechts überwiegend abgelehnt, weil man den Bestand der vertraglichen Verpflichtung (*pacta sunt servanda*) gefährdet sah.

In der Folgezeit leitete man diesen Grundgedanken der *clausula*-Lehre in unterschiedlicher Ausformung aus § 242 a.F. als Lehre von der Geschäftsgrundlage ab und gestand somit vom Ansatz her deren grundsätzliche Richtigkeit ein. In das Bürgerliche Gesetzbuch wurde diese Lehre jedoch erst durch das Schuldrechtsmodernisierungsgesetz aufgenommen. Dabei folgte man in § 313 I der sog. *objektiven* Geschäftsgrundlage und ergänzte diese um das Merkmal der Zumutbarkeit; beides entspricht weder der Oertmann´schen Formel[437], noch der Formel der Rechtsprechung[438].

Die Störung der Geschäftsgrundlage schränkt den Grundsatz der Vertragstreue („pacta sunt servanda") im Interesse der Vertragsgerechtigkeit ein, indem sie den Parteien die Möglichkeit der Vertragsanpassung oder -aufhebung dort einräumt, wo der Vertrag oder das Gesetz ansonsten keine zumutbare Regelung bereithalten[439]. Der Bundesgerichtshof betrachtet demzufolge die Geschäftsgrundlagenlehre als eine „Durchbrechung" des Prinzips der Vertragsbindung[440]. Nach anderer Ansicht wird sie als eine immanente Begrenzung der nur im Rahmen von Treu und Glauben geltenden Vertragsbindung angesehen[441]. Angesichts der eigenständigen Regelung und der Abkoppelung von § 242 a.F. wird letztere Ansicht nicht mehr aufrechtzuerhalten sein. Wann eine Durchbrechung der Vertragsbindung gerechtfertigt ist, soll sich danach entscheiden, wer das Risiko des Eintritts der störenden Umstände zu tragen hat[442]. Dabei ist zu beachten, dass das Risiko der Änderung der dem Vertrag zugrunde liegenden Umstände grundsätzlich in den Risikobereich der jeweils betroffenen Partei fällt.

---

[434] Codex maximilian, bavaricus civilis 1756, IV 15; ALR von 1794, I 5 §§ 377-384.
[435] Vgl. nur RGZ 50, 257.
[436] Vgl. *Thibaut*, System der Pandekten, 2. Aufl. 1805.
[437] Diese lautete: „Geschäftsgrundlage ist die bei Geschäftsabschluss zutage tretende und vom etwaigen Gegner in ihrer Bedeutsamkeit erkannte und nicht beanstandete Vorstellung eines Beteiligten oder die gemeinsame Vorstellung der mehreren Beteiligten vom Sein oder vom Eintritt bestimmter Umstände, auf deren Grundlage der Geschäftswille sich aufbaut"; vgl. *Oertmann*, Die Geschäftsgrundlage, S. 37.
[438] Die Formel wurde von der Rechtsprechung nur gelegentlich benutzt, um die Grenze zu bestimmen, ab welcher der von der Veränderung der Umstände Benachteiligte nicht mehr am Vertrag festgehalten werden kann; BGH NJW 1989, S. 289; Die Formel der Rechtsprechung lautet: „Nach ständiger Rechtsprechung wird die Geschäftsgrundlage gebildet durch die nicht zum Vertragsinhalt erhobenen, aber bei Vertragsschluss zutage getretenen, dem Geschäftsgegner erkennbaren und nicht von ihm beanstandeten Vorstellungen beider Vertragspartner (vom Vorhandensein oder künftigen Eintritt gewisser Umstände), auf denen der Geschäftswille aufbaut."
[439] Vgl. Dauner-Lieb/Heidel/Lepa/Ring, *Krebs* § 313 Rdnr. 2.
[440] *BGH* NJW 1958, S. 1772; 1976, S. 565; 1977, S. 2262.
[441] Vgl. *Medicus*, FS Flume I, 1978, S. 629; *Köhler*, FG 50 Jahre BGH, 2000, S. 295.
[442] *BGHZ* 74, 370; NJW 1992, S. 2690; *Medicus*, FS Flume I, 1978, S. 629; so auch *Köhler*, FG 50 Jahre BGH, 2000, S. 295.

Ferner ist bei der Anwendung und Auslegung von § 313 zu bedenken, dass es sich um eine Ausnahmevorschrift[443] handelt und dementsprechend im Hinblick auf ihren Ausnahmecharakter im Verhältnis zum Grundsatz der Vertragsbindung eng ausgelegt werden muss.

2. Gesetzessystematik

§ 313 steht unter dem Titel „Begründung, Inhalt und Beendigung" und unter dem Untertitel „Anpassung und Beendigung von Verträgen". Daraus folgt zum einen, dass § 313 nur auf vertragliche Schuldverhältnisse Anwendung findet, dagegen § 275 II auf alle Schuldverhältnisse, wie sich aus dessen Stellung im Gesetz ergibt. Nach der alten Rechtslage konnten einige Abgrenzungsprobleme mit dem Verweis auf den Vorrang der geregelten Rechtsinstitute gelöst werden konnten, wohingegen diese Möglichkeit nach dem geltenden Recht ausscheidet. Auch aus der unterschiedlichen Stellung der Vorschriften im Gesetz lässt sich keine systematisch bedingte zwingende Vor- oder Nachrangigkeit des einen, oder des anderen Rechtsinstituts ableiten. Auch die Gesetzesbegründung äußert sich zur Frage des Verhältnisses von § 275 II und § 313 inkonsistent. Während die Entwurfsbegründung[444] dem § 307 BGB-DiskE noch den Vorrang vor § 275 BGB DiskE einräumt, ist der Begründung zu § 275 II S.1 zu entnehmen, dass Fälle der „Unerschwinglichkeit", der „wirtschaftlichen" oder „sittlichen" Unmöglichkeit § 313 unterfielen und einige Absätze weiter, dass es bei § 275 II S.2 RegE „in bewusster Abgrenzung zu ... § 313 RegE gerade auch" um das Schuldnerinteresse gehe[445]. Ob Fälle einer durch nachträgliche Ereignisse eintretenden wirtschaftlichen Leistungserschwerung – die in evidenter Weise das Schuldnerinteresse berührt – unter § 313 zu fassen sind, wird in der Gesetzesbegründung offenbar unterschiedlich beurteilt.

Die Kodifizierung der Lehre von der Geschäftsgrundlage wird von einigen[446] als „Merkzettelgesetzgebung" bezeichnet[447]. Dass die Auswirkungen und inhaltlichen Modifikationen tatsächlich weit darüber hinausgehen, wird im folgenden zu zeigen sein.

II. Tatbestandsvoraussetzungen

1. Das tatsächliche Element

a. Objektive Geschäftsgrundlage gem. § 313 I

§ 313 I setzt zunächst voraus, dass sich Umstände, die zur Grundlage des Vertrags geworden sind, nach Vertragsschluss *schwerwiegend verändert* haben und § 313 II stellt klar, dass es einer Veränderung der Umstände gleich steht, wenn wesentliche Vorstellungen, die zur Grundlage des Vertrags geworden sind, sich als falsch herausstellen. Soweit Abs. 2 auf die „*wesentlichen Vorstellungen*" abstellt, wird deutlich, dass es im Rahmen von § 313 I in der an

[443] Vgl. Dauner-Lieb/Heidel/Lepa/Ring, *Krebs* § 313 Rdnr. 3.; so auch BT-Drucks. 14/6040 S. 174.
[444] Vgl. Diskussionsentwurf, S. 356, 358.
[445] Vgl. BT-Drucks. 14/6040, S.130.
[446] Vgl. *Lieb*, in Dauner/Lieb, Lehrbuch, S. 143 f; *Ehmann/Sutschet*, a.a.O., S. 161.
[447] Vgl. *Ehmann/Sutschet*, S. 161.

sich offen gehaltenen Formulierung[448] auf objektive Umstände ankommt. Die Klarstellung des Abs. 2 hat somit zum einen sach- und sprachlogische Gründe, da es im vorliegenden Kontext keinen Sinn machen würde, wenn sich „Vorstellungen nach Vertragsschluss verändern", sondern allein maßgeblich ist, ob sich die bei Vertragsschluss angestellten Vorstellungen als falsch herausstellen. § 313 II lässt ausdrücklich offen, ob sich die Vorstellungen auf beide Parteien oder nur auf eine Partei beziehen müssen, d.h. ob es ausreicht, dass nur die Vorstellungen einer Partei von den tatsächlichen Gegebenheiten abweichen. Dies muss jedoch klar verneint werden[449]. Aus einer Gesamtschau mit Abs.1 folgt, dass sich die veränderten Umstände auf beide Parteien beziehen müssen, so dass für Abs. 2 nur der Schluss verbleibt, dass es sich um eine Kodifizierung des sog. *beiderseitigen Motivirrtums* handelt[450].

Zu klären bleibt weiterhin, welche Umstände (bzw. Vorstellungen) zur Grundlage des Vertrages geworden sind. Hierauf geben weder der Gesetzeswortlaut, noch die Gesetzesbegründung Auskunft. Der Gesetzgeber hat auf eine Klärung bewusst verzichtet, ebenso auf Regelbeispiele[451].

b. Subjektive Geschäftsgrundlage nach § 313 II

Gem. § 313 II steht es einer Veränderung der Umstände gleich, wenn wesentliche Vorstellungen, die zur Grundlage des Vertrages geworden sind, sich als falsch herausstellen. Das Gesetz knüpft damit an die von *Oertmann*[452] im Anschluss an *Winscheid* konzipierte und von der Rechtsprechung fortentwickelte willensbezogene Geschäftsgrundlage an, deren Kern die Gemeinsamkeit der den Vertrag tragenden Wertungen ist, mag diese Gemeinsamkeit zwischen Schuldner und Gläubiger tatsächlich bestehen oder Ergebnis einer Zurechnung sein, die daran anknüpft, dass die den Geschäftswillen einer Partei tragenden Wertungen für die andere Partei bei Vertragsschluss erkennbar waren[453].

§ 313 II weicht vom Ansatzpunkt her aufgrund seines willenstheoretischen Moments deutlich von § 275 II S.1 ab[454]. Im Rahmen von § 275 II S.1 kommt es maßgeblich auf den objektiven Schuldneraufwand an, während § 313 II auf Vorstellungen abstellt, die eine der Parteien bei Abschluss des Vertrages hatte. Der gestiegene Schuldneraufwand kann, muss aber nicht zur einer Störung der Geschäftsgrundlage führen, je nachdem, ob der Umstand Grundlage des

---

[448] Vom Wortlaut des § 313 I „..Umstände, die zur Grundlage des Vertrags geworden sind.." sind zunächst sowohl objektive, als auch subjektive Umstände umfasst. Aus der Klarstellung in Abs. 2 folgt erst, dass sich Abs.1 nur auf objektive Umstände beziehen kann.

[449] Ein einseitiger Motivirrtum führt nur in eng begrenzten Fällen zu einem Anfechtungsrecht, so etwa bei einem Irrtum über die Entwicklung der Kaufkraft des Geldes (RGZ 111, 260). Nach der bisherigen Dogmatik waren die Fälle des einseitigen Motivirrtums aus dem Anwendungsbereich der Geschäftsgrundlage ausgeschlossen (BGHZ 25, 392; NJW 1972, 153; 1976, 566), wenn die Störung der Motivation ausschließlich in den Risikobereich einer Partei fällt.

[450] Vgl. BT-Drucks. 14/6040, S. 176.

[451] Vgl. BT-Drucks. 14/6040, S. 93, S. 176.

[452] Vgl. *Oertmann*, Die Geschäftsgrundlage, 1921.

[453] BGH NJW 1984, 1746.

[454] Vgl. *Schwarze*, JURA 2002, S. 73 [78].

Vertrages geworden ist oder nicht[455]. Ebenso geht § 313 II weiter als § 275 II, indem die Vorstellungen, die sich als falsch herausstellen können, keinesfalls auf den Aufwand des Schuldners beschränkt sind[456]. Eine Begrenzung dieser „Vorstellungen" erfolgt nur durch das Erfordernis der „Wesentlichkeit" der Vorstellungen und darin, dass diese Vorstellungen Grundlage des Vertrages geworden sein müssen.

Dies zeigt aber zugleich, dass es zwischen den beiden Vorschriften eine Schnittmenge gibt[457]: Stellen sich wesentliche Vorstellungen, die zur Grundlage des Vertrages geworden sind, als falsch heraus, können dies auch Umstände sein, die den Schuldneraufwand aufgrund eines nicht vorhergesehenen Umstandes erhöhen. Danach können gleichzeitig beide Tatbestandsvoraussetzungen einschlägig sein. Der Ansatzpunkt ist jedoch ein grundlegend anderer, da es bei § 313 im Gegensatz zu § 275 II darauf ankommt, dass diese Vorstellungen zur Geschäftsgrundlage geworden sind[458]. Im umgekehrten Sinn können auch Umstände, die den Schuldneraufwand nicht so sehr erhöhen, dass ein „grobes Missverhältnis" vorliegt, dennoch Grundlage des Vertrags gem. § 313 I oder II geworden sein.

2. Das hypothetische Element

Als weitere Voraussetzung bestimmt § 313 I, dass die Parteien den Vertrag nicht oder mit einem anderen Inhalt geschlossen hätten, wenn sie die Veränderung vorausgesehen hätten. Diese Voraussetzung wird mit dem Vorliegen einer schwerwiegenden Veränderung regelmäßig zusammenfallen, denn wenn die Parteien der Änderung der Umstände keine Bedeutung beigemessen hätten, können diese kaum – mit Bezug auf das konkrete Vertragsverhältnis – schwerwiegend gewesen sein[459]. Ob nun eine schwerwiegende Veränderung vorliegt, wegen derer die Parteien den Vertrag nicht oder mit einem anderen Inhalt geschlossen hätten, ist durch ergänzende Auslegung des Vertrages gem. § 157 zu ermitteln. Dabei ist allerdings problematisch, dass die ergänzende Vertragsauslegung gem. § 157 dem Recht der Geschäftsgrundlage vorgeht, wenn durch Auslegung des Vertrags die Rechtsfolge ermittelt werden kann, die den Interessen der Beteiligten Rechnung trägt[460]. Die Übergänge zwischen Auslegung und den Grundsätzen der Geschäftsgrundlage sind um so fließender, je mehr bereits in die Vertragsauslegung Wertungsmomente eingehen, indem dort nach dem hypothetischen Parteiwillen gefragt wird, der sich dann wiederum am Maßstab der Redlichkeit, der Rationali-

---

[455] Vgl. *Schwarze*, a.a.O.

[456] Vgl. *Schwarze*, a.a.O.

[457] Vgl. *Zimmer* NJW 2002, S.1 [12]; a.A. *Canaris*, in Egon Lorenz (Hrsg.), Karlsruher Forum: Schuldrechtsmodernisierung, S. 15 Fn. 27; mit dem Hinweis darauf, dass es selbstverständlich möglich sei, dass ein Fall zusätzliche Umstände aufweist, aufgrund derer neben § 275 II außerdem § 313 in Betracht kommt und dass es sich dabei nur um eine Parallelprüfung zweier Normen handelt. Jedoch ändert dies nichts daran, dass beide Normen unterschiedliche Rechtsfolgen nach sich ziehen, so dass gerade aus dem Grund weil beide Normen teilweise auf denselben Sachverhalt anwendbar sind, nach Kriterien zur Abgrenzung zu fragen ist.

[458] Vgl. *Schwarze*, a.a.O.

[459] Vgl. *Lorenz/Riehm*, a.a.O., 6. Kapitel, Rdnr. 391; Dauner/Lieb-*Krebs*, Anwaltkommentar Schuldrecht, § 313 Rdnr.3; Zur alten Rechtslage: Palandt-*Heinrichs* § 242 Rdnr. 125; *Larenz*, Geschäftsgrundlage, S. 184 für den subj. Tatbestand.

[460] Vgl. Münch.-Komm./*Roth*, § 242, Rdnr. 678.

tät und an der Risikoverteilung ausrichten wird[461]. Das Gleiche gilt für das weiter zu prüfenden Kriterium der Zumutbarkeit: Sofern die Parteien den Vertrag auch unter Berücksichtigung der veränderten Umstände geschlossen hätten, scheidet die Zumutbarkeit der Vertragsanspassung selbstverständlich aus. Daraus kann man zwar zum einen den Schluss ziehen, dass das Vorliegen des hypothetischen Elements quasi die „Vorfrage" für die Beantwortung der normativen Kriterien darstellt. Indes geht das hypothetische Element in diesen letztlich auf und findet im Rahmen der Zumutbarkeitsprüfung keinen eigenständigen Platz. Hinzu kommt, dass bei der Zumutbarkeitsfrage „alle Umstände des Einzelfalls" zu prüfen sind. Darunter lässt sich die Frage fassen, ob die Parteien bei Kenntnis der veränderten Umstände den Vertrag nicht oder nicht mit diesem Inhalt abgeschlossen hätten. Hier zeigt sich – ähnlich wie es bereits bei § 275 II nachgewiesen wurde – dass sich innerhalb des Tatbestandes Überschneidungen zwischen den einzelnen Tatbestandsmerkmalen ergeben[462].

3. Unzumutbarkeit des Festhaltens am unveränderten Vertrag

Nach § 313 I kann Anpassung des Vertrags verlangt werden, soweit einem Teil unter Berücksichtigung *aller Umstände des Einzelfalls*, insbesondere der *vertraglichen* oder *gesetzlichen Risikoverteilung*, das Festhalten am Vertrag nicht zugemutet werden kann. Gegen das Merkmal der Zumutbarkeit wird bereits jetzt Kritik geübt. Bei der Frage nach der Änderung der Geschäftsgrundlage sei kein weiterer Raum für Zumutbarkeitserwägungen, da die Umstände, die zur Unzumutbarkeit führen, bereits im Wege der ergänzenden Vertragsauslegung zu ermitteln seien, bei der Frage, was unter Berücksichtigung von Treu und Glauben, der Verkehrssitte und des dispositiven Rechts überhaupt Inhalt des Vertrages geworden ist[463]. Dem kann jedoch *de lege lata* nicht gefolgt werden, da die Voraussetzung der Unzumutbarkeit sowohl im Rahmen der subjektiven Geschäftsgrundlage des § 313 II, als auch im Rahmen der objektiven Geschäftsgrundlage des § 313 I ausdrücklich in das Gesetz aufgenommen worden ist. Aus dem Wortlaut der Vorschrift folgt, dass der zentrale Gesichtspunkt die Frage nach der Risikoverteilung zwischen den Parteien sein soll. Insoweit weicht der Wortlaut nach seiner Konzeption von dem des § 275 II S.1 ab, als dort die Maßgeblichkeit der vertraglichen und gesetzlichen Risikoverteilung nicht ausdrücklich genannt ist. Allerdings ergibt sich im Rahmen von § 275 II S.1 die Berücksichtigung der Risikoverteilung aus der ausdrücklichen Be-

---

[461] Vgl. *Schäfer/Ott*, Lehrbuch zur ökonomischen Analyse des Zivilrechts, 1986, S. 250; vgl. auch *Hey*, Ergänzende Vertragsauslegung und Geschäftsgrundlagenstörung im Gesellschaftsrecht, 1990.; ebenso zur neuen Rechtslage: *Ehmann/Sutschet*, a.a.O., S.170.

[462] Die Schwierigkeit der Abgrenzung der einzelnen Tatbestandsmerkmale zeigte sich bereits nach der von der Rechtsprechung vertretenen Auffassung von der Lehre der Geschäftsgrundlage. Es finden sich kaum Entscheidungen, in denen Tatbestandsmerkmale sauber voneinander getrennt geprüft werden. Zumeist läuft die Anwendung der Lehre der Geschäftsgrundlage auf eine an Treu und Glauben orientierte Billigkeitsrechtsprechung hinaus; Für das Vorliegen von Überschneidungen und teilweise identischen Erwägungen vgl. *Medicus*, Bürgerliches Recht, Rdnr. 165b; a.A.: Dauner/Lieb-*Krebs*, Anwaltkommentar Schuldrecht, § 313 Rdnr.33, wonach die unterschiedlichen Erwägungen auf den verschiedenen Stufen für sich anzustellen sind, in sich aber auch nicht konsequent, als er zugeben muss: „Das macht es notwendig, im Tatbestand nach der erheblichen Störung auf einer zweiten, letztlich entscheidenden Stufe normative Erwägungen anzustellen und dort umfassend abzuwägen, ob überhaupt eine Korrektur des Vertrages angebracht ist.".

[463] Vgl. *Ehmann/Sutschet*, Modernisiertes Schuldrecht, S. 172.

zugnahme auf den *Inhalt des Schuldverhältnisses*[464]. Die Frage nach der Risikoverteilung ist objektiv zu beantworten[465] und fällt im Rahmen von § 275 II S.1 und § 313 I – in dem Bereich, in dem die Vorschriften aufgrund der für beide Vorschriften gleichermaßen maßgeblichen Risikoverteilung eine *gemeinsame Schnittmenge* haben[466] – identisch aus. Denn die vertragliche und gesetzliche Risikoverteilung ist keine relative Größe, die sich je nach Norm anders auslegen oder bestimmen lässt[467]. Bei der Formulierung des Tatbestandes des § 313 wurde auf die subjektive, oftmals zur bloßen Floskel verkommene Definition des BGH verzichtet. Der Gesetzgeber geht davon aus, dass sich die Voraussetzungen, unter denen es zu einer Geschäftsgrundlagenstörung kommen kann, im Vergleich zu der alten Rechtslage nicht geändert haben[468]. *U. Huber* [469] befürchtet, dass es durch die Neuregelung zu einer Abmilderung der Anforderungen an den Wegfall der Geschäftsgrundlage kommen werde[470]. Er vermisst das Kriterium der bisherigen Rechtsprechung zum Wegfall der Geschäftsgrundlage, wonach die Aufrechterhaltung des Vertrages zu einem *„unvereinbaren, mit Recht und Gerechtigkeit schlechthin unvereinbaren Ergebnis"* führen würde. In der Tat ist es so, dass die Vorschrift des § 313 I auf den ersten Blick Tatbestandsmerkmale vermissen lässt, die hinreichend deutlich machen, dass es sich bei § 313 – im Hinblick auf den Grundsatz *pacta sunt servanda* – um eine absolute Ausnahmevorschrift handelt. Im Gegensatz dazu stellt § 275 II S.1 seinen Ausnahmecharakter stärker in den Vordergrund, indem die Einrede nur bei einem *groben Missverhältnis greift,* womit der Ausnahmecharakter und die vom Gesetzgeber avisierte Beschränkung auf Extremfälle hinreichend deutlich zum Ausdruck kommen.

Schließlich ist nach dem Wortlaut und nach dem Sinn und Zweck der Regelung unerheblich, zu welchem Zeitpunkt die Störung eintritt. § 313 II spricht keinen Zeitpunkt an. § 313 I spricht zwar ausdrücklich von Änderungen „nach Vertragsschluss". Das schließt jedoch Änderungen ein, die sich vor Vertragsschluss ereignen und erst nach Vertragsschluss zu Tage treten[471]. Haben die Parteien die Umstände vor Vertragsschluss nicht gekannt, weil sie sich nicht ausreichend erkundigt haben, kann dieser Umstand im Rahmen der Zumutbarkeit berücksichtigt werden[472]. Demzufolge wird die Vertragsanpassung oder –änderung dann nicht

---

[464] Vgl. oben 2. Tei, 3. Kapitel, IV., 3.
[465] Vgl. oben 2. Teil, 7. Kapitel, II., 1.
[466] Vgl. oben 2. Teil, 9. Kapitel, I., 3.
[467] So auch Palandt/*Heinrichs* § 313 Rdnr. 39 a.E., wonach die Wertmaßstäbe der beiden Normen identisch seien.
[468] Vgl. BT-Drucks 14/6040, S. 176.
[469] Das geplante Recht der Leistungsstörungen, in *Ernst/Zimmermann*, Zivilrechtswissenschaft und Schuldrechtsreform (2001), S. 31.
[470] Dass es sich bei der Störung der Geschäftsgrundlage nach dem alten Recht um einen Ausnahmefall handeln musste, folgte schon aus seiner Anbindung an den Grundsatz von Treu und Glauben gem. § 242 a.F. Hinzu kommt, dass es sich nach früherer Rechtslage um ein – schon aufgrund der Tatsache der fehlenden gesetzlichen Regelung – subsidiäres Rechtsinstitut handelte. Diese Aspekte spielen jedoch nach der geltenden Rechtslage keine Rolle mehr, so dass sich in der Tat der Ausnahmecharakter der Vorschrift jedenfalls nicht deutlich aus dem Gesetz ergibt.
[471] Vgl. Dauner/Lieb-*Krebs*, Anwaltkommentar Schuldrecht, § 313 Rdnr.3.
[472] Vgl. Dauner/Lieb-*Krebs*, Anwaltkommentar Schuldrecht, § 313 Rdnr.3.

zumutbar sein, wenn sich die andere Partei auf eine Veränderung beruft, die bereits vor dem Vertragsschluss vorgelegen hat und von der sie Kenntnis hatte.

III. Die Rechtsfolgen aus § 313 I, III

Nach § 313 I kann Anpassung des Vertrages verlangt werden. § 313 III regelt ein eigenständiges Rücktrittsrecht für den Fall, dass eine Anpassung des Vertrages nicht möglich oder einem Teil nicht zumutbar ist, der benachteiligte Teil gem. §§ 346 ff. vom Vertrag zurücktreten und bei Dauerschuldverhältnissen gem. § 314 kündigen kann.

1. Anspruch auf Vertragsanpassung

Während nach dem bisherigen Recht[473] überwiegend angenommen wurde, dass die Vertragsanpassung kraft Gesetz erfolgte, ist diese nach dem geltenden Recht als Anspruch (auf Vertragsanpassung) ausgestaltet. Aufgrund dieser Gesetzeslage muss derjenige, der Rechte aus der Störung der Geschäftsgrundlage herleiten will, nunmehr sein Änderungsverlangen ausdrücklich geltend machen. Dies folgt aus dem Wortlaut des Gesetzes, „..kann [..] verlangt werden..“. Dabei soll das Ergebnis der Anpassung entsprechend der nach dem alten Recht zum Wandlungsrecht im Kaufrecht vertretenen *Herstellungstheorie*[474] direkt verlangt werden können, so dass der Kläger aus dem geänderten Vertrag klagen kann[475]. Ziel der Vertragsanpassung muss es dabei sein, unter weitest möglicher Erhaltung des ursprünglichen Vertrages die Unzumutbarkeit für die benachteiligte Partei zu beseitigen. Daraus folgt, dass der Eingriff in den Vertrag nicht weiter gehen darf, als erforderlich ist, um die Zumutbarkeit wiederherzustellen[476]. Dabei kann der Vertrag nicht dahingehend geändert werden, dass die Gegenleistungspflicht zur Wiederherstellung der Äquivalenz zwischen Leistung und Gegenleistung heraufgesetzt wird, weil dadurch dem Gläubiger Mehrbelastungen entstehen würden, ohne dass dafür eine vertragliche Grundlage bestünde[477]. Im Ergebnis kann die Anwendung der Störung der Geschäftsgrundlage nicht dazu führen, dass der Schuldner für die Leistung eine höhere, als die vertraglich vereinbarte Vergütung erhält.

Der Richter muss danach den Vertrag mit Rücksicht auf die Verkehrssitte und Treu und Glauben auslegen und auf dieser Grundlage über die Rechte aus dem Vertrag so entscheiden, wie redliche Parteien entschieden hätten, wenn sie die Veränderung der Umstände bedacht hätten. Der Richter hat nicht seine Vorstellungen und Vorverständnisse von der gerechten Ordnung über die Parteien zu Recht zu sprechen, sondern er muss den Willen der Parteien unter der Voraussetzung, dass sie redliche Parteien sind, zu Ende denken[478]. Dabei muss er aber auch die Interessen des anderen Teils beachten, der gute Gründe haben kann, z.B. die

---

[473] BGH NJW 1972, S. 152; Münch.-Komm./*Roth*, § 242, Rdnr. 651; A.A. *Medicus*, FS *Flume* I, 1978, S.629 unter Berufung auf BGH JZ 1952, S. 145.
[474] Vgl. *Reinicke/Tiedke*, Kaufrecht Rdnr. 355 ff.; *Soergel/Huber*, § 462 Rdnr. 48 ff; nach a.A. Klage auf Abgabe einer Willenserklärung gem. § 894 ZPO.
[475] Vgl. Dauner/Lieb-*Krebs*, a.a.O., § 313 Rdnr.53.
[476] Vgl. *Köhler*, FG 50 Jahre BGH I, S. 195, der den Eingriff am Prinzip der Verhältnismäßigkeit messen will.
[477] Vgl. *Köhler* a.a.O., S. 314f; so BGH NJW 1969, S. 233.
[478] Dies ist aufgrund der hier vorzunehmenden subjektiven Vertragsauslegung zwingend.

durch die veränderten Umstände höhere Vergütung des anderen nicht erfüllen zu wollen. Der Grund liegt hierfür in Art. 2 I GG, wonach aufgrund des Grundsatzes der Privatautonomie der anderen Partei kein Zwangsvertrag auferlegt werden kann[479]. Demzufolge ist beispielsweise in dem Fall, in dem sich die Herstellungskosten eines Werkes infolge gestiegener Rohstoffpreise wesentlich erhöhen, dem Unternehmer kein rechtlich durchsetzbarer Anspruch auf eine erhöhte Vergütung zu gewähren, sondern nur ein Rücktrittsrecht, wenn der Besteller zur Bezahlung der aufgrund der veränderten Umstände gerecht erscheinenden Vergütung nicht bereit ist. Der Anspruch auf Anpassung ist daher grundsätzlich nicht als ein rechtlich durchsetzbarer Anspruch zu denken, sondern nur als eine Bedingung, welche den durch die veränderten Umstände Benachteiligten zum Rücktritt berechtigt, wenn der andere sich nicht mit der angepassten Vergütung bereit erklärt[480].

2. Rücktrittsrecht des benachteiligten Teils gemäß §§ 313 III, 346 ff.

Nach § 313 III kann der benachteiligte Teil vom Vertrag zurücktreten, wenn eine Anpassung des Vertrages *nicht möglich oder einem Teil nicht zumutbar* ist. Durch diese Eingrenzung der Rücktrittsmöglichkeiten ist der seit der Vigognespinnereientscheidung des RG[481] geltende Grundsatz *„Anpassung geht vor Aufhebung"* gesetzlich festgeschrieben worden. Daraus folgt, dass nur in Ausnahmefällen ein Rücktritt bzw. die Kündigung des Vertrages möglich sein soll[482].

Der Hintergrund des eingeräumten Rücktrittsrechts ist der, dass man frühzeitig erkannte, dass die *ipso jure* eintretende Vertragsaufhebung in einigen Fällen nicht sachgerecht ist. Man räumte der benachteiligten Partei lediglich ein Rücktrittsrecht ein, wenn der dazu aufgeforderte Vertragspartner sich weigerte, die Leistung zu erhöhen[483]. Die Auflösung des Vertrags erfolgte danach aufgrund einer entsprechenden Gestaltungserklärung der benachteiligten Partei. *Köhler*[484] hat in seiner Exegese der zugrunde liegenden Rechtsprechung des BGH nachgewiesen, dass es auch Fälle gibt, in denen einen *ipso jure* Vertragsauflösung interessengerecht sei[485].

Die Vertragsauflösung folgt nunmehr den Rücktrittsregeln der §§ 346 ff., was im Hinblick auf die entgegengesetzte Rechtsprechung des BGH[486], der sich für §§ 812 ff. aussprach, neuartig ist. Der Grund für die Anwendung der §§ 812 ff. lag darin, dass die für das vertragliche Rücktrittsrecht geltenden Vorschriften der §§ 346 ff. a.F. auf das gesetzliche Rücktrittsrecht – und

---

[479] Der durch die Anpassung erforderliche Eingriff muss der Verhältnismäßigkeit genügen; vgl. *Köhler*, in: 50 Jahre BGH, S. 314 ff.

[480] Vgl. *Köhler*, in: 50 Jahre BGH, S. 314 ff.

[481] RGZ 103, 328.

[482] Die Auflösung des Vertrages durch Rücktritt oder Kündigung kommt nur als *ultima ratio* in Betracht; so schon BGHZ 47, 48; BGH NJW 1951,S. 836.

[483] RGZ 103, 328.

[484] Vgl. *Köhler*, in: 50 Jahre BGH, S. 314 ff.

[485] BGH GRUR 1983, S. 602.

[486] RGZ 130, 123; BGHZ 109, 139; für §§ 346 ff. dagegen Soergel/*Teichmann* § 242 Rdnr. 271; Palandt/*Heinrichs*, § 242 Rdnr. 132.

hiervon muss man im Rahmen der WGG sprechen, wenn man eine *ipso jure* Auflösung des Vertrages annimmt – nicht passten, da insbesondere die strengen §§ 350, 351 a.F. darauf angelegt waren, dass die Parteien in Kenntnis des (vertraglichen) Rücktrittsrechts handelten. Diese Unstimmigkeiten des alten Rücktrittsrechts sind durch die Neuregelung der § 346 ff. beseitigt, so dass kein Anlass besteht, die Geschäftsgrundlage über § 812 ff. rückabzuwickeln[487].

IV. Die prozessuale Geltendmachung der Störung der Geschäftsgrundlage

Da § 313 I lediglich einen Anspruch auf Anpassung des Vertrages gewährt, ist zu untersuchen, wie dieser Anspruch prozessual geltend gemacht und durchgesetzt werden kann. Dabei ist zunächst zu untersuchen, ob der Schuldner seine Behauptung, er habe einen Anspruch auf Vertragsanpassung als Einrede oder Einwendung geltend macht, und ferner, wie er diesen Anspruch gerichtlich durchsetzen kann. Dabei ist zwischen den beiden prozessualen Situationen zu unterscheiden, dass der Schuldner auf Leistung in Anspruch genommen wird und dagegen die Störung der Geschäftsgrundlage einwendet und der Situation, dass eine Partei aktiv aus dem angepassten Vertrag klagt.

Der Schuldner kann dem Erfüllungsanspruch des Gläubigers den Anpassungsanspruch aus § 313 I im Wege des Zurückbehaltungsrechts nach § 273 I entgegenhalten[488]. Danach kann der Schuldner die geschuldete Leistung verweigern, sofern sich nicht aus dem Schuldverhältnis ein anderes ergibt, wenn er aus demselben rechtlichen Verhältnis, auf dem seine Verpflichtung beruht, einen fälligen Anspruch gegen den Gläubiger hat. Dem gemäß müsste der Anspruch auf Vertragsanpassung fällig sein. Unter Fälligkeit versteht man gem. § 271 I den Zeitpunkt, von dem ab der Schuldner die Leistung fordern kann[489]. Der Anspruch auf Vertragsanpassung wird sofort mit der Änderung der Umstände und der Geltendmachung des Anspruchs fällig. Daher kann der benachteiligte Teil seine Leistung zurückbehalten, bis der andere Teil der Vertragsanpassung zustimmt[490].

Fraglich ist, wie der Schuldner den Anspruch auf Vertragsanpassung durchsetzen kann. Grundsätzlich hat er diesen Anspruch im Wege der Leistungsklage geltend zu machen. Allerdings ist hierfür gem. § 253 II Nr. 2 ZPO ein bestimmter Antrag notwendig. Wie exakt der Vertrag durch das Gericht angepasst werden wird, ist jedoch für den Kläger nur schwer abschätzbar und mit erheblichen Risiken verbunden. Aus diesem Grund stellt sich die Frage, ob der Kläger seinen Anspruch auf Vertragsanpassung mittels einer Feststellungsklage, einer Stufenklage gem. § 254 ZPO oder mittels eines unbestimmten Klageantrags wie bei § 253 II soll geltend machen können. Im Ergebnis scheiden alle Varianten aus: Eine Feststellungsklage scheitert am Feststellungsinteresse gem. § 256 ZPO, wenn die Bezifferung einer Leis-

---

[487] Vgl. zu den Rechtsfolgen des Rücktritts Kaiser, JZ 2001, S. 1057.

[488] Das können natürlich beide Vertragsparteien sein; bei einem Kaufvertrag ist z.B. der Verkäufer im Hinblick auf seine Verpflichtung aus § 433 I Schuldner, ebenso aber auch der Käufer im Hinblick auf seine Pflicht zur Gegenleistung.

[489] Vgl. Palandt/*Heinrichs*, § 271 Rdnr.1.

[490] Vgl. *Schmidt-Kessel/Baldus*, NJW 2002, S. 2076; Dauner/Lieb-*Krebs*, a.a.O., § 313 Rdnr.54.

tungsklage möglich und zumutbar ist[491]. Unzumutbarkeit oder Unmöglichkeit in diesem Sinne liegt nur vor, wenn der Kläger seinen Anspruch noch nicht oder nicht ohne Durchführung einer aufwendigen Begutachtung beziffern kann[492]. Ein solcher Ausnahmefall liegt hier nicht vor, da die Partei, die sich auf die Vertragsanpassung beruft, regelmäßig Vorstellungen darüber hat, welchen Inhalt der geänderte Vertrag haben könnte. Des Weiteren kann der Kläger auch keine Stufenklage nach § 254 ZPO erheben, zunächst gerichtet auf Anpassung, sodann auf Leistung. Hierfür ist jedenfalls hinsichtlich des erststufigen Antrags die Bestimmtheit des Klageantrags erforderlich. Teilweise wird daher für eine analoge Anwendung des § 254 ZPO plädiert, für den Fall, in dem beide Anträge zunächst nicht beziffert werden[493]. Allerdings folgt bereits aus dem Wortlaut von § 254 ZPO, dass diese Vorschrift auf Fälle beschränkt sein soll, in denen die Bezifferung des Klageantrags wegen fehlender Informationen erschwert bzw. unmöglich ist. Diese Interessenlage lässt sich auf § 313 nicht übertragen, da es hier nicht etwa um fehlende Informationen, sondern schlicht darum geht, unter den vielfältigen Möglichkeiten der Vertragsanpassung eine angemessene zu finden. Aus diesem Grund scheidet eine Stufenklage in analoger Anwendung des § 254 ZPO aus, zumal der benachteiligte Kläger im gegebenen Fall selbst aufgrund des auf seiner Seite aufgetretenen Hindernisses am besten abschätzen kann, inwiefern der Vertrag anzupassen ist. Darüber hinaus scheidet auch eine analoge Anwendung von § 253 II aus. Teilweise wird behauptet[494], dass diese Vorschrift im Fall des § 313 erst recht gelten müsse, da die Frage nach der Zumutbarkeit der Anpassung für den Kläger zu einem Kostenrisiko führe, welches er nicht zu vertreten hat. Dem kann so nicht zugestimmt werden. Zum einen wird man sagen müssen, dass die prozessuale Aufklärungspflicht auch der anderen Partei dahin geht, an der Ermittlung der zumutbaren Vertragsanpassung mitzuwirken. Zudem fehlt es schon an der vergleichbaren Interessenlage: § 253 II betrifft den Ersatzanspruch eines Geschädigten, den man nicht über den Schaden hinausgehend dadurch benachteiligen will, dass man ihm das Prozesskostenrisiko eines zu hoch beantragten Schmerzensgeldes auferlegt. Im Gegensatz dazu besteht im Rahmen von § 313 kein Bedürfnis für eine dahingehende Privilegierung. Vielmehr sollten die Möglichkeiten der Geltendmachung von § 313 nicht unnötig ausgedehnt werden, will man verhindern, dass durch die Kodifikation der Störung der Geschäftsgrundlage der Grundsatz *pacta sunt servanda* aufgeweicht wird.

Aus diesem Grund verbleibt es bei der Klage auf geänderte Leistung im Sinne der früher zur kaufrechtlichen Wandlung vertretenen Herstellungstheorie[495]. Alternativ kann der Kläger auch Verurteilung zur Annahme eines bestimmten Vertragsangebotes beantragen und das Urteil nach § 894 ZPO vollstrecken[496]. Das Gericht hat dabei nach § 139 I S.2 ZPO auf sachdienliche

---

[491] Vgl. Zöller-*Greger*, ZPO, § 256 Rdnr. 7a; BGHZ 5, 314.
[492] Vgl. Zöller-*Greger*, ZPO, § 256 Rdnr. 7a; BGH NJW 2000, S. 1256.
[493] Vgl. *Schmidt-Kessel/Baldus*, NJW 2002, S. 2076.
[494] Vgl. *Schmidt-Kessel/Baldus*, NJW 2002, S. 2076.
[495] Vgl. *Lorenz/Riehm*, a.a.O. Rdnr. 397.
[496] Vgl. *Lorenz/Riehm*, a.a.O. Rdnr. 398.

Anträge hin zu wirken[497]. Diese Möglichkeit wird jedoch besonders bei beurkundungsbedürftigen Verträgen (§ 311 b I) dazu führen, dass derjenige, der sich auf die Vertragsanpassung beruft, schon bei Klageerhebung mindestens ein, an die geänderten Umstände angepasstes Angebot vorlegen muss. Entspricht dieses Angebot nicht dem Ergebnis, zu dem das Gericht letztlich bei Anwendung des § 313 gelangt, müsste die Klage als unbegründet abgewiesen werden und den Kläger träfe das erhebliche Kostenrisiko, nochmals Klage bei Vorlage eines entsprechend abgeänderten Angebots zu erheben. Zur Vermeindung dieser Schwierigkeiten könnte die Rechtsprechung des BGH zur gerichtlichen Geltendmachung eines Anspruchs aus einem Vorvertrag auf Abschluss eines beurkundungsbedürftigen Hauptvertrages herangezogen werden[498]. Danach soll ein Rechtsschutzbedürfnis für eine Klage auf Abgabe eines Angebots (bei § 313 dann auf Abschluss eines angepassten Vertrags) möglich sein. In diesem Fall ersetzt das rechtskräftige Urteil die Willenserklärung gem. § 894 ZPO und der angepasste Vertrag kommt durch Beurkundung der Annahmeerklärung des Klägers zustande.

V. Zusammenfassung des siebten Kapitels

- Die Vertragsanpassung nach § 313 I muss nunmehr ausdrücklich geltend gemacht werden.

- Der Schuldner kann seinen Anspruch auf Vertragsanpassung als Zurückbehaltungsrecht gem. § 273 I dem Erfüllungsanspruch entgegenhalten.

- Im Wege der Aktivklage kann der Schuldner den Anspruch auf Vertragsanpassung regelmäßig weder im Wege der Feststellungsklage, noch der Stufenklage, sondern über eine zu beziffernde Leistungsklage auf geänderte Leistung geltend machen.

ACHTES KAPITEL: DIE RECHTFERTIGUNG DER GEMEINSAMKEITEN UND UNTERSCHIEDE VON TATBESTAND UND RECHTSFOLGE ZWISCHEN § 275 II UND § 313

I. Die Tatbestandsvoraussetzungen

1. Gemeinsamkeiten

Beide Vorschriften weisen konkretisierungsbedürftige normative Tatbestandsvoraussetzungen – in jeweils unterschiedlicher Ausprägung – auf. Diese normativen Elemente sind bei § 275 II das Vorliegen des *„groben Missverhältnisses"* und bei § 313 I, II *„die Unzumutbarkeit des Festhaltens am Vertrag"*. Bei den Begriffen *„Missverhältnis"* und *„Unzumutbarkeit"* handelt es sich um unbestimmte Rechtsbegriffe[499], deren Inhalt ausfüllungsbedürftig ist.

---

[497] Vgl. *Lorenz/Riehm*, a.a.O. Rdnr. 397; Dauner/Lieb-*Krebs*, a.a.O., § 313 Rdnr. 57; So schon bisher BGH WM 1969, S. 335.

[498] Vgl. BGH NJW 1986, S. 2822.

[499] Diese werden auch als unbestimmte Gesetzesbegriffe bezeichnet; vgl. *Maurer*, Allgemeines Verwaltungsrecht, § 7 Rdnr. 28; Rechts- oder Gesetzesbegriffe gibt es in unterschiedlicher inhaltlicher Bestimmtheit. Während Begriffe wie das „Vertretenmüssen" durch das Gesetz selbst abgegrenzt sind, gibt es dagegen Begriffe, wie z.B. die „Umstände, die Grundlage des Vertrages geworden sind" die zwar nicht durch das Gesetz, aber aufgrund des Regelungszusammenhangs, in dem sie verwendet werden, bestimmt werden können. Daneben gibt es

Die Intention beider Normen zu einer Berücksichtigung aller Umstände des Einzelfalls zeigt sich in § 275 II S.1 in der Voraussetzung „*unter Beachtung des Inhalts des Schuldverhältnisses und der Gebote von Treu und Glauben*“[500] und bei § 313 I in der „*Berücksichtigung aller Umstände des Einzelfalls*“[501]. Nach beiden Vorschriften kann somit ein hohes Maß an Einzelfallgerechtigkeit erreicht werden. Gleichzeitig büßen aber auch beide Vorschriften durch die Verwendung der unbestimmten Rechtsbegriffe einiges an Griffigkeit und *Subsumptionsfähigkeit* ein.

Auch folgt aus beiden Vorschriften, dass die vertragliche und gesetzliche Risikoverteilung, bei § 313 I kraft ausdrücklicher Erwähnung, und im Rahmen von § 275 II aufgrund des Hinweises auf „den Inhalt des Schuldverhältnisses“[502] eine für die Interessenabwägung relevante Frage darstellt.

Des weiteren ist bei beiden Vorschriften das Vertretenmüssen zu berücksichtigen. Nach § 275 II S.2 ist bei der Frage nach dem *groben Missverhältnis* gem. § 275 II S.1 zu berücksichtigen, ob der Schuldner das Leistungshindernis zu vertreten hat. Das Vertretenmüssen ist danach ausdrücklich in die Verhältnismäßigkeitsprüfung einzubeziehen. Der Wortlaut des § 313 I stellt zwar nicht ausdrücklich auf die Berücksichtigung des Vertretenmüssens ab. Aus der Auslegung des Merkmals der „*Berücksichtigung aller Umstände des Einzelfalls*“ folgt jedoch, dass auch bei § 313 I das Vertretenmüssen eine entscheidende Rolle spielt. Diesbezüglich herrschte auch schon nach dem alten Recht Einigkeit dahingehend, dass derjenige, der das störende Ereignis zu vertreten hatte, auch die negativen Folgen desselben zu tragen hat und sich aus diesem Grund der Rückgriff auf § 242 a.F. verbietet[503]. Denn die Partei, die sich auf die Änderung der Geschäftsgrundlage beruft und diese Veränderung zu vertreten hat, wird sich kaum auf eine Vertragsanpassung berufen können, da das Vertretenmüssen ein gewichtiges Indiz für die Zurechnung des Umstandes zur ihrer Risikosphäre darstellt.

2. Unterschiede

Der Hauptunterschied zwischen den beiden Vorschriften auf Tatbestandsseite liegt zunächst im unterschiedlichen Bezugspunkt für die Verhältnismäßigkeitsprüfung. Nach § 275 II kommt es maßgeblich auf das Verhältnis zwischen Schuldneraufwand und Gläubigerinteresse an. Der maßgebliche Bezugspunkt für die Verhältnismäßigkeitsprüfung ist nach dieser Vorschrift das *Gläubigerinteresse*, anhand dessen sich entscheidet, ob vom Schuldner die Überwindung des Leistungshindernisses verlangt werden kann oder nicht. Dabei sind im Rahmen von § 275 II sowohl materielle, als auch immaterielle Interessen des Gläubigers zu berück-

---

unbestimmte Rechtsbegriffe, deren abstrakte Auslegung sowie konkrete Anwendung im Einzelfall erhebliche Schwierigkeiten bereiten.

[500] Vgl. oben 2. Teil, 3. Kapitel, III. 4.

[501] Vgl. oben 2. Teil, 7. Kapitel, III.

[502] Vgl. oben 2. Teil, 3. Kapitel, III. 4.

[503] BGH LM (Bb) § 242 Nr. 61; BGH ZIP 1993 S. 234; *Enneccerus/Lehmann*, SchR, § 41 III 5; Münch.-Komm./*Roth* § 242 Rdnr. 542; *Nauen*, Leistungserschwerung und Zweckvereitelung im Schuldverhältnis, Diss., Trier, 2001 S. 114.

sichtigen[504]. Das Gläubigerinteresse bezieht sich auf den jeweils vom Schuldner geschuldeten Leistungserfolg und ist unabhängig davon zu beurteilen, ob der Schuldner das Leistungshindernis zu vertreten hat oder nicht.

Teilweise wird behauptet, eine solche Sichtweise verkenne, dass es letztlich auch auf den Schuldneraufwand ankomme und daher nicht gesagt werden könne, dass die Gläubigerinteressen der maßgebliche Bezugspunkt seien[505]. Das ist jedoch nur teilweise richtig. Es steht außer Frage, dass sich im Rahmen einer Verhältnismäßigkeitsprüfung zwei Interessen gegenüberstehen müssen, die durch ein Erheblichkeitskriterium, hier das *„grobe Missverhältnis“* gegeneinander abzuwägen sind. Allerdings ist der Aufwand des Schuldners hier nicht an der Rentabilität für den Schuldner, sondern allein daran zu messen, ob der Gläubiger ein berechtigtes Interesse am Leistungserfolg hat. Dies entspricht auch der Rechtsprechung des Bundesgerichtshofs zu 633 II S.3 a.F., wonach sich die Frage nach der Verhältnismäßigkeit des Mangelbeseitigungsaufwands danach richten soll, welcher Erfolg damit für den Schuldner verbunden ist und nicht etwa nach dem Verhältnis zur Gegenleistung, die der Unternehmer für seine Werkleistung erhält[506]. Dagegen bilden bei § 313 I und II die Auswirkungen der Veränderung der Umstände auf den Schuldneraufwand – und nur auf diesen – den maßgeblichen Bezugspunkt der Verhältnismäßigkeitsprüfung.

Unterschiede bestehen jedoch nicht nur im Hinblick auf den Bezugspunkt der Verhältnismäßigkeitsprüfung, sondern auch bezüglich des dabei anzusetzenden Maßstabs. Während § 313 I die *Unzumutbarkeit* des Festhaltens am Vertrag ausreichen lässt, kommt es im Rahmen von § 275 II S.1 auf ein „grobes Missverhältnis“ an. Damit betont § 275 II S.1 stärker den Ausnahmecharakter der Vorschrift, was im Hinblick darauf, dass nach § 313 I durch die Möglichkeit der Vertragsanpassung weitgehender die Aufrechterhaltung des Vertrages avisiert ist, auch folgerichtig ist. Das Erfordernis des „groben Missverhältnisses“ zeigt, dass die Vorschrift eine eng begrenzte Ausnahme vom Grundsatz *pacta sunt servanda* darstellt und die Einrede nach § 275 II S.1 lediglich die *ultima ratio* sein soll[507].

Bei § 313 I müssen die – veränderten - Umstände Grundlage des Vertrages geworden sein, während dies nach § 275 II S.1 nicht erforderlich ist, gleichsam aber auch für die Anwendung dieser Vorschrift nicht schädlich ist. In § 313 findet sich weiter ein *hypothetisches* Element. Danach kommt es darauf an, ob die Parteien den Vertrag nicht oder nicht so abgeschlossen hätten, wenn sie die Veränderung der Umstände bedacht hätten. Dieses Erfordernis stellt das Bindeglied zwischen den *„veränderten Umständen“* und der Rechtsfolge der Vertragsanpassung dar. Vertragsanpassung erfordert zwangsläufig einen – wenn auch objektivierten – Rückgriff auf das, was die Parteien vereinbart hätten, wenn sie den Umstand schon bei Ver-

---

[504] Vgl. oben 2. Teil, 3. Kapitel, II., 5.
[505] Vgl. oben 2. Teil, 3. Kapitel, I.
[506] Vgl. oben 2. Teil, 3. Kapitel, I.
[507] Vgl. oben 2. Teil, 3. Kapitel, I.

tragsschluss bedacht hätten[508]. Daher ist es nur konsequent, wenn dieses Merkmal schon auf Tatbestandsseite zu prüfen ist. Demgegenüber kommt es bei § 275 II nicht auf hypothetische Erwägungen an. Die Rechtsfolge der Einrede macht eine Reflektion darüber entbehrlich, was die Parteien vereinbart hätten, wenn sie bei Vertragsschluss bedacht hätten, dass der Schuldneraufwand steigen würde. Dieser Aspekt ist für die Geltendmachung der Einrede völlig irrelevant, weil ihr jegliches vertragsgestaltende Element fehlt.

Dass es auf die vertragliche oder gesetzliche Risikoverteilung ankommt, stellt § 313 I kraft ausdrücklicher Erwähnung deutlicher in den Vordergrund. Dagegen ergibt sich die Berücksichtigung der vertraglichen oder gesetzlichen Risikoverteilung bei § 275 II aus dem „Inhalt des Schuldverhältnisses".

Die Anwendung der Vorschrift des § 275 II ist schließlich auf den Schuldner beschränkt, während die Störung der Geschäftsgrundlage nach § 313 grundsätzlich von beiden Parteien geltend gemacht werden kann.

3. Die Gemeinsame Schnittmenge

Es ist weiter zu untersuchen, in welchen Bereichen eine Schnittmenge[509] zwischen den Tatbestandsmerkmalen der beiden Vorschriften besteht. Denkbar ist, dass auf Seiten des Schuldners ein Umstand eintritt, der seinen Leistungsaufwand im Sinne von § 275 II erhöht und gleichzeitig dadurch eine erhebliche Veränderung derjenigen Umstände vorliegt, die gem. § 313 I – unter Berücksichtigung des hypothetischen Elements – zur Grundlage des Vertrages geworden sind. Man kann daher sagen, dass immer dann, wenn die Erhöhung des Schuldneraufwands zu einer Veränderung der Vertragsgrundlage führt, zunächst beide Vorschriften tatbestandlich – insoweit – einschlägig sind. Davon zu trennen ist sodann die maßgebliche Wertungsfrage, ob ein „grobes Missverhältnis" nach § 275 II S.1 vorliegt und ob „ein Festhalten am Vertrag" gem. § 313 I unzumutbar ist. Hier ergibt sich ein wesentlicher Unterschied dahingehend, dass es im Rahmen von § 275 II S.1 maßgeblich auf das *Gläubigerinteresse als Bezugspunkt* für die Verhältnismäßigkeitsprüfung ankommt[510], während bei § 313 I lediglich auf die Unzumutbarkeit des Schuldneraufwands an sich, z.B. im Verhältnis zur Gegenleistung, die der Schuldner zu erwarten hat, abgestellt wird. § 275 II scheidet daher in den Fällen aus, in denen sich mit dem Schuldneraufwand auch *proportional* das Gläubigerinteresse erhöht[511], da sich so kein Missverhältnis zwischen Schuldneraufwand und Gläubigerinteresse ergeben kann. Die Frage ist nur, in welchen Fällen sich das Gläubigerinteresse an der Leistung auch tatsächlich mit dem Eintritt des Leistungshindernisses erhöht. Das wird sich u.a. danach richten, wie das Gläubigerinteresse bestimmt wird. Fällt der Ring aus dem Lehrbuchbeispiel ins Meer und liegt am Meeresgrund, hat sich das Interesse des Gläubigers am Ring –

---

[508] Vgl. oben 2. Teil, 7. Kapitel, III.

[509] Als Schnittmenge wird hier verstanden, wenn sich ein Sachverhalt im Hinblick auf einige Tatbestandsmerkmale unter beide Vorschriften subsumieren lässt und sich die Frage nach dem Verhältnis der beiden Vorschriften zueinander deshalb stellt, weil die Vorschriften auf unterschiedliche Rechtsfolgen gerichtet sind.

[510] Vgl. Canaris, JZ 2001, S. 499 ff.

[511] Vgl. *Canaris*, a.a.O.

und damit ist das Interesse an der Erfüllung der kaufvertraglichen Leistungspflicht im Hinblick auf diesen Ring gemeint – nicht erhöht. Der Ring hat für den Gläubiger immer noch den gleichen Wert, wie wenn er noch im Schaufenster liegen würde. Wird dagegen die Leistung des Werkunternehmers beim Bau eines Einfamilienhauses durch ungünstige Bodenbeschaffenheit erschwert und stellt sich die Frage, ob der Unternehmer trotzdem verpflichtet ist, das Gebäude zum vereinbarten Pauschalpreis zu errichten, ist davon auszugehen, dass das Gläubigerinteresse durch den Eintritt des Leistungshindernisses gestiegen ist. Denn in diesem Fall ist die Leistung des Unternehmers im Hinblick auf die veränderten Umstände - isoliert betrachtet - wertvoller geworden, als bei ungehindertem Bauablauf, da der Besteller bei einem neuen Vertragsschluss bei Kenntnis der schwierigen Bodenbeschaffenheit in jedem Fall eine höhere Vergütung für die Leistung bezahlen müsste. Folglich liegen die von *Canaris* ins Auge gefassten Fälle, in denen sich neben dem Schuldneraufwand proportional das Leistungsinteresse erhöht, dann vor, wenn der Gläubiger die Leistung unter Berücksichtigung des Leistungshindernisses am Markt nur gegen eine entsprechend höhere Gegenleistung erlangen könnte. Dabei ist es nur folgerichtig, diese Fälle nach § 313 I zu lösen, da im Wege der Vertragsanpassung den geänderten Umständen und den unterschiedlichen Interessen der Parteien Rechnung getragen werden kann. Die Frage wird in diesen Fällen nur sein, ob das Leistungshindernis überhaupt Vertragsgrundlage geworden ist und inwieweit nach § 313 I die Gegenleistung angepasst werden kann und soll. Allerdings wird dies keine besonderen Probleme aufwerfen, wenn man mit der Rechtsprechung davon ausgeht, dass jedem Vertrag der Gedanke der Gleichwertigkeit von Leistung und Gegenleistung zugrunde liegt[512]. Möglicherweise wird es aber für den Werkunternehmer des erwähnten Beispiels nicht damit getan sein, eine höhere Vergütung zu erlangen. Oft wird die für ihn günstigere Rechtsfolge der Vertragsrücktritt gem. §§ 313 III, 346 ff. sein, wenn z.B. die Durchführung der Arbeiten deutlich länger dauern würde und dadurch Folgeaufträge verloren gingen. In diesen Fällen bietet die Rücktrittslösung auch keine Vorteile gegenüber der Einrede nach § 275 II S.1. Nach beiden Lösungswegen verliert der Schuldner die Gegenleistung. Der Unterschied ist lediglich, dass die andere Partei im Hinblick auf Schadensersatz statt der Leistung weitgehend leer ausgeht, da ihr bei der Lösung über § 313 der Rückgriff auf §§ 275 IV, 283, 280 III, 280 I abgeschnitten ist.

Fraglich ist jedoch, wie denn der Fall zu lösen sei, in dem mit dem Schuldneraufwand das Gläubigerinteresse proportional ansteigt, der Schuldner das Hindernis – wie z.B. in den Fällen der kriegsbedingten Leistungserschwerungen – nicht zu vertreten hat, so dass Schadensersatz unter keinen Umständen geschuldet ist und das Leistungshindernis *keinen* Umstand darstellt, der Grundlage des Vertrages geworden ist. Zwar ist – wie bereits erörtert wurde – das Tatbestandsmerkmal der Vertragsgrundlage weit auszulegen. Allerdings sind theoretisch und praktisch Fälle denkbar, in denen das Fehlen des Leistungshindernisses weder zur objektiven, noch zur subjektiven Vertragsgrundlage geworden ist, will man nicht vollends zu der den

---

[512] Vgl. hierzu eingehend der „*Vigognespinnerei-Fall*“ (RGZ 103, 329) 1. Teil, 2. Kapitel, II., 2.; Palandt/*Heinrichs*, § 242 Rdnr. 135; BGH NJW 1957, S. 906; NJW 1959, S. 2203; NJW 1992, S. 251.

Grundsatz *pacta sunt servanda* aufweichenden *clausula*-Lehre zurückkehren. Da § 275 II S.1 definitiv ausscheidet und aufgrund der beiden Vorschriften der § 275 II und § 313 der Rückgriff auf Treu und Glauben versperrt ist, wird man – um in diesen Fällen ein Erfüllungsurteil zu vermeiden – die Anforderungen an das Vorliegen einer Veränderung der objektiven oder subjektiven Geschäftsgrundlage entsprechend niedrig ansetzen müssen.

4. Die Rechtfertigung für die Unterschiede

Leistungserschwerungen stehen im Allgemeinen unter dem Postulat, dass der Schuldner aufgrund der Vertragsbindung gehalten ist, die Leistungserschwerung zu überwinden und die Leistung zu erbringen. Dies folgt aus dem Grundsatz *pacta sunt servanda*. Sowohl § 275 II, als auch § 313 sind in systematischer Hinsicht Ausnahmen von diesem Grundsatz. In beiden Fällen wird die bestehende Leistungspflicht des Schuldners eingeschränkt. Dabei unterscheiden sich die Tatbestandsvoraussetzungen der beiden Vorschriften in wesentlichen Punkten. Im Folgenden wird der Frage nachgegangen, wie sich diese Unterschiede, insbesondere im Hinblick auf die unterschiedlichen Strukturmerkmale der Vorschriften rechtfertigen lassen.

Nach dem Wortlaut des § 275 II ist der maßgebliche Bezugspunkt der Verhältnismäßigkeitsprüfung das Interesse des Gläubigers an der Primärleistung. Danach kommt es darauf an, ob der Schuldneraufwand in einem groben Missverhältnis zu den Interessen des Gläubigers an der Primärleistung steht. Die Grenze des in § 275 II niedergelegten Schuldnerschutzes beginnt dort, wo die Geltendmachung des Anspruchs durch den Gläubiger rechtsmissbräuchlich wäre[513]. Die Bezugnahme auf die Interessen des Gläubigers ist insoweit konsequent, als es schließlich um das Entfallen der Primärleistungspflicht geht, was wiederum nicht ohne Rücksicht auf die Interessen des Gläubigers an der Primärleistung beurteilt werden kann. Daneben spielt im Rahmen von § 275 II S.2 auch die Frage nach dem Vertretenmüssen eine Rolle. Dabei handelt es sich jedoch um einen klarstellenden Hinweis[514], da es seitens des Schuldners wiederum rechtsmissbräuchlich wäre, sich auf ein Leistungshindernis zu berufen, welches er selbst zu vertreten hat.

Auch in § 313 werden vornehmlich die Interessen des Schuldners geschützt. Er soll die Leistung dann nicht erbringen müssen, wenn sie einen unzumutbaren Aufwand erfordern würde. Maßgeblicher Unterschied zu § 275 II ist hier, dass Bezugspunkt für die Frage der Unzumutbarkeit der Schuldneraufwand als solcher und nicht etwa das Interesse des Gläubigers ist. Denn § 313 I soll nur vor unzumutbaren Belastungen der einen oder der anderen Partei schützen, nicht jedoch den Schuldner vor rechtsmissbräuchlichem Verhalten des Gläubigers, wenn dieser eine Leistung fordert, die bei ihm mangels Interesse überhaupt nicht ankommt.

§ 313 ist nicht wie § 275 II ein Ausfluss des Rechtsmissbrauchsprinzips, sondern stellt die kodifizierte Ausformung der auf die *clausula*-Lehre zurückzuführenden Geschäftsgrundlagen-

---

[513] Vgl. oben 2. Teil, 3. Kapitel, I.

[514] Der Grund für die Notwendigkeit der Klarstellung liegt darin, dass die Gläubigerinteressen vom Vertretenmüssen des Schuldners unabhängig sind.

lehre dar. Daher kommt es ausschließlich in objektiver Hinsicht darauf an, ob sich die Umstände, die Grundlage des Vertrages geworden sind, geändert haben. Das Leistungshindernis muss sich bei § 313 auf einen Umstand beziehen, der Grundlage des Vertrages geworden ist oder darauf, dass wesentliche Vorstellungen, die zur Grundlage des Vertrages geworden sind, sich als falsch herausgestellt haben. Sowohl die fehlende Bezugnahme auf die Gläubigerinteressen, als auch die Rechtsfolge der Vertragsanpassung, hilfsweise Rücktritt, harmonieren mit dieser Prämisse. Im übrigen geht es auch bei § 313 nicht um die Frage, ob die eine Partei – ohne rechtsmissbräuchlich zu handeln – die Leistung soll fordern können, sondern um die Rechtsfolgen einer Störung der gemeinsamen vertraglichen Grundlage, die sich bei mindestens einer der Parteien in negativer Hinsicht auswirkt. Demgemäß scheidet § 313 aus, wenn das Fehlen der konkreten Leistungserschwerung keinen Umstand darstellt, der Grundlage des Vertrages geworden ist.

Auch die Frage nach dem Vertretenmüssen ist nach beiden Vorschriften unterschiedlich ausgestaltet und gewichtet. Während im Rahmen von § 275 II S.2 das Vertretenmüssen ausdrücklich erwähnt ist, ist es bei § 313 I in die „Umstände des Einzelfalls“ hineinzulesen. Dadurch könnte der Rechtsanwender leicht zu dem Ergebnis gelangen, dass die Frage des Vertretenmüssens durch die ausdrückliche Erwähnung im Wortlaut der Vorschrift des § 275 II S.2 ein im Verhältnis zu § 313 I, II höheres Gewicht erfährt. Jedoch zeigt ein Blick auf den eigentlichen Grund der einmal ausdrücklichen, einmal zwischen den Zeilen stehenden Erwähnung des Vertretenmüssens, dass dies nicht richtig ist. Im Rahmen von § 275 II ist aufgrund der Bezugnahme auf die vom Vertretenmüssen unabhängigen Gläubigerinteressen die Erwähnung des Vertretenmüssens als Klarstellung notwendig. Diese Voraussetzung fand sich ebenso im strukturell ähnlichen § 633 II S. 3 a.F. nicht ausdrücklich; es bestanden aber in der Rechtsprechung nie ernsthafte Zweifel darüber, dass sich der für den Schuldner zumutbare Aufwand erhöht, wenn er das Leistungshindernis (oder in § 633 II S. 3 a.F. den Mangel) zu vertreten hat. Die Erwähnung des Vertretenmüssens im Rahmen von § 275 II S.2 kommt daher eine Klarstellungsfunktion zu. Dagegen lässt sich das Vertretenmüssen im Rahmen von § 313 nur schwer in die Tatbestandsmerkmale einordnen. Letztlich schlägt es zu Buche bei der Frage, ob die Änderung der Vertragsgrundlage der einen Partei zumutbar ist. Je eher das Leistungshindernis von der Partei, die sich auf die Störung der Geschäftsgrundlage beruft, zu vertreten ist, desto weniger zumutbar ist die Vertragsanpassung oder der Rücktritt für die andere Partei. Da § 313 auch im umgekehrten Sinn anwendbar ist, wird sich der Gegner des Anpassungswunsches je eher auf diesen einlassen müssen, je weitgehender dieser das Hindernis zu vertreten hat[515]. Allerdings handelt es sich im Rahmen von § 313 nicht um eine einseitiges, aus dem Verbot rechtsmissbräuchlichen Verhaltens abgeleitetes Recht wie § 275 II S.1, sondern letztlich um eine Ausgestaltung der ursprünglichen *clausula*-Lehre.

---

[515] Was die Differenzierung nach der Art und dem Umfang des Vertretenmüssens angeht, wird man hier mit dem gleichen Maß wie bei § 275 II messen müssen; vgl. diesbezüglich oben 2. Teil, 3. Kapitel, IV., 5.

II. Die Rechtsfolgen
1. Gemeinsamkeiten

§ 275 II wir einredeweise geltend gemacht; ebenso § 313 I, wenn man davon ausgeht, dass die Partei, die auf Erfüllung in Anspruch genommen wird, ihren Anspruch auf Vertragsanpassung über das Zurückbehaltungsrecht nach § 273 I geltend machen kann. Danach bleibt auch nach beiden Vorschriften den Parteien, vor allem dem durch das Leistungshindernis Beeinträchtigten, die Entscheidung vorbehalten, ob die Einrede tatsächlich erhoben wird. Die Möglichkeit der überobligatorischen Leistung besteht somit nach beiden Vorschriften[516].

Eine weitere Gemeinsamkeit liegt darin, dass bei Vorliegen eines groben Missverhältnisses und bei fehlendem Vertretenmüssen einerseits und bei Unzumutbarkeit der Vertragsanpassung nach § 313 III andererseits der Gläubiger gänzlich leer ausgeht. Im Rahmen von § 275 II kann er die Primärleistung nicht fordern und mangels Vertretenmüssens auch keinen Schadensersatz verlangen; bei § 313 I, III hat er bei wirksamem Rücktritt des anderen Teils die erlangten Leistungen gem. §§ 346 ff. zurückzugewähren.

Nur der Vollständigkeit halber soll noch erwähnt werden, dass die Rechtsfolgen bei Nichtvorliegen der jeweiligen Tatbestandsvoraussetzungen ebenfalls identisch sind: Der Schuldner muss die Primärleistung erbringen und das Leistungshindernis überwinden.

2. Unterschiede
a. Die Einrede nach § 275 II – Anpassung oder Rücktritt nach § 313

Während aufgrund der Einrede nach § 275 II der Primäranspruch nicht durchsetzbar ist, wird der Vertrag im Rahmen von § 313 I angepasst, so dass dieser – wenn auch in angepasster Art und Weise – erhalten bleibt und weiter zu erfüllen ist. Erst wenn die Vertragsanpassung fehlschlägt, weil sie unmöglich oder unzumutbar ist, kann sich die betroffene Partei im Wege der Rücktritts vom Vertrag gem. §§ 313 III, 346 ff. lösen.

b. Die Rechte bei Vertretenmüssen des Schuldners

Kann sich der Schuldner erfolgreich auf § 275 II berufen, wird er zwar frei, hat aber bei Vertretenmüssen gem. §§ 275 IV, 283, 280 III, 280 I Schadensersatz zu leisten, wodurch das Erfüllungsinteresse des Gläubigers, welchem nicht durch Naturalleistung Rechnung getragen werden konnte, dennoch befriedigt wird.

Dagegen sieht § 313 keinen Schadensersatzanspruch vor. Kann der Vertrag nach § 313 III nicht angepasst werden, so führt dies zum Rücktritt bzw. zur Kündigung des Vertrages. Dabei hat es regelmäßig sein Bewenden.

Lässt man gedanklich die Frage nach dem Vertretenmüssen dahinstehen, da dieses – wie bereits erörtert wurde – nach beiden Vorschriften zu beachten ist, wird deutlich, dass vorwiegend über §§ 275 IV, 283, 280 III, 280 I *Schadensersatz statt der Leistung* gefordert werden

---

[516] Vgl. oben 2. Teil 6. Kapitel, II., 2.

kann. Denn wird der Vertrag nach §§ 313 III, 346 ff. rückabgewickelt, besteht keine Grundlage mehr für einen Schadensersatzanspruch statt der Leistung gem. §§ 281 I, 280 III, 280 I da dem Leistungsverlangen der Rücktritt nach §§ 313 III, 346 ff. bzw. der Anspruch auf Vertragsanpassung nach §§ 313 I, 273 I entgegengehalten werden kann. Die in § 281 I geforderte Fristsetzung zur Leistung läuft leer, wenn der Schuldner gar nicht mehr verpflichtet ist, die Leistung zu erbringen. Denkbar ist lediglich ein Anspruch auf *Schadensersatz statt der Leistung* nach §§ 282, 280 III, 280 I. Fraglich ist allerdings, ob in diesen Fällen ein Verstoß gegen § 241 II vorliegt und ob *deshalb* die Leistung dem Gläubiger nicht mehr zuzumuten ist[517]. Der Gläubiger ist daher in den Fällen des § 313I, III auf den Schadensersatz neben der Leistung gem. § 280 I zu verweisen sowie auf den Aufwendungsersatzanspruch nach § 284. Folglich wird nach § 275 II das Gläubigerinteresse bei Vertretenmüssen des Schuldners auf Sekundärebene stärker geschützt, weil dessen Schutz in der Möglichkeit der Geltendmachung des Schadensersatzanspruchs statt der Leistung gem. §§ 275 IV, 283, 280 III, 280 I weiter besteht.

Ob sich die eingangs erwähnte Abgrenzung danach, ob mit dem Schuldneraufwand das Gläubigerinteresse proportional gestiegen ist, mit diesen Rechtsfolgen vereinbaren lässt, ist zumindest fragwürdig. Ausgehend von der Prämisse, dass im Rahmen von § 275 II auf Sekundärebene die Interessen des Gläubigers durch Zubilligung des Schadensersatzanspruchs statt der Leistung stärker geschützt werden, als bei § 313 III, wird dies bei proportionalem Anstieg der Gläubigerinteressen auf den Kopf gestellt, da gerade in den Fällen, in denen das Gläubigerinteresse besonders ausgeprägt ist (indem es sich nämlich proportional mit dem Schuldneraufwand erhöht, mit der Konsequenz, dass § 275 II unanwendbar ist), auf Sekundärebene aufgrund des Vertragsrücktritts ein deutlicher schwächerer Schutz der Gläubigerinteressen besteht, und dies, obwohl das Gesetz in § 325 sogar den Rücktritt neben dem Schadensersatzanspruch zulässt. Zwar mag dagegen eingewandt werden, dass nach § 275 II die Gläubigerinteressen gar nicht geschützt werden sollen, jedoch ändert auch dies nichts an der Tatsache, dass der Gläubiger im Rahmen von § 313 III, in den Fällen, in denen sein Interesse besonders hoch ist, auch bei *zu vertretenden* Hindernissen keinen Schadensersatz statt der Leistung geltend machen kann.

Allerdings bleibt abzuwarten, ob Fälle denkbar sind, in welchen der Schuldner nach § 275 II schadensersatzpflichtig ist und gleichzeitig einen Anspruch auf Vertragsanpassung hat, der sich wegen Unmöglichkeit oder Unzumutbarkeit derselben, in ein Rücktrittsrecht umwandelt. Denn bei Vertretenmüssen steigt die Zumutbarkeitsschwelle und damit sinken die Chancen auf eine Vertragsanpassung, geschweige denn Rücktritt, da dem Schuldner in diesem Fall das Festhalten am Vertrag weitgehender als bei fehlendem Vertretenmüssen zugemutet werden kann.

---

[517] Daher wird es allenfalls beim Schadensersatz nach § 280 I verbleiben, wenn das Leistungshindernis auf eine vom Schuldner zu vertretende Pflichtverletzung zurückzuführen ist.

3. Die Rechtfertigung für die Unterschiede

Als Rechtsfolge sieht § 313 I primär den Anspruch auf Vertragsanpassung und §§ 313 III, 346 ff. ein Rücktrittsrecht vor, wenn die Vertragsanpassung nicht möglich oder einem Teil nicht zumutbar ist. Weiterhin ist an den Anspruch auf Vertragsanpassung ein Zurückbehaltungsrecht gemäß § 273 I geknüpft, wenn sich der Vertragspartner dem Anspruch auf Vertragsanpassung zu Unrecht widersetzt und aus dem unangepassten Vertrag vorgeht[518]. Geht man auch bei § 313 I davon aus, dass es sich um eine Einschränkung des Grundsatzes *pacta sunt servanda* handelt, ist die Rechtsfolge der Vertragsanpassung geeignet, möglichst weitgehend die vertraglichen Bindung aufrechterhalten. Nur konsequent ist es daher, das Rücktrittsrecht erst dann eingreifen zu lassen, wenn der Anspruch auf Vertragsanpassung nicht besteht.

Der Hauptunterschied der beiden Vorschriften soll dabei nochmals in Erinnerung gerufen werden: Nach der Erhebung der Einrede des § 275 II scheitert der Vertrag, der Anspruch auf die Primärleistung ist nicht durchsetzbar und der Schuldner hat bei Vertretenmüssen gemäß §§ 275 IV, 283, 280 III, 280 I Schadensersatz zu leisten, während gleichzeitig sein Anspruch auf die Gegenleistung erlischt. Bei § 313 I bleibt der Vertrag angepasst bestehen; sofern dies nicht möglich oder einem Teil nicht zumutbar ist, kann der andere Teil den Rücktritt vom Vertrag erklären. § 275 II lässt den Vertrag als *ultima ratio* scheitern, während nach § 313 I der Vertrag durch einen gestaltenden Eingriff aufrechterhalten bleibt. Es ist danach zu fragen, wie sich diese Differenzierung rechtfertigen lässt.

Man kann sich auf den Standpunkt stellen, dass die Vertragsanpassung, als diejenige Rechtsfolge, die den Grundsatz *pacta sunt servanda* weitergehend bewahrt, auch nur in den Fällen zur Anwendung kommen soll, in denen eine Vertragsanpassung nicht von vornherein unmöglich oder unzumutbar ist. In letzteren Fällen – in denen die Vertragsanpassung ohnehin scheitern würde – spricht nichts dagegen, das in § 275 II vorgesehene Alles-oder-Nichts-Prinzip zur Anwendung kommen zu lassen. Diese Überlegung ist aber nur richtig, wenn nicht eine der beiden Vorschriften vorrangig anzuwenden ist und soweit beide Vorschriften gleich hohe Einstiegsvoraussetzungen haben.

Ausgangspunkt der Anwendung beider Vorschriften ist zunächst das Vorliegen eines Leistungshindernisses auf Seiten des Schuldners. Es fragt sich sodann, ob es Sinn macht, dem Schuldner die Pflicht zur angepassten Leistung aufzuerlegen, wenn der Gläubiger gleichzeitig, bei der Geltendmachung der ganzen Leistung nach § 275 II rechtsmissbräuchlich handeln würde. Andererseits fragt sich, ob es richtig sein kann, dem Schuldner, der das Leistungshindernis zu vertreten hat, ein Wahlrecht zwischen den Einreden nach § 275 II und §§ 313 I, 273 I einzuräumen. Auf diese Weise wird er regelmäßig § 313 I bemühen, da er nach dieser Vorschrift nur eingeschränkt der Schadensersatzpflicht unterliegt. Die Anwendung von § 313 macht daher nur in den Fällen Sinn, in denen der Schuldner weder das Leistungshindernis zu vertreten hat, noch der Gläubiger rechtsmissbräuchlich handelt, wenn er die Leistung geltend

---

[518] Vgl. oben 2. Teil, 8. Kapitel, III.

macht. Dies steht auch mit den Tatbestandsvoraussetzungen und Strukturprinzipien der beiden Normen in Einklang. Der Gedanke des Rechtsmissbrauchs und die ausdrückliche Berücksichtigung des Vertretenmüssens finden sich nur in § 275 II. Dagegen bleibt die Vorschrift des § 313 von solchen Einschränkungen unberührt. Nach dieser Vorschrift kommt es vielmehr darauf an, ob die objektive Geschäftsgrundlage des Vertrages weggefallen und wie diese Veränderung der Umstände sachgerecht, durch Anpassung des Vertrages, zu lösen ist. In § 313 I wird keine Schranke zur Geltendmachung eines Rechts ausgesprochen, sondern der Vertrag an geänderte Umstände, die Geschäftsgrundlage geworden sind, angepasst. Nach § 313 I handelt die Partei, die den vertraglichen Anspruch geltend macht, nicht rechtsmissbräuchlich, sondern muss hinter den schutzwürdigen Interessen desjenigen (teilweise) zurückstehen, zu dessen Lasten sich die Umstände, die Geschäftsgrundlage geworden sind, geändert haben. Dem gemäß steht auch im Rahmen von § 313 direkt keine Schadensersatzpflicht zur Disposition, sondern nur über die „Umwege" des §§ 282, 280 III, 280 I.

Hat der Schuldner – z.B. als Werkunternehmer – ein lukratives Geschäft mit einer guten Gewinnerwartung abgeschlossen und steht seiner Leistungserbringung ein Leistungshindernis entgegen, wird sich auch für ihn die Vertragsanpassung als günstiger erweisen, als die Einrede nach § 275 II. Nach § 275 II wird er zwar bei fehlendem Vertretenmüssen sowohl von der Primärleistungspflicht, als auch von der Pflicht, Schadensersatz zu leisten frei, verliert aber auch den Anspruch auf die Gegenleistung nach § 326 I. Der mögliche Gewinn – den er vor Eintritt des Leistungshindernisses – erwarten konnte, ist damit verloren. Auch in diesen Fällen trägt die Rechtsfolge der Vertragsanpassung den unterschiedlichen Parteiinteressen Rechnung.

III. Die Folgerungen für das Verhältnis von § 275 II und 313

Für das Verhältnis der beiden Vorschriften zueinander ergeben sich folgende Varianten:

- Dem Schuldner steht ein Wahlrecht zwischen beiden Vorschriften zu.
- § 275 II ist vorrangig vor § 313 anzuwenden.
- § 313 ist vorrangig vor § 275 II anzuwenden.

Im Folgenden soll zunächst der Meinungsstand zur Abgrenzung von § 275 II und § 313 dargestellt werden. In einem weiteren Schritt werden die unterschiedlichen Ansatzpunkte der beiden Vorschriften gegenübergestellt und hieraus eine Lösung für die Abgrenzung der beiden Vorschriften zueinander entwickelt.

1. Der Meinungsstand

Die *Gesetzesverfasser* gehen davon aus, dass § 275 vorrangig vor § 313 anzuwenden sei, da erstere Vorschrift die Grenzen der Leistungspflicht regle. Vertragsanpassung sei nur möglich, wenn der Schuldner nicht schon nach § 275 frei geworden sei[519]. Daraus folgern *Lorenz/Riehm*, dass § 275 II einen Spezialfall der Geschäftsgrundlagenstörung darstelle und damit vorrangig anzuwenden sei[520] Ob dem zu folgen ist, ist zweifelhaft. Zum einen ist – wie bereits gezeigt wurde - § 275 II dem Unmöglichkeitsrecht zuzuordnen[521]. Ferner handelt es sich bei § 275 II und § 313 um Vorschriften, deren dogmatischer Hintergrund völlig verschieden ist, was sich vor allem daran zeigt, dass die jeweilige Verhältnismäßigkeitsprüfung anderen Bezugspunkten folgt[522]. Zwar weisen § 275 II und § 313 tatbestandliche Ähnlichkeiten auf, die es rechtfertigen könnten, die ausdrückliche Bezugnahme auf die Gläubigerinteressen in § 275 II als einen Spezialfall von § 313 anzusehen[523]. Allerdings lässt sich diese Ansicht weder mit der grundlegend verschiedenen[524] Stellung im Gesetz, noch mit den Gesetzesmaterialien[525] noch mit etwa gemeinsamen Grundlagen oder einem gemeinsamen Regelungszweck begründen. *Faust*[526] und *Schwarze*[527] sprechen sich für ein freies Wahlrecht zwischen den beiden Vorschriften aus. Richtig ist zwar, dass gleichzeitig die Voraussetzungen beider Vorschriften vorliegen können, etwa wenn der Umstand, der zu einer unverhältnismäßigen Erhöhung des Schuldneraufwands führt, Vertragsgrundlage geworden und dem Schuldner das Festhalten am Vertrag unzumutbar ist[528]. Nach Ansicht von *Faust* sei es jedoch unbillig, den Schuldner auf die Nichterfüllung des Vertrags zu verweisen, indem man ihm vorrangig nur § 275 II S.1 an die Hand gibt[529]. Dem Postulat der Erhaltung der Vertragsstrenge folgend, wäre es sicher wünschenswert, den Schuldner auch in den Fällen, in denen er nach § 275 II frei werden würde, vorrangig auf die Vertragsanpassung nach § 313 I zu verweisen[530]. Während nach § 275 II der Vertrag endgültig scheitern würde, bestünde dann nach § 313 I zumindest eine Chance, den Vertrag durch Anpassung aufrecht zu erhalten. Hierfür besteht jedoch kein Bedürfnis, da der Gläubiger durch Zahlung eines Zuschusses den Schuldneraufwand senken und – sofern kein Missverhältnis zwischen Schuldneraufwand und Gläubigerinteresse mehr vorliegt – die Leistung fordern könnte. *Schwarze*[531] meint hierzu, dass der Schuldner, wenn er ein Wahlrecht hätte, tendenziell die Einrede nach § 275 II aufgrund der vermeintlich weiteren Befreiungsmöglichkeit wählen würde. Dem kann jedoch mit Blick auf die Rechtsfolgen nicht ohne weiteres zugestimmt werden. Wie bereits dargelegt wurde, haftet der Schuldner nach §§

---

[519] Vgl. BT-Drucks. 14/6040 S. 127.
[520] Vgl. *Lorenz/Riehm*, Lehrbuch zum neuen Schuldrecht, Rdnr. 408.
[521] Vgl. oben 2. Teil, 3. Kapitel, I.
[522] Vgl. oben 2. Teil, 9. Kapitel, I., 2.
[523] Nur im Hinblick auf den Teilaspekt beider Vorschriften, wonach ein Ausgleich zwischen dem der Grundsatz *pacta sunt servanda* und der Vertragsgerechtigkeit geschaffen werden soll; vgl. oben 2. Teil, 9. Kapitel, I.
[524] Vgl. oben 2. Teil, 9. Kapitel, 2. (für § 313); 2. Teil, 3. Kapitel, I., (für § 275 II).
[525] Denn hier ist nur die Rede davon, dass § 275 II vorrangig anzuwenden sei, was aber noch nicht heißt, dass er eine spezielle Ausprägung der Störung von der Geschäftsgrundlage ist. Aus der Gesetzesbegründung selbst folgt vielmehr schon – richtigerweise – dass der Grund darin liegt, dass zunächst an Hand von § 275 I und II festgestellt werden müsse, ob der Schuldner zu leisten verpflichtet ist.
[526] Vgl. *Faust* in: Huber/Faust, Schuldrechtsmodernisierung, S. 55.
[527] Vgl. *Schwarze* JURA 2002, S. 78.
[528] Vgl. oben 2. Teil, 9. Kapitel, I., 3.; so auch *Lorenz/Riehm*, a.a.O.
[529] Vgl. *Faust*, a.a.O.
[530] Vgl. ähnlich: *Ehmann/Sutschet*, Modernisiertes Schuldrecht, S. 184.
[531] Vgl. *Schwarze*, a.a.O.

275 IV, 283 auf Schadensersatz statt der Leistung und verliert gem. § 326 I seine Gegenleistung. Daher ist es ebenso wahrscheinlich, dass der Schuldner – der das Leistungshindernis zu vertreten hat – die Vertragsanpassung und den folgenlosen Rücktritt[532] nach § 313 III wählen wird, wenn ihm ein Wahlrecht zustehen würde. *Otto*[533] steht auf dem Standpunkt, dass der Gläubiger bei Vorliegen der Einrede des § 275 II Vertragsanpassung soll fordern können. *Canaris* ist insofern zuzustimmen, als § 275 II in den Fällen nicht eingreifen könne, in denen das Leistungshindernis neben der proportionalen Erhöhung des Schuldneraufwands auch zu einem proportionalen Anstieg der Gläubigerinteressen führt. Denn in diesen Fällen kann sich naturgemäß kein grobes Missverhältnis zwischen Schuldneraufwand und Gläubigerinteresse an der Leistung ergeben[534]. Es wurde aber schon darauf hingewiesen, dass in diesen Fällen, in denen das Gläubigerinteresse – aufgrund des proportionalen Anstiegs - besonders hoch ist, die Interessen des Gläubigers im Rahmen von § 313 weniger stark geschützt werden, als bei § 275 II[535], da bei der Befreiung nach § 313 der Gläubiger bei Vertretenmüssen des Schuldners Schadensersatz statt der Leistung allenfalls über §§ 282, 280 III, 280 I geltend machen kann[536]. Das Ergebnis ist befremdlich: Gerade in den Fällen, in denen die Gläubigerinteressen aufgrund der Besonderheit des Leistungshindernisses besonders hoch sind, werden die Interessen des Gläubigers auf Primärebene im Rahmen von § 313 weniger stark geschützt und auf Sekundärebene geht der Gläubiger leer aus, selbst wenn der Schuldner das Leistungshindernis zu vertreten hat[537].

2. Stellungnahme

a. Der unterschiedliche Ansatzpunkt der beiden Vorschriften

Zunächst sind die unterschiedlichen Fragestellungen der beiden Vorschriften gegenüber zu stellen: Diese lautet bei § 275 II: *Handelt der Gläubiger bei der Geltendmachung der Leistung rechtsmissbräuchlich?* Dagegen lautet die Fragestellung bei § 313: *Ist dem Schuldner die Leistung zumutbar?* Im Hinblick auf die erste Frage ist zu berücksichtigen, dass der Schuldner die Einrede nicht erheben muss und er die Möglichkeit hat, auch bei geringem Interesse des Gläubigers und bei Vorliegen eines groben Missverhältnisses zu leisten. Der Schuldner hat somit die Wahl: Entweder er leistet, oder er beruft sich auf § 275 II, mit der Konsequenz, dass er bei zu vertretendem Leistungshindernis Schadensersatz gem. §§ 275 IV, 283 leisten muss. Der Ausgestaltung der Vorschrift des § 275 II als Einrede lässt sich ableiten, dass der Schuldner selbst entscheiden können soll, ob er den durch das Gesetz zur Verfügung stehenden

[532] Damit ist gemeint: *Folgenlos* im Hinblick auf eine Sekundärhaftung auf *Schadensersatz statt der Leistung*.
[533] Vgl. *Otto*, JURA 2002, S. 3ff.
[534] Vgl. *Canaris*, in: Egon Lorenz (Hrsg.), Karlsruher Forum 2002: Schuldrechtsmodernisierung, S. 14.
[535] Vgl. oben 2. Teil, 9. Kapitel, II, 2b.
[536] Vgl. oben Teil 2, 9. Kapitel, II., 2b.
[537] Vgl. *Canaris*, a.a.O., nennt als Beispiele die Errichtung eines Gebäudes, dessen Kosten sich als doppelt so hoch wie der vereinbarte Werklohn erweisen und die Lieferung einer Menge von Öl, deren Einkaufspreis auf das 30-fache explodiert. Beide Beispiele gehen nicht von einem zu vertretenden Leistungshindernis aus, so dass sich die Frage nach den Sekundärrechten überhaupt nicht stellt.

Schutz vor rechtsmissbräuchlichem Verhalten des Gläubigers in Anspruch nehmen will oder nicht[538].

Liegen die Voraussetzungen des § 275 II nicht vor, steht nicht mehr und auch nicht weniger fest, als dass der Gläubiger mit der Geltendmachung seiner Leistung nicht rechtsmissbräuchlich handelt. Das Festhalten am Vertrag kann für den Schuldner aber gleichwohl nach Maßgabe des § 313 unzumutbar sein. Da beide Vorschriften unterschiedlichen Bezugspunkten folgen, steht mit dem Moment, in dem die Einrede des § 275 II entfällt, (noch) nicht gleichzeitig fest, ob die Leistung dem Schuldner, gemessen an der für ihn isoliert zu betrachtenden Rentabilität und den zur Grundlage des Vertrags gewordenen Umstände zugemutet werden kann. Daher spricht umgekehrt nichts dagegen, § 313 jedenfalls dann anzuwenden, wenn die Voraussetzungen des § 275 II nicht erfüllt sind. Denn in diesem Fall steht nur fest, dass der Gläubiger bei der Geltendmachung der Leistung nicht rechtsmissbräuchlich handelt. Dem kann auch nicht entgegengehalten werden, dass dadurch die „hohe Schwelle" des § 275 II umgangen werden würde, da § 275 II und § 313 aufgrund ihrer unterschiedlichen Bezugspunkte nicht zueinander im Sinne eines Stufenverhältnisses oder im Sinne der Überlegungen zur „Spannung der Schuld" miteinander ins Verhältnis gesetzt werden können.

Der von *Otto*[539] vertretenen Ansicht, wonach der *Gläubiger* § 313 I soll geltend machen können, wenn die Voraussetzungen des § 275 II vorliegen, kann hingegen nicht gefolgt werden. Zwar folgt aus dem Wortlaut des § 313 nicht ausdrücklich, das derjenige, der die Vertragsanpassung geltend macht, zwingend auch der sein muss, dem das Festhalten am Vertrag nicht zugemutet werden kann. Allerdings scheidet eine Geltendmachung der Vertragsanpassung durch den Gläubiger aus folgenden Gründen aus: Hinsichtlich des Schuldners kann bei Vorliegen der Einrede des § 275 II nicht mehr davon ausgegangen werden, dass ihm ein Festhalten am Vertrag nicht zugemutet werden kann, denn ihm wird de facto das Festhalten am Vertrag nicht zugemutet, wenn er seiner Leistungspflicht die Einrede des § 275 II entgegenhalten kann. Umgekehrt geht es auch dem Gläubiger nicht um das „Festhalten am Vertrag"; vielmehr ist ihm höchstens die Befreiung des Schuldners unzumutbar. Dieser Fall ist jedoch *de lege lata* nicht von § 313 I erfasst. Ebenso wenig macht es Sinn, davon auszugehen, dass sich der Gläubiger die den Schuldner treffende Unzumutbarkeit zu eigen machen kann, mit der Konsequenz, dass er Anpassung des Vertrags fordern kann. Der Weg über § 313 I ist auch gar nicht notwendig, da der Gläubiger das gleiche Ergebnis dadurch erreichen kann, dass er dem Schuldner einen Zuschuss anbietet, somit den Schuldneraufwand senkt und die Einrede des § 275 II konterkariert. Diese Lösung ist auch interessengerecht, da ihm bei Fehlschlagen seiner Bemühungen der Schadensersatzanspruch aus §§ 275 IV, 283 erhalten bliebe. Allerdings wird man in diesem Fall davon ausgehen müssen, dass das unter Berücksichtigung des Zuschusses gefundene Ergebnis wiederum nach § 313 überprüft werden kann. Denn die Voraussetzungen

---

[538] Vgl. oben 2. Teil, 6. Kapitel, II., 2.

[539] Vgl. *Otto*, a.a.O.

des Rechtsmissbrauchs durch den Gläubiger liegen nicht (mehr) vor. Gleichwohl kann die Leistung für den Schuldner unzumutbar sein.

b. Probleme bei der Zubilligung eines Wahlrechts zwischen § 275 II und § 313

Fraglich ist, ob dem Schuldner aufgrund der unterschiedlichen Ansatzpunkte ein Wahlrecht zwischen den beiden Vorschriften zusteht. Ein Argument für ein Wahlrecht des Schuldners lässt sich daraus ableiten, dass § 275 II als *Einrede* ausgestaltet ist und es der Schuldner dem gemäß in der Hand hat, auf den Schutz des § 275 II zu verzichten. Andernfalls hätte der Gesetzgeber § 275 II als *Einwendung* ausgestaltet. Macht der Schuldner § 275 II nicht geltend, so stünde der Weg für die Vertragsanpassung nach § 313 offen.

Wenn objektiv die Voraussetzungen des groben Missverhältnisses nach § 275 II erfüllt sind und der Schuldner die Vertragsanpassung nach § 313 wählt, könnte der Schuldner jedoch – bei zu vertretendem Leistungshindernis – durch die Wahl der Vertragsanpassung die Schadensersatzpflicht nach §§ 275 IV, 283 umgehen. Liegt in einem solchen Fall Unzumutbarkeit der Vertragsanpassung gem. § 313 III vor, ist der Gläubiger auf den Rücktritt vom Vertrag gem. §§ 346 ff. verwiesen und geht im Übrigen leer aus, obwohl objektiv die Voraussetzungen für eine Schadensersatzpflicht nach §§ 275 IV, 283 bestehen würden.

In noch größerer Schärfe zeigt sich dieses Problem in den Fällen, in denen das Leistungsinteresse proportional mit dem Schuldneraufwand ansteigt. Hier ist es zwar nur folgerichtig, § 313 anzuwenden, da der Gläubiger bei der Geltendmachung seiner Leistung niemals rechtsmissbräuchlich im Sinne des § 275 II handeln kann. Ebenso wenig kann der Schluss gezogen werden, dass dem Schuldner in diesen Fällen der Rückgriff auf § 313 versperrt bleibt, da § 275 II lediglich das rechtsmissbräuchliche Verhalten des Gläubigers verhindern, nicht aber den Schuldner im Hinblick auf unzumutbaren Aufwand schutzlos stellen will. Hier stellt sich aber folgendes Problem: Bei proportionalem Anstieg der Gläubigerinteressen mit dem Schuldneraufwand werden diese im Rahmen von § 313 – insbesondere bei zu vertretendem Leistungshindernis – mangels Schadensersatzpflicht weniger stark geschützt, als bei nur einseitig ansteigendem Schuldneraufwand, da der Schuldner im Rahmen von § 313 bei zu vertretendem Leistungshindernis leer ausgeht, obwohl aufgrund des proportionalen Anstiegs die Gläubigerinteressen besonders hoch einzustufen sind.

c. Lösungswege

aa. Schadensersatzanspruch im Rahmen von §§ 313 III gem. § 283 analog

Eine Lösungsmöglichkeit liegt darin, dem Schuldner ein Wahlrecht zwischen § 275 II und § 313 einzuräumen, aber in dem Fall, in dem die Vertragsanpassung nach § 313 III unzumutbar ist, dem Gläubiger neben dem Rücktrittsrecht[540] einen Schadensersatzanspruch nach §§ 283 analog zuzubilligen, wenn die Voraussetzungen des § 275 II objektiv vorliegen. Dadurch wäre die Gefahr gebannt, dass der Schuldner zur Umgehung der Schadensersatzpflicht, anstelle

---

[540] Gem. § 325 ist der Schadensersatz statt der Leistung auch neben dem Rücktritt möglich.

der Einrede des § 275 II, die Vertragsanpassung nach § 313 geltend macht. Nach dieser Lösung bleibt aber das Parallelproblem bei *proportionalem* Anstieg von Gläubigerinteressen und Schuldneraufwand ungelöst, da dort die Voraussetzungen des § 275 II gerade nicht vorliegen.

bb. Die Zumutbarkeit der Vertragsanpassung bei § 313 III?

Denkbar ist auch, dem Schuldner grundsätzlich ein Wahlrecht zwischen beiden Vorschriften zuzubilligen und in dem Fall, in dem die objektiven Voraussetzungen des § 275 II vorliegen und der Schuldner gleichwohl § 313 geltend macht, bei der Frage nach der Zumutbarkeitsschwelle im Rahmen von § 313 III entsprechend zu berücksichtigen, ob der Schuldner das Leistungshindernis zu vertreten hat und dass ihm bei der Lösung nach § 275 II ein Schadensersatzanspruch zustehen würde. Danach müsste der Schuldner bei einem von ihm zu vertretenden Leistungshindernis weitgehender am angepassten Vertrag festgehalten werden. Schwachpunkt dieser Lösung ist jedoch, dass schwer beurteilt werden kann, inwieweit das Vertretenmüssen des Schuldners und das objektive Vorliegen der Voraussetzungen der §§ 275 II, IV, 283 bei der Frage nach der Zumutbarkeit der Vertragsanpassung berücksichtigt werden soll.

cc. Vorrang von § 275 II

Die vorstehenden Probleme wären weitgehend entschärft, wenn der Schuldner vorrangig die Einrede des § 275 II geltend machen müsste, bevor er – wenn die Voraussetzungen des § 275 II nicht vorliegen – Vertragsanpassung nach § 313 I verlangen kann, da er somit die objektiv bestehende Schadensersatzpflicht nach §§ 275 IV, 283 nicht umgehen kann. Im Folgenden wird der Frage nachgegangen, ob sich diese These mit Wortlaut, der Systematik und dem Zweck der Vorschriften vereinbaren lässt.

(1) Wortlaut

Aus dem Gesetzeswortlaut folgt kein ausdrückliches Vorrangverhältnis weder der einen, noch der anderen Vorschrift; der Gesetzeswortlaut verhält sich daher zu diesem Problem ambivalent. Daraus kann entweder der Schluss gezogen werden, dass der Gesetzgeber das Problem bewusst *nicht* regeln wollte. Denkbar ist auch eine Interpretation dahingehend, dass mangels ausdrücklicher Vor- oder Nachrangigkeit keine der Vorschriften vorrangig anzuwenden ist, mithin ein Wahlrecht zwischen den Vorschriften besteht.

(2) Systematischer Vorrang

Die Vorschrift des § 275 II steht im Gesetz im 1. Abschnitt „Inhalt der Schuldverhältnisse“. Ihre systematische Zuordnung zu § 275 I bestätigt ihre Einordnung als eine Vorschrift des Unmöglichkeitsrechts[541]. § 313 steht unter dem Titel „Begründung, Inhalt und Beendigung“ und unter dem Untertitel „Anpassung und Beendigung von Verträgen“. Daraus folgt zum einen, dass § 313 nur auf vertragliche Schuldverhältnisse Anwendung findet, § 275 II dagegen auf alle Schuldverhältnisse. Ein systematischer Vorrang von § 275 II kann allenfalls daraus abgeleitet werden, dass § 275 dem Unmöglichkeitsrecht zuzuordnen ist und dieses über die

[541] Vgl. Canaris a.a.O.

Grenzen der Leistungspflicht – vorrangig vor der Frage nach der Unzumutbarkeit nach § 313 – befindet.

(3) Der Befund der Gesetzesmaterialien

Der Vorrang von § 275 II vor § 313 entspricht dem Willen der Gesetzesverfasser. Danach könne sich die Frage nach der Anpassung des Vertrages nur dann stellen, wenn nicht der Schuldner bereits nach § 275 KE frei geworden sei. § 275 KE gehe in seinem Anwendungsbereich dem § 313 KE vor, da dieser die Grenzen der Leistungspflicht regle[542]. Die historische Auslegung bestätigt somit das systematische Argument des Vorrangs des Unmöglichkeitsrechts.

(4) Vorrang aus teleologischen Gründen

Der Zweck der Vorschrift des § 275 II ist, dem Gläubiger nur Leistungen zuzubilligen, deren Geltendmachung nicht rechtsmissbräuchlich ist, da sie dem Schuldner deutlich mehr Aufwand abverlangen, als dem ein schutzwürdiges Interesse des Gläubigers gegenübersteht. Ausgehend hiervon ergibt sich jedoch noch kein eindeutiger Vorrang des § 275 II vor § 313, da es allein der Schuldner in der Hand hat, die Einrede zu erheben. Allerdings sollte dadurch nur die Möglichkeit eröffnet werden, dass der Schuldner auch überobligatorisch leisten können soll, wenn er sich dafür entscheidet. Neben diesem Schutzzweck des Schuldners sieht die Vorschrift aber auch eine Schadensersatzpflicht gem. §§ 275 IV, 283 vor. Der Schadensersatz wird als Ersatz für die Leistung *in natura* geleistet, wenn das Leistungshindernis vom Schuldner zu vertreten ist. Denn die Einrede des § 275 II soll auch in Fällen des Rechtsmissbrauchs den Gläubiger nicht rechtlos stellen. Andernfalls könnte der Schuldner ein Leistungshindernis herbeiführen, dessen Überwindung vom Gläubiger wegen Rechtsmissbrauchs nicht verlangt werden kann und insgesamt (z.B. durch vorrangigen Rückgriff auf § 313 I) von seiner Haftung befreit werden. Gegen ein solches Vorgehen spricht aber der aus §§ 162, 242 folgende Rechtsgedanke, wonach niemand Vorteile aus einem treuwidrigen Verhalten ziehen können soll. Der Schuldner könnte jedoch dann Vorteile aus einem treuwidrigen Verhalten ziehen, wenn er bei zu vertretender Verursachung des Leistungshindernisses die Möglichkeit hätte – unter Umgehung der Schadensersatzpflicht nach §§ 275 IV, 283 – die Vertragsanpassung zu wählen. Der teleologische Aspekt spricht somit für einen Vorrang von § 275 II.

IV. Zusammenfassung des achten Kapitels

- § 275 II ist vorrangig vor § 313 anzuwenden. Liegen die Voraussetzungen des § 275 II vor und macht der Schuldner die Einrede geltend, muss er nicht leisten. Ihn trifft aber in diesem Fall bei zu vertretendem Leistungshindernis gem. §§ 275 IV, 283 die Pflicht zum Schadensersatz. Dem Einwand des rechtsmissbräuchlichen Verhaltens kann der Gläubiger dadurch begegnen, dass er dem Schuldner einen Ausgleich anbietet. Liegen die Voraussetzungen des § 275 II nicht vor, handelt der Gläubiger nicht rechtsmissbräuchlich und der Schuldner kann sich auf § 313 stützen.

---

[542] Vgl. BT-Drucks. 14/6040, S. 176.

- Bei proportionalem Anstieg von Gläubigerinteresse und Schuldneraufwand hilft der Vorrang von § 275 II allerdings nicht weiter. In diesem Fall ist gegebenenfalls bei der Abwägung nach § 313 I und im Rahmen von § 313 III zu berücksichtigen, dass der Schuldner das Leistungshindernis zu vertreten hat. Im Übrigen ist der Gläubiger auf den Aufwendungsersatzanspruch nach § 284 und auf den Ersatz des Begleitschadens nach § 280 I zu verweisen.

Dritter Teil: Zusammenfassung der Einzelergebnisse

I. Die Bedeutung der Gesetzesmaterialien bei der Auslegung der Vorschriften

- Die aus der Gesetzesbegründung folgenden *Normvorstellungen* des Gesetzgebers bieten eine Hilfe bei der Auslegung des Norminhalts der geänderten oder neu eingefügten Vorschriften, sind jedoch nicht verbindlich.

- Soweit die Gesetzesbegründung in sich widersprüchlich ist, wird im Rahmen der historischen Auslegung der objektiven Theorie der Vorrang vor der subjektiven Theorie eingeräumt.

- Die neu eingefügten Vorschriften müssen in das bestehende System eingefügt und in Übereinstimmung mit diesem ausgelegt und angewandt werden, da ihre Akzeptanz und Richtigkeit u.a. daran gemessen wird, ob sie mit den vorhandenen Rechtstraditionen in Einklang zu bringen sind.

- Soweit auszulegende Vorschriften auf einer EG-Richtlinie beruhen, ist die richtlinienkonforme Auslegung vorrangig zu beachten.

II. Begriffbestimmung

Die Begrifflichkeiten der „*faktischen*" und „*wirtschaftlichen*" Unmöglichkeit sind nach dem geltenden Recht nicht aufrecht zu erhalten. Fälle, in denen die Leistung dem Schuldner erschwert ist, sind nur als „*Leistungserschwerung*" zu bezeichnen.

III. Die Unmöglichkeit der Leistung gem. § 275 I

- Die „Leistung" im Rahmen des § 275 I bestimmt sich auch nach dem geltenden Recht nach dem sog. „engen" Leistungsbegriff.

- Der Begriff der Pflichtverletzung umfasst die Kategorie der Unmöglichkeit wie folgt: Bei nachträglicher Unmöglichkeit liegt die Pflichtverletzung des Schuldners darin, dass er sich nicht leistungsfähig erhalten hat. Bei anfänglicher Unmöglichkeit liegt die Pflichtverletzung nach § 311 II darin, dass der Schuldner vor Vertragsschluss nicht hinreichend genau überprüft hat, ob er leistungsfähig ist.

- § 275 I regelt die „naturgesetzliche" und „juristische" Unmöglichkeit sowie die Fälle der Zweckerreichung und Zweckverfehlung.

- Von den Fällen der Leistungserschwerung des § 275 II und III ist die Unmöglichkeit im Sinne von § 275 I insofern abzugrenzen, als Unmöglichkeit immer dann nicht vorliegt, wenn die Leistung theoretisch vom Schuldner oder von einem Dritten erbracht werden kann. Das gilt auch für die Abgrenzung der subjektiven Unmöglichkeit zu § 275 II.

- Bei Leistungserschwerungen im Rahmen von Gattungsschulden hilft § 275 I – außer nach Konkretisierung – nicht weiter. Die Frage, welche Anstrengungen der Schuldner auf sich nehmen muss, beantwortet sich allein nach § 275 II oder § 313.

IV. Die Voraussetzungen des § 275 II

1. Das Gläubigerinteresse

- Die Darlegungs- und Beweislast hinsichtlich des Gläubigerinteresses trägt grundsätzlich der Schuldner. Sofern der Gläubiger dem Schuldner den Einblick in seine Sphäre nicht ermöglicht, um das tatsächliche Vorliegen der Höhe des Gläubigerinteresses darlegen zu können, trifft ihn nach den Grundsätzen der sekundären Beweislast die Darlegungs- und Beweislast.

- Das Leistungsinteresse bezieht sich auf den vom Schuldner herbeizuführenden Leistungserfolg und ist durch Auslegung, gegebenenfalls durch ergänzende Auslegung des Vertrages zu ermitteln.

- Das Leistungsinteresse des Gläubigers hat mindestens die Höhe der Gegenleistung.

- In § 275 II werden materielle und immaterielle sowie reine Affektionsinteressen des Gläubigers berücksichtigt, da der Schutz der Gläubigerinteressen an der Leistung in natura nicht schwächer ausgestaltet sein kann, als auf Sekundärebene. Zudem folgt aus § 343 I S.2, dass auch im Rahmen des Vertragsrechts Affektionsinteressen geschützt werden.

- Die Beweiserleichterung des § 252 S.2 ist analog bei der Darlegung des entgangenen Gewinns des Gläubigers im Rahmen von § 275 II anwendbar.

- Bei der Bestimmung der Gläubigerinteressen im Rahmen von § 275 II bleibt ein etwa bestehender Schadensersatzanspruch gegen den Schuldner unberücksichtigt.

- Geht der Gläubiger wegen fehlendem Vertretenmüssen des Schuldners auf Sekundärebene dagegen leer aus, so steigt sein Interesse an der Naturalerfüllung, mithin auch sein Interesse im Rahmen von § 275 II.

- Maßgeblicher Zeitpunkt für die Beurteilung der Gläubigerinteressen ist in sowohl in prozessualer als auch materiellrechtlicher Hinsicht der Schluss der letzten mündlichen Tatsachenverhandlung.

2. Der Aufwand des Schuldners zur Erbringung der Leistung

- Bei der Bestimmung des Schuldneraufwands im Rahmen von § 275 II ist der gesamte Aufwand des Schuldners zur Erbringung seiner Leistung zu berücksichtigen und nicht nur der durch das Leistungshindernis verursachte erhöhte Aufwand.

- Bei § 275 II S.1 sind sowohl wirtschaftliche, als auch persönliche Aspekte bei der Bestimmung des Schuldneraufwands zu berücksichtigen.

- Bei der Bestimmung der Höhe des Schuldneraufwands wird das Angebot einer finanziellen Beteiligung durch den Gläubiger berücksichtigt.

- § 275 II ist auch auf Schuldverhältnisse anwendbar, die eine höchstpersönliche Leistungspflicht zum Inhalt haben. § 275 III ist hierzu *lex specialis*, soweit in *persönlicher* Hinsicht ein Hindernis vorliegt.

- Der maßgebliche Zeitpunkt für die Bestimmung des Schuldneraufwands ist derjenige der letzten mündlichen Verhandlung.

3. Das grobe Missverhältnis zwischen dem Leistungsinteresse des Gläubigers und dem Aufwand des Schuldners unter Berücksichtigung von Treu und Glauben und des Inhaltes des Schuldverhältnisses

- Im Rahmen der Bestimmung des Inhalts des Schuldverhältnisses ist vorrangig auf die vertragliche Vereinbarung abzustellen. Sofern diese die Frage der Grenze der Leistungspflicht regelt, ist die vertragliche Vereinbarung im Rahmen von § 275 II S.1 zu berücksichtigen. Folgt aus ihr eine weitgehende Risikoübernahme, so sind dem Schuldner besonders hohe Anstrengungen im Rahmen von § 275 II S.1 zuzumuten.

- Während § 275 II S.2 regelt, *ob* ein Vertretenmüssen berücksichtigt wird, folgt aus § 276 I, *welche Auswirkungen* das Vertretenmüssen hat.

- Nach § 275 I trägt der Gläubiger die Leistungsgefahr, wenn die Leistung unmöglich wird. Das Gleiche gilt für § 275 II, wenn dessen Voraussetzungen vorliegen.

- Diese allgemeine Regel wird – im Hinblick auf die Anwendung von § 275 II S.1 – durch die besonderen Vorschriften wie folgt korrigiert:

    - Im Rahmen des Kaufrechts übernimmt der Verkäufer ein *Beschaffungsrisiko*, welches sich auch auf die Mangelfreiheit der Kaufsache erstreckt. Dies gilt für den Stückkauf sowie besonders für den Gattungskauf. Aufgrund der leichten *Beherrschbarkeit* dieses Risikos können vom Verkäufer hohe Anstrengungen im Rahmen von § 275 II S.1 verlangt werden.

- Im Rahmen des Werkvertrags übernimmt der Unternehmer das *Herstellungsrisiko.* Nach den §§ 644, 645 sind vom Unternehmer keine Anstrengungen zu verlangen, wenn der Umstand der Leistungserschwerung nach Maßgabe der §§ 644, 645 aus der Risikosphäre des Bestellers stammt. Im Werkvertrag hat der Unternehmer aufgrund der Übernahme seines *Herstellungsrisikos* grundsätzlich höhere Anstrengungen auf sich zu nehmen, als der Verkäufer, da er bei Untergang des Werkes nicht frei wird, dagegen der Verkäufer einer Stückschuld nach § 275 I schon. Diese Differenzierung muss sich auch im Rahmen von § 275 II S.1 niederschlagen, da der Gesetzgeber das – schwer beherrschbare Herstellungsrisiko – ausdrücklich dem Unternehmer auferlegt bzw. der Unternehmer diese mit Abschluss des Vertrages ausdrücklich übernimmt.

- Im Rahmen des Mietvertrags übernimmt der Vermieter ein *Überlassungsrisiko.* Der Mietvertrag ist ein Dauerschuldverhältnis. Die schwere Beherrschbarkeit des Überlassungsrisikos wird nach § 535 I S.2 dahingehend gelöst, dass den Vermieter keine Pflicht zur Wiederherstellung oder Wiederbeschaffung einer völlig zerstörten Mietsache, sondern nur eine Instandsetzungspflicht trifft. Dies ist im Rahmen von § 275 II S.1 zu berücksichtigen.

- Im Dienstvertragsrecht sind die §§ 615, 616 zu beachten. Bei Gläubigerverzug können vom Schuldner keine Anstrengungen verlangt werden. Das Gleiche gilt für die Überwindung zeitlich beschränkter, unverschuldeter Hindernisse (§ 616). Die daraus folgenden Wertungen sind auch bei § 275 II zu berücksichtigen.

- Die Frage nach dem Vertretenmüssen durch den Schuldner ist eines von mehreren Kriterien, die bei der Bestimmung des groben Missverhältnisses zu berücksichtigen sind.

- Die Berücksichtigung des schuldlosen sowie des schuldhaften Vertretenmüssens entspricht dem Wortlaut, Zweck und der systematischen Einordnung der Vorschrift, als Konkretisierung des Verhältnismäßigkeitsprinzips. Das Gleiche gilt für das Erfordernis, nach dem Grad des Verschuldens zu differenzieren. Dabei wirkt sich das Verschulden je nach der Schwere des Sorgfaltsverstoßes, neben anderen Kriterien, auf die Leistungspflicht des Schuldners aus.

- Bei Übernahme einer selbstständigen und unselbstständigen Garantie durch den Schuldner ist der zumutbare Aufwand höher, als in Fällen, in denen keine Garantie erklärt wurde. Die jedem Leistungsversprechen immanente Garantie der eigenen Leistungsfähigkeit wirkt sich im Rahmen von § 275 II S.1 nicht weiter aus, da dieser Garantie schon mit der hohen Schwelle des „groben Missverhältnisses" Rechnung getragen wurde.

- Die Grenze der Zumutbarkeit bei grob fahrlässig oder vorsätzlich herbeigeführten Hindernissen liegt in der Grenze des ökonomisch Sinnvollen. § 275 II S.1 soll nicht dazu führen, dass der Schuldner zum Zweck der Durchsetzung der Leistungsinteressen des Gläubigers, wirtschaftlich ruiniert wird.

- Das in § 275 II S.1 geforderte „grobe Missverhältnis“ lässt sich nicht durch zahlenmäßige Richtgrößen bestimmen.

V. Das Verhältnis von § 275 zu § 439 III

- Der Nacherfüllungsanspruch nach § 439 I ist ein gewährleistungsrechtlicher Anspruch; das Leistungsverweigerungsrecht aus § 439 III stellt er eine auf niedrigerer Stufe als § 275 II ansetzende Konkretisierung des allgemeinen Rechtsmissbrauchsgedanken dar.

- Die Ersatzlieferung einer Speziessache ist außer in den Fällen des „Identitäts-aliuds“ gem. § 275 I auszuschließen, da sie zu einer Änderung der vertraglichen Grundlagen führen würde, welche § 313 I vorbehalten bleibt.

- Während auch bei § 439 III das Vertretenmüssen des Schuldners zu berücksichtigen ist und die Kosten der Nacherfüllung ins Verhältnis zu den Gläubigerinteressen zu setzen sind, setzt diese Vorschrift auf niedrigerer Schwelle, als § 275 II an. Der Grund hierfür liegt darin, dass der Käufer bei § 439 III immerhin eine – wenn auch mangelhafte – Sache erlangt hat, während er bei § 275 II leer ausgehen würde.

VI. Das Verhältnis von § 275 zu § 635 III

- Soweit die Nacherfüllung rechtlich oder tatsächlich unmöglich ist, geht § 275 I vor.

- Da sich im Werkvertragsrecht die primäre Herstellungspflicht und die Nacherfüllungspflicht – im Hinblick auf das vom Schuldner mit dem Vertrag übernommene Herstellungsrisiko identisch sind, sollten beide Ansprüche, was die Schwelle der Befreiung des Schuldners von seiner Pflicht angeht, unterschiedlich behandelt werden. § 635 III hat daher neben § 275 II keinen eigenständigen Anwendungsbereich.

VII. Die Rechtsfolgen von § 275 II und § 313

§ 275 II

- Die Fragen des materiellen Rechts und die der zwangsvollstreckungsrechtlichen Durchsetzung der erstrittenen Rechtspositionen sind voneinander zu trennen, da weder aus dem Gesetzeswortlaut der §§ 275 ff. noch dem Zweck der Vorschriften folgt, dass materiellrechtliche Ansprüche nur dann geltend gemacht werden können, wenn sie auch im Rahmen der Zwangsvollstreckung durchsetzbar sind.

- Die teilweise vorgebrachte These, eine Erfüllungsklage scheide bei fehlender Vollstreckbarkeit des Titels – und somit auch eine Berücksichtigung von übermäßigem Aufwand - aus, erweist sich als unrichtig. Denn der *Gläubiger* muss, um in den Genuss eines Schadensersatzanspruchs gem. § 275 IV, 283, 280 III, 280 I zu gelangen, die Voraussetzungen des § 275 II gerichtlich überprüfen lassen können. Dementsprechend hat auch der *Schuldner* ein schutzwürdiges Interesse, die durch eine Erfüllungsklage entstehenden Kosten durch Erhebung der Einrede des § 275 II S.1 abzuwenden.

- Die Vorschrift des § 813 I S.2 ist analog auf die Einrede des § 275 II S.1 anwendbar.

§ 313 I, III

- Auf die Vertragsanpassung nach § 313 I besteht nunmehr ein Anspruch. Dieser Anspruch muss ausdrücklich geltend gemacht werden.

- Diesen Anspruch kann die eine Partei dem gegen sie geltend gemachten Erfüllungsanspruch im Wege des Zurückbehaltungsrechts nach § 275 I entgegenhalten.

- Im Wege der Aktivklage kann der Schuldner den Anspruch auf Vertragsanpassung regelmäßig weder im Wege der Feststellungsklage, noch der Stufenklage, sondern nur über eine zu beziffernde Leistungsklage auf geänderte Leistung geltend machen.

- Bei beurkundungsbedürftigen Verträgen kann der Vertragsanpassungsanspruch im Wege der Klage auf Abgabe eines auf Abschluss eines entsprechend angepassten Vertrags geltend gemacht werden.

VIII. Das Verhältnis von § 439 III und § 635 III

Der maßgebliche Unterschied zwischen § 635 III und § 439 III ist, dass im Werkvertragsrecht im Rahmen der Nacherfüllung nur das geschuldet ist, was ohnehin dem übernommenen *Herstellungsrisiko* entspricht. Dagegen führt die Nacherfüllung im Kaufrecht zu einer erheblichen Belastung des Verkäufers, da er mit Abschluss des Vertrages regelmäßig nur eine Beschaffungspflicht und gerade keine Herstellungspflicht übernehmen will.

IX. Das Verhältnis von § 275 II zu § 313

- § 275 II ist vorrangig vor § 313 anzuwenden. Liegen die Voraussetzungen des § 275 II vor und macht der Schuldner die Einrede geltend, muss er nicht leisten. Ihn trifft aber in diesem Fall bei zu vertretendem Leistungshindernis gem. §§ 275 IV, 283 die Pflicht zum Schadensersatz. Dem Einwand des rechtsmissbräuchlichen Verhaltens kann der Gläubiger dadurch begegnen, dass er dem Schuldner einen Ausgleich anbietet. Liegen die Voraussetzungen des § 275 II nicht vor, handelt der Gläubiger nicht rechtsmissbräuchlich und der Schuldner kann sich auf § 313 stützen.

- Bei proportionalem Anstieg von Gläubigerinteresse und Schuldneraufwand hilft der Vorrang von § 275 II allerdings nicht weiter. In diesem Fall ist gegebenenfalls bei der Abwägung nach § 313 I und im Rahmen von § 313 III zu berücksichtigen, dass der Schuldner das Leistungshindernis zu vertreten hat. Im Übrigen ist der Gläubiger auf den Aufwendungsersatzanspruch nach § 284 und auf den Ersatz des Begleitschadens nach § 280 I zu verweisen.

ANHANG : ENTSCHEIDUNGSSAMMLUNG

I. Entscheidungen des Reichsgerichts:

RGZ 57, 116 („Eichenlaub-Saatmehl-Fall")

Der Kläger schloss mit der Beklagten einen Kaufvertrag über die Lieferung von Baumwollensaatmehl der Marke „Eichenlaub" ab. Diese besondere Warensorte konnte nur mit speziell konstruierten Maschinen und Gerätschaften in der Mühle der Beklagten hergestellt werden. Nach Abschluss des Kaufvertrages, aber vor Herstellung und Lieferung, brannte die Mühle mit allen Vorräten an hergestellter Ware ab. Der Beklagte wendet ein, dass ein Wiederaufbau der Mühle, um den Pflichten aus dem Vertrag nachzukommen, unzumutbar sei.

RGZ 88, 172 („Lammzinn-Fall")

Der Kläger hat mit der Beklagten einen Kaufvertrag über insgesamt 500 kg Lammzinn von zwei bestimmten englischen Marken abgeschlossen. Die Ware sollte in 5 Raten geliefert werden, zu Preisen von 301 – 309 M für 100 kg. Die Beklagte verweigert die Lieferung drei letzten Raten, weil die Preise wegen Aufhörens der Zufuhr über Holland bis gegen 650 M für 100 kg gestiegen seien und die Lieferung deswegen unerschwinglich sei.

RGZ 91, 312 („Milchlieferungs-Fall")

Der Beklagte verpflichtete sich, am 29. April 1914 dem Kläger bis zum 30. September 1915 täglich mindestens 800 bis höchstens 1000 l Milch zu liefern. Der Milchertrag des Gutes des Beklagten hat sich daraufhin in der fraglichen Zeit infolge Erkrankungen des Viehbestandes an der Maul- und Klauenseuche erheblich vermindert. Hinzu kommt, dass im Frühjahr 1915 die Futtermittel zu Ende gegangen sind und im Juni 1915 als widriger Umstand die Dürre hinzugekommen ist. Der Beklagte wendet diese Gründe der Leistungserschwerung gegen seine Lieferpflicht ein.

RGZ 92, 322 („Zinntuben-Fall")

Die Klägerin schloss mit der Beklagten einen Vertrag über die Lieferung von 150.000 Zinntuben. Nach Abschluss des Kaufvertrages kam es zu einer drastischen Steigerung des Rohzinnpreises. Die Klägerin verlangt weiterhin von der Beklagten Lieferung, hilfsweise Schadensersatz.

RGZ 93, 341 („Ägyptische Baumwolle")

Die Parteien hatten am 11. Juni 1914 einen Vertrag geschlossen, nach welchem die Beklagte die Anfertigung und ratenweise Lieferung von 25.000 kg Automobilgewebe aus ägyptischer Baumwolle übernommen hatte. Die während des Krieges fällig gewordenen Leistungen wurden kraft einer Vereinbarung zwischen den Parteien bis nach Beendigung des Krieges hinausgeschoben.

RGZ 94, 44 („Kupferdraht")

Die Klägerin verpflichtete sich im Februar 1914 gegenüber der Beklagten, auf Abruf 10.000 kg Kupferdraht zu liefern. Als der Krieg ausbrach, hatte die Klägerin nur einen kleinen Teil der Menge geliefert. Im September wurden die gesamten Kupferbestände, vorhandene und später hinzukommende beschlagnahmt. In der Folgezeit verweigerte die Klägerin die Lieferung von Kupfer mit Rücksicht auf die weitere Entwicklung des Krieges und die dadurch hervorgerufenen Verhältnisse. Sie beantragt festzustellen, dass sie zur Lieferung des Restes nicht verpflichtet sei.

RGZ 94, 68 („Indische Baumwolle")

Die Beklagte hatte sich gegenüber der Klägerin vor dem Beginn des Krieges dazu verpflichtet, Baumwolle aus Indien zu liefern. Kriegsbedingt ergaben sich erhebliche Lieferschwierigkeiten, so dass sich die Beklagte vom Vertrag lossagte und auf die Lieferung nach Friedensschluss verwies.

RGZ 95, 40 („Bankazinn")

Die Klägerin kaufte von der Beklagten im Juni 1914 30 Blöcke Bankazinn zum Preis von 299,50 M für 100 kg frei Haus. Bankazinn stammt von der Insel Banka, einem malayischen Archipel. Kriegsbedingt hat sich Bankazinn stark verteuert. Die Beklagte beruft sich daher auf Unzumutbarkeit der Leistungserbringung.

RGZ 99, 1 („Galizischer Eierfall")

Mitte Oktober haben die Parteien in Berlin vereinbart, dass der Beklagte dem Kläger in der Zeit vom 4. bis 12. Oktober 115 Kisten Kalkeier franko Berlin für 5,20 M per Schock liefern sollte. Als der Beklagte am 4 November 1914 von Berlin abgereist und am 5. November in seiner Heimat Bochnia in Galizien eingetroffen sei, sei wegen drohenden Einfalls der Russen der Zivilfrachtverkehr schon gänzlich eingestellt gewesen. Der Beklagte beruft sich darauf, dass die Lieferung wegen der Kriegsunruhen nicht möglich gewesen sei. Am 8. November habe er mit seiner Familie nach Krakau fliehen müssen.

RGZ 99, 114 („Seetransport")

Die Parteien schlossen im Jahre 1914 vor Kriegsausbruch einen Vertrag, durch den sich die Beklagte verpflichtete, für die Klägerin 440.000 bis 550.000 t Schwefelkies verteilt über die Jahre 1914 bis 1925 auf dem Seewege von Spanien nach Deutschland zu befördern. In dem Vertrag wurde eine Klausel über die Fälle höherer Gewalt aufgenommen, wonach insbesondere im Kriegsfalle die Lieferungen bis zur Beseitigung des Hindernisses aufgeschoben und die rückständigen Mengen ohne Entschädigung annulliert werden konnten. Eine Leistung ist auf Grund des Vertrags nicht erfolgt. Die Beklagte erklärte am 9. Oktober 1917 ihre Rücktritt vom Vertrag.

RGZ 99, 258; 100, 129 („Dampfkraftfall")

Der Kläger hat den Beklagten Räume seines Fabrikwesens nebst Betriebskraft und Beleuchtung vermietet. Der Kläger kündigte ohne Einhaltung einer Frist die Mietverträge mit der Begründung, dass es ihm bei der außerordentlichen Steigerung der Preise für die Beschaffung von Elektrizität und Dampfkraft nicht zugemutet werden könne, die Mietverhältnisse fortzusetzen.

RGZ 100, 134 („Motorenwagen-Fall")

Der Beklagte, der Alleinvertreter einer Motorenwagenfabrik für Süddeutschland ist, verkaufte im Februar 1919 im eigenen Namen und für eigene Rechnung dem Kläger einen in der Preisliste der Fabrik mit 11.250 M bewerteten Motorwagen für 12.000 M gegen eine Anzahlung von 4000 M. der Wagen wurde hergestellt und dem Beklagten im Juli 1919 geliefert, aber nicht zum Listenpreis, sondern mit Rücksicht auf die inzwischen eingetretenen Änderung der Betriebs- und Preisverhältnisse um 13292,25 M. Der Beklagte weigerte sich unter Berufung auf die veränderten Verhältnisse den wagen für 12.000 M zu liefern und verlangte einen Kaufpreis von 17.000 M.

RGZ 101, 74 („Drehstrommotoren-Fall")

Der Kläger bestellte im Mai 1919 beim Beklagten sechs Drehstrommotoren. Am 30. Mai verlangte der Beklagte wegen inzwischen eingetretener Steigerung der Materialpreise und der Löhne die Erhöhung des vereinbarten Teuerungszuschlags auf 30 %. Der Kläger ließ sich hierauf nicht ein. Infolgedessen unterblieb die Lieferung.

RGZ 102, 98 („Grundstückskauf mit langfristiger Bindung")

Der Erblasser der Beklagten gab gegenüber der Klägerin am 4. Januar 1913 ein Angebot ab, ein Hausgrundstück zum Preis von 18.400 M zu verkaufen. An dieses Angebot war er bis zum 1. Oktober 1922 gebunden. Falls das Grundstück zur Zeit des Zustandekommens des Kaufvertrages einen wesentlich höheren wert haben sollte, als es damals besaß, sollte nach § 3 des Angebotes der Kaufpreis auf 19.000 M erhöht werden. Am 31. März 1920 nahem die Klägerin das Angebot an und bezahlte einen Kaufpreis in Höhe von 19.000 M. Die Beklagte verweigert die Erfüllung des Kaufvertrages, da sich der Wert des Grundstücks zwischenzeitlich um 170 %, d.h. auf 52000 M erhöht habe.

RGZ 102, 272 („Automobil-Lieferung")

Im April 1917 bestellte der Kläger bei der Beklagten ein Automobil zum Preis von 27.030 M. Die Lieferung sollte sofort nach Beendigung des Krieges erfolgen. Trotz mehrfacher Mahnungen weigerte sich die Beklagte den wagen zu dem vereinbarten Preis herzustellen und verlangte schließlich dessen Erhöhung um 60 %. Die Beklagte wendet ein, dass aufgrund der zwischenzeitlichen Preissteigerungen die Erfüllung zum Vertragspreis, auch den anderen Bestellern gegenüber, seinen geschäftlichen Untergang nach sich ziehen würde.

RGZ 103, 3 („Streik-Fall")

Die Beklagte verkaufte als Generalvertreterin der Firma Adam Opel im Januar und April 1919 dem Kläger je einen Opel Motorenwagen. Als voraussichtliche Lieferzeit wurde April bis Juni 1919 vereinbart. Am 23 Oktober 1919 schrieb die Beklagte dem Kläger: Seit Ausbruch der Revolution habe die Firma Adam Opel unter fortgesetzten Arbeiterunruhen, Streiks usw. zu leiden, so dass nur wenige wagen hätten fertig gestellt werden können. Seit etwa drei Wochen liegt die Fabrik wegen Streiks der Arbeiter vollständig still, ob und wann die Arbeit wieder aufgenommen werden könne, lasse sich heute nicht übersehen. Unter diesen umständen teile die Fabrik ihr mit, dass sie nicht in der Lage sei, die bis jetzt bestellten wagen zu den seinerzeit vereinbarten Preisen zu liefern. Die Fabrik trete von ihrem Vertrag zurück, sie betrachte den streik als höhere Gewalt, die sie zum Rücktritt berechtige.

RGZ 103, 329 („Vigognespinnerei")

Der Beklagte und der Kaufmann B. waren Inhaber einer OHG, die eine Vigognespinnerei in Ruppertsgrün betrieb. Nachdem der Beklagte die Gesellschaft zum Mai 1919 gekündigt hatte, trat er mit dem Kläger, der den Erwerb des Unternehmens beabsichtigte, in Verbindung, um seine Geldeinlage zu retten. Am 21. Mai 1919 wurde zwischen den Parteien ein notarieller Vertrag geschlossen, in dem der Beklagte sich u.a. dazu verpflichtete das Grundstück, Gebäude mit allen Bestandteilen und Zubehör im Falle des eigenen Erwerbs zu dem Preis zu überlassen, zu dem er es erworben hat, sofern der Preis 600.000 M nicht übersteigt. Als Kaufpreises wurde u.a. vereinbart, dass ein Drittel in 5 %-tiger Kriegsanleihe zum Kurse von 98 % bezahlt werden sollte. In der Folgezeit fiel der Kurs der Kriegsanleihe auf 76 %, so dass der Beklagte die Erfüllung des Vertrages verweigerte.

RGZ 106, 6 („Grundstückskauf")

Der Beklagte räumte dem Kläger im Mietvertrag vom 10. März 1917 ein Optionsrecht ein, das gemietete Grundstück zu einem Preis von 41.500 M zu erwerben. Dieses Recht sollte bis zum 1. April 1922 bestehen. Der Kläger übte sein Recht aus, der Beklagte verweigerte jedoch die Annahme des Kaufs, da in Folge der Geldentwertung ist der Grundstückspreis auf 150.000 M gestiegen ist.

II. Entscheidungen des Bundesgerichtshofs und der Instanzgerichte

BGH, Urteil vom 16.1.1953 – MDR 1953, S.282 („Berliner Blockade")

Die Beklagte, eine Firma in Westberlin, bestellte bei der Klägerin am 31.5.1948 600 Bohrhämmer. Die Beklagte gab in dem Bestellschreiben an: „Lieferung schnellstens", Versandvorschrift: „wird von uns durch Fernlastzug abgeholt". Die Hämmer waren, wie die Klägerin wusste, von der Verwaltung für Außenhandel der Ostzone bei der Beklagten für den Bergbau der Ostzone bestimmt. Das Bestellschreiben traf erst am 18.4.1948 bei der Klägerin ein. In der Zeit zwischen Abfassung des Bestellschreibens durch die Beklagte und seinem Eingang bei der Klägerin war die sog. Berliner Blockade in Kraft getreten, die vom 24.6.1948 bis zum 22.5.1949 andauerte. Die bestellten Bohrhämmer stellten einen Typ dar, der für die fortgeschrittene Bergbautechnik in der Westzone nicht mehr modern genug war.

Urteil des BGH vom 11. März 1982 – BGHZ 83, 197

Die Klägerin verpflichtete sich gegenüber der Beklagten, für den Schlachthof Mahabad (Iran) eine Tierkörperverwertungsanlage zu liefern und zu montieren. Die Lieferung wurde im Jahr 1977 ausgeführt. Wegen der seit 1978 im Iran herrschenden Unruhen unterblieb die Montage. Die Klägerin macht weiter die Vergütung für die Montage geltend.

Urteil vom 26.9.1990 – NJW-RR 1991, S.204 („Muldenkipperfall“)

Die Klägerin vermietete der Beklagten zwei gebrauchte Muldenkipper. Einer der Muldenkipper erlitt im August 1986 einen Bruch der Vorderachse und war seitdem nicht mehr einsatzfähig. Laut Kostenanschlag belief sich der Reparaturaufwand auf DM 147.000 zzgl. Mehrwertsteuer. Die Reparatur wurde daher von der Beklagten nicht in Auftrag gegeben. Der Mietzins für die beiden LKW betrug DM 10.830 monatlich.

Urteil vom 1.12.1993 – NJW 1994, 515 („Porsche 959“)

Die Beklagte hat sich gegenüber der Klägerin zur Lieferung von zwei Porsche 959 zu einem Preis von je 430.000 DM verpflichtet. Die Beklagte ist Porsche Direkthändlerin. Nach Abschluss des Kaufvertrages entschied die Porsche AG den Verkauf dieses Modells nicht über das Händlernetz, sondern unter eigener Auswahl der Interessenten direkt ab Werk durchzuführen, so wie es dann auch geschehen ist. Die Beklagte hält die Kaufverträge für unwirksam, der Kläger nimmt die Beklagte auf Zahlung von Schadensersatz in Höhe von 710.000 DM entgangenen Gewinn in Anspruch.

Urteil des OLG Karlsruhe vom 30.12.1994 – NJW-RR 1995, 849 („Durch Brand zerstörtes Mietgebäude“)

Der Kläger hat mit Mietvertrag vom 17.2.1987 das dem Beklagten gehörende, im Jahre 1787 errichtete Anwesen zum 1.4.1987 bis mindestens 31.12.1997 angemietet. Am 4.4.1992 ist das Gebäude teilweise aus- bzw. abgebrannt. Die Parteien streiten darüber, ob der Beklagte infolge des Brandes von seinen vertraglichen Pflichten frei geworden oder zur Wiederherstellung zumindest des Erdgeschosses verpflichtet ist. Der Kläger verlangte zunächst Fortsetzung des Mietverhältnisses. Im Laufe des Rechtsstreits hat der Beklagte das Gebäude, soweit es nicht abgebrannt ist, abgerissen und ein vollständig neues Gebäude errichtet.

Urteil des LG Heidelberg vom 14.4.1965 – NJW 1966, 1922

Die Klägerin mietete bei dem Beklagten in dessen gepachteten Hotel Räume, um dort den Vortrag eines amerikanischen Geschichtsprofessors zu ermöglichen. Der Beklagte teilte nach Vertragsschluss mit, dass er vom Vertrag zurücktrete. Er habe von Besuchern des im Hotel befindlichen Lokals gehört, dass es sich bei dem Professor um eine umstrittene Forscherpersönlichkeit handle. Es stehe daher zu befürchten, dass im Fall des Vortrags des Professors in seinen Räumen das Lokal von seinen Gästen in Zukunft gemieden werden würde und ihm daher der wirtschaftliche Ruin drohe.

LITERATURVERZEICHNIS

1. Kommentare

Baumbach, Adolf / *Lauterbach*, Wolfgang / *Albers*, Jan / *Hartmann*, Peter ....Zivilprozessordnung mit Gerichtsverfassungsgesetz und anderen Nebengesetzen, 60. Auflage.

Erman ....Handkommentar zum Bürgerlichen Gesetzbuch, Westermann, Harm-Peter (Hrsg.), Band 1, 10. Aufl., Münster 2000.

Jauernig, Othmar ....Bürgerliches Gesetzbuch, Kommentar, 9. Aufl., München 1999.

Münchner ....Kommentar zum Bürgerlichen Gesetzbuch Herausgeber: Kurt Rebmann, Franz-Jürgen Säcker, Band 1, Allgemeiner Teil (§§ 1-240), 4. Aufl., München 2001.

- Band 2, Schuldrecht Allgemeiner Teil (§§ 241-432), 4. Aufl., München 2001
- Band 3, Schuldrecht Besonderer Teil I (§§ 433-606), 3. Aufl., München 2001
- Band 4, Schuldrecht Besonderer Teil II (§§ 607-704), 4. Aufl., München 2001
- Band 5, Schuldrecht Besonderer Teil III (§§ 705-853), 3. Aufl., München 2001

Nicklisch, Fritz / *Weick*, Günter ....Verdingungsordnung für Bauleistungen, 3. Auflage, München, 2001.

Palandt, Otto ....Bürgerliches Gesetzbuch, 61. Aufl., München 2002.

Gesetz zur Modernisierung des Schuldrechts, Ergänzungsband zu Palandt, BGB, 61. Aufl., München 2002.

Planck..Kommentar zum Bürgerlichen Gesetzbuch, hrsg. von Strohal, Band II, 1. Hälfte, Recht der Schuldverhältnisse (Allgemeiner Teil), 4. Aufl., Berlin 1914.

Soergel ....Bürgerliches Gesetzbuch, Band 1, 12. Aufl., Stuttgart 1987.

Soergel / Siebert ....Kommentar zum Bürgerlichen Gesetzbuch, Band 1, 10. Aufl., Stuttgart 1967.

Staudinger ....Kommentar zum Bürgerlichen Gesetzbuch mit Einführungs- und Nebengesetzen, 11. Aufl.

Stein, Friedrich / *Jonas,* Martin...........Kommentar zur Zivilprozeßordnung Band 6, 21. Aufl., 1995; Band 7 Teilband 1, 21. Aufl. 1996.

Thomas, Heinz / *Putzo,* Hans

Reichhold, Klaus / *Hüßtege,* Rainer....Zivilprozeßordnung, mit Gerichtsverfassungsgesetz, den Einführungsgesetzen und europarechtlichen Vorschriften 24. Aufl., München 2002.

Zöller, Richard ....Zivilprozeßordnung mit Gerichtsverfassungsgesetz und den Einführungsgesetzen mit Internationalem Ziviprozeßrecht, Kostenanmerkungen, 23. Aufl., Köln 2002.

2. Monographien und Lehrbücher

Brox, Hans, ...Allgemeines Schuldrecht, 22. Aufl., München 1995.

Besonderes Schuldrecht, 19. Aufl., München 1993.

Canaris, Claus-Wilhelm Die Feststellung von Lücken im Gesetz, 1969.

Schuldrechtsmodernisierung 2002, Einführung, München 2002.

Canaris, Claus-Wilhelm / *Larenz,* Karl Methodenlehre der Rechtswissenschaft, 3. Aufl., Berlin 1995.

Dauner-Lieb, Barbara / *Heidel,* Thomas /

Lepa, Manfred/ *Ring,* Gerhard ....Schuldrecht, Erläuterungen der Neuregelungen zum Verjährungsrecht, Schuldrecht, Schadensersatzrecht und Mietrecht, Berlin 2001.

Ehmann, Horst / *Sutschet*, Holger ....Modernisiertes Schuldrecht, Lehrbuch der Grundsätze des neuen Rechts und seiner Besonderheiten, München 2002.

Eidenmüller, Horst ....Effizienz als Rechtsprinzip, Tübingen 1995.

Emmerich, Volker ....Das Recht der Leistungsstörungen, 2. Auflage, München 1986.

Enneccerus, Ludwig /

Lehmann, Heinrich ....Recht der Schuldverhältnisse, 15. Aufl., Tübingen 1958.

Enneccerus, Ludwig /

Nipperdey, Hans-Karl..........................Allgemeiner Teil des Bürgerlichen Rechts, Band 1, 1. Halbband, 15. Aufl., Tübingen 1959.

Esser, Josef..Schuldrecht, Band 1 Allgemeiner Teil, 4. Aufl., Karlsruhe 1970.

Mommsen, Friedrich............................Beiträge zum Obligationenrecht, 2. Abteilung: Zur Lehre vom Interesse, 1855.

Fikentscher, Wolfgang........................Schuldrecht, 9. Aufl., Berlin 1997.

Flume, Werner......................................Allgemeiner Teil des bürgerlichen Rechts, Band 2, Das Rechtsgeschäft, 4. Aufl., 1992.

Heck, Philipp ....Grundriß des Schuldrechts, 1929.

Stoll, Heinrich......................................Die Lehre von den Leistungsstörungen, Denkschrift des Ausschusses für Personen-, Vereins,- und Schuldrecht, in: Schriften der Akademie für Deutsches Recht, 1936.

Henke, Horst Eberhard ....Die Leistung: Grundversorgung des sozialen Lebens und Grundbegriff des Schuldrechts, 1991.

Hey ....Ergänzende Vertragsauslegung und Geschäftsgrundlagenstörung im Gesellschaftsrecht, 1990.

Huber, Peter / *Faust*, Florian...............Schuldrechtsmodernisierung, Einführung in das neue Recht, München 2002.

Huber, Ulrich ....Leistungsstörungen, Teilband 1, Tübingen 1999.

Jacobs, Horst-Heinrich........................Unmöglichkeit und Nichterfüllung, Bonn 1969.

Kisch, Wilhelm..................................Die Wirkung der nachträglich eingetretenen Unmöglichkeit der Erfüllung bei gegenseitigen Verträgen nach dem Bürgerlichen Gesetzbuch für das Deutsche Reich, Jena, 1900.

Kleinedamm, Theodor.........................Unmöglichkeit und Unvermögen nach dem Bürgerlichen Gesetzbuche für das Deutsche Reich, Jena, 1900.

Köhler, Helmut..................................Unmöglichkeit und Geschäftsgrundlage bei Zweckstörungen im Schuldverhältnis, München 1971.

Koller, Ingo...Risikozurechnung bei Vertragsstörungen in Austauschverhältnissen, München 1979.

Lange, Hermann.................................Schadensersatz, 2. Aufl., Tübingen 1990.

Larenz, Karl...Lehrbuch des Schuldrechts, Band 1, Allgemeiner Teil, 14. Aufl., München 1987.

Larenz, Karl / *Canaris*, Claus-Wilhelm Lehrbuch des Schuldrechts, 1. Band, 13. Aufl., München 1994.

Lemppenau, Joachim..........................Gattungsschuld und Beschaffungspflicht – Kritisches zu § 279 BGB, Berlin, 1972.

Leonhard, Franz.................................Das Schuldrecht des BGB; Allgemeines Schuldrecht des BGB, München, Leipzig, 1929.

Lorenz, Stefan / *Riehm*, Thomas.........Lehrbuch zum neuen Schuldrecht, München 2002.

Lüke...Zivilprozeßrecht, Erkenntnisverfahren, Zwangsvollstreckung, 7. Auflage, 1999.

Medicus, Dieter.................................Bürgerliches Recht, 17. Aufl., Köln 1999.

Schuldrecht I, Allgemeiner Teil, 13. Aufl., München 2002.

Schuldrecht II, Besonderer Teil, 7. Aufl., München 1995.

Mommsen, Friedrich...........................Beiträge zum Obligationenrecht, 1. Abteilung: Die Unmöglichkeit der Leistung in ihrem Einfluß auf obligatorische Verhältnisse, Braunschweig 1852.

Motive ....zu dem Entwurfe eines Bürgerlichen Gesetzbuches für das Deutsche Reich, Band 1, amtliche Ausgabe, 2. Aufl., Berlin 1896.

Motive ....zu dem Entwurfe eines Bürgerlichen Gesetzbuches für das Deutsche Reich, Band 2, amtliche Ausgabe, 2. Aufl., Berlin 1896.

Mugdan, Benno ....Die gesamten Materialien zum Bürgerlichen Gesetzbuch für das Deutsche Reich, Band 2, Recht der Schuldverhältnisse, Neudruck der Ausgabe Berlin 1899, Aalen, 1979.

Nauen, Bernd..Leistungserschwerung und Zweckvereitelung im Schuldverhältnis, Köln 2002.

O. Fischer..Unmöglichkeit als Nichtigkeitsgrund bei Urteilen und Rechtsgeschäften.

Oertmann, Paul.....................................Die Geschäftsgrundlage, Ein neuer Rechtsbegriff, Leipzig 1921.

Schäfer, Hans-Bernd / *Ott*, Claus........Lerhbuch zur ökonomischen Analyse des Zivilrechts, 3. Aufl. 2000.

Schuschke/Walker.................................Vollstreckung und vorläufiger Rechtsschutz, Band I

Siber, Heinrich ....Grundriß des Deutschen Bürgerlichen Rechts, Band 2: Schuldrecht, Leipzig 1931.

Thibaut, Anton ....System der Pandekten, 2. Aufl. 1805.

Tietze, Heinrich ....Die Unmöglichkeit der Leistung nach deutschem bürgerlichen Recht, Leipzig, 1900.

Zimmermann, Reinhard........................The Law of obligations, Roman foundations of the civilian tradition, Newlands 1989.

3. Aufsätze und Festschriftbeiträge

Ackermann, Thomas............................Die Nacherfüllungspflicht des Stückverkäufers, in: JZ 2002, S. 378-385.

Bitter, Georg / *Meidt*, Eva ....Nacherfüllungsrecht und Nacherfüllungspflicht des Verkäufers im neuen Schuldrecht, in: ZIP 2001, S. 2114-2124

Busche, Jahn .... Voraussetzungen und Grenzen der „Nachbesserung" im Werkvertragsrecht in: DB 1999, S. 1250-1254.

Canaris, Claus-Wilhelm .... Das allgemeine Leistungsstörungsrecht im Schuldrechtsmodernisierungsgesetz, in: ZRP 2001, S. 329-336.

Die Neuregelungen des Leistungsstörungs- und des Kaufrechts - Grundstrukturen und Problemschwerpunkte, in: Egon Lorenz (Hrsg.), Karlsruher Forum 2002: Schuldrechtsmodernisierung, S. 5-100.

Die Reform des Rechts der Leistungsstörungen, in: JZ 2001, S. 499-524.

Die Schuldrechtsreform vor dem Hintergrund des Gemeinschaftsrechts, zur Bedeutung der Kategorie der „Unmöglichkeit" für das Recht der Leistungsstörungen, in: Schulze/Schulte-Nölke (Hrsg.), S. 43-67, Tübingen 2001.

Ehmann, Horst / *Kley,* Britta .... Umöglichkeitslehre, in: JuS 1998, S. 481-491.

Flessner, Axel .... Juristische Methode und Europäisches Privatrecht, in: JZ 2002, S. 14-23.

Huber, Peter .... Der Nacherfüllungsanspruch im neuen Kaufrecht, in: NJW 2002, S. 1004-1008.

Huber, Ulrich .... Das geplante Recht der Leistungsstörungen, in: Ernst/Zimmermann, Zivilrechtswissenschaft und Schuldrechtsreform, S. 31-185, Regensburg 2001.

Kaiser, Dagmar .... Die Rechtsfolgen des Rücktritts in der Schuldrechtsreform, in: JZ 2001, S. 1057-1070.

Katzenmeier, Christian .... Aufklärungs-/Mitwirkungspflicht der nicht beweisbelasteten Partei im Zivilprozeß, in: JZ 2002, S. 533-540.

Knütel, Christian .... Zur Gleichstellung von zu vertretender und nicht zu vertretender Unmöglichkeit in § 275 BGB im Regierungsentwurf zur Schuldrechtsmodernisierung, in: JR 2001, S. 353-355.

Köhler, Helmut .... Die Lehre von der Geschäftsgrundlage als Lehre von der Risikobefreiung, in: *Canaris*, Claus-Wilhelm (Hrsg.), 50 Jahre Bundesgerichtshof: Festgabe aus der Wissenschaft, Band 1, 2000, S. 295 ff.

Krückmann, Paul .... Unmöglichkeit und Unmöglichkeitsprozeß, zugleich eine Kritik der Entwürfe Rußlands, Ungarns und der Schweiz, in: AcP 101, S. 1f.

Larenz, Karl .... Ergänzende Vertragsauslegung und positives Recht, in: NJW 1963, S. 737-741.

Löwisch, Manfred .... Rechtswidrigkeit und Rechtfertigung von Forderungsverletzungen, in: AcP 165, 442.

Magnus, Ulrich .... Die Schuldrechtsreform vor dem Hintergrund des Gemeinschaftsrechts, der Tatbestand der Pflichtverletzung, in: Schulze/Schulte-Nölke (Hrsg.) S. 67-81, Tübingen 2001.

Medicus, Dieter .... Vertragsauslegung und Geschäftsgrundlage, in: Festschrift für Werner Flume zum 70. Geburtstag, S. 629, hrsg. von Horst Heinrich Jakobs, Brigitte Kobbe-Keuk, Eduard Picker [u.a.], Köln, 1978.

Mieser, Eberhard .... Schuldrechtsreform - Die Unmöglichkeit der Leistung nach neuem Recht, in: MDR 2002, S. 858-862.

Motsch, Richard .... Risikoverteilung im allgemeinen Leistungsstörungsrecht, in: JR 2001, S. 428-432.

Otto, Hans-Jörg .... Die Grundstrukturen des neuen Leistungsstörungsrechts, in: JURA 2002, S. 1-11.

Peer, Gundula Maria .... Die Rechtsfolgen von Störungen der Geschäftsgrundlage, in: Helms, Tobias/Neumann, Daniela/Caspers, Georg/Sailer, Rita/Schmidt-Kessel, Martin, Jahrbuch Junger Zivilrechtswissenschaftler 2001, Das neue Schuldrecht, Freiburg, 2001, 167 ff..

Petersen, Jens Die Nacherfüllung, in: JURA 2000, S. 461.

Roth, Herbert .... Die Reform des Werkvertragsrechts, in: JZ 2001, S. 543-551.

Schmidt-Kessel, Martin /

Baldus, Christian .... Prozessuale Behandlung des Wegfalls der Geschäftsgrundlage nach neuem Recht, in: NJW 2002, S. 2076-2077.

Schreiber .... Die Unmöglichkeit der Leistung, in: JURA 1995, S.529.

Schubel, Christian Das neue Kaufrecht, in: JuS 2002, S. 316.

Schulze, Götz .... Grundfragen zum Umgang mit modernisiertem Schuldrecht – Wandel oder Umbruch im Methodenverständnis?, in: Helms, Tobias/Neumann, Daniela/Caspers, Georg/Sailer, Rita/Schmidt-Kessel, Martin, Jahrbuch Junger Zivilrechtswissenschaftler 2001, Das neue Schuldrecht, Freiburg, 2001, 167 ff.

Schwarze, Roland .... Unmöglichkeit, Unvermögen und ähnliche Leistungshindernisse im neuen Leistungsstörungsrecht, in: JURA 2002, S. 73-83.

Teichmann .... Strukturveränderungen im Recht der Leistungsstörungen nach dem Regierungsentwurf eines Schuldrechtsmodernisierungsgesetzes BB 2001, S. 1485.

Wieacker, Franz .... Leistungshandlung und Leistungserfolg im Bürgerlichen Schuldrecht, in: Festschrift für Hans-Karl Nippert zum 70. Geburtstag, Band I, S. 783, herausgegeben von Rudolf Dietz, Heinz Hübner, München, Berlin 1965.

Wieser .... Leistungsstörungen bei der Nacherfüllung des Kaufvertrages, in: JR 2002, S. 269.

Wilhelm, Jan / *Deeg*, Peter .... Nachträgliche Unmöglichkeit und nachträgliches Unvermögen, in: JZ 2001, S. 223-233.

Yushkova, Olga / *Stolz*, Gerald .... Der Wegfall der Geschäftsgrundlage vor und nach der Schuldrechtsmodernisierung des Jahres 2001, in: JA 2003, S. 70-76.

Zimmer, Daniel .... Das neue Recht der Leistungsstörungen, in: NJW 2002, S. 1-12

FSC
www.fsc.org
MIX
Papier | Fördert
gute Waldnutzung
FSC® C083411

Kolibri 360 GmbH
Ferdinand-Jühlke-Straße 7
99095 Erfurt, Deutschland
produktsicherheit@kolibri360.de

Druck:
CPI Druckdienstleistungen GmbH
im Auftrag der
Kolibri 360 GmbH
Ferdinand-Jühlke-Str. 7
99095 Erfurt